의사소통 단위와 문장

이 희 자 옮김

의사소통 단위와 문장

Kommunikative Einheiten in der Grammatik

Gisela Zifonun

Copyright © 1987 *Gunter Narr Verlag Tübingen*

(〈독어 연구소〉의 연구 보고서 권.65)

의사소통 단위와 문장

기젤라 치포눈 지음
이 희 자 옮김

한국문화사

의사소통 단위와 문장

Gisela Zifonun 지음 / 이 희 자 옮김

초판 1쇄 __ 2002년 12월 5일
초판 2쇄 __ 2003년 10월 30일
발행 __ 2003년 11월 10일

발 행 인 __ 김 진 수
발 행 처 __ 한국문화사
주   소 __ 133-823 서울시 성동구 성수1가 2동 656-1683 두앤캠 B/D 502호
전   화 __ 02)464-7708, 3409-4488
팩   스 __ 02)499-0846
홈페이지 __ http://www.hankookmunhwasa.co.kr
등록번호 __ 제2-1276호(1991.11.9. 등록)
값 10,000원

ISBN 89-7735-975-9 93750

머리말

이 책의 논문들은 내가, 최근 '독어 연구소'(IdS: Institut für deutsche Sprache)에서 펴낸 "현대 독일어 문법"을 구상하던 시절에 몰두했던 문법이론적 질문들을 다루고 있다.

이 책의 중심 사고는 두 번째 논문에 있다.: 이는 우리가 언어행위를 할 때 근본적인 의사소통 과제를 우리의 상대자와 우리 자신이 관련을 맺고 있는 세계에서 해결할 수 있도록 하는 언어 단위의 특성을 그려내고 있다. 이 언어 단위는 언어수단을 넘어서서 구별되는 것이다. 이 언어 단위를 우리는 의사소통의 최소단위(KOMA: Komunikative Minimaleinheit)라 부른다. 이것은 전통적이고도 이론적으로 언제나 논란이 되고 있는 단위인 문장과 서로 배척되는 관계에 있다.

첫 번째 논문은 의사소통 단위에 대한 사고를 문법의 대상과 과제의 상호 관련된 표상 속에서 분류한다. 이 논문은 그러니까 뒤의 두 논문들의 방향을 제시한다. 여기서는 다음과 같은 질문을 엄밀히 다루게 된다.: 의사소통의 단위들은 문법과 화용론, 문법과 언어체계와 어떠한 관계에 있는가? 언어행위의 범주들과 문법 범주들은 어떻게 연관시켜야 할 것인가?

세 번째 논문은 의사소통의 최소단위와의 관련 속에서 제기된 문제를 다루게 된다.: 즉 의사소통 단위와 연루되어 있는 행위 규칙들부터 형태론적 언어실현 규칙까지의 문법 규칙의 초안을 주의 깊게 다룬다.

세 논문은 내용적으로 서로 관련되어 있다. 따라서 이 책의 뒷부분에 공통된 참고문헌을 제시하겠다.

이와 같은 사전 작업에서 내가 도달한 결과는 물론 단지 부분적으로만 새로운, '독어 연구소 문법'(IdS-Grammatik)의 총체적 구상들 속에 자리잡게 된다. 이와 같은 의도를 계획하는 데에는 연구 그룹의 모든 동료들이 가담했으며 치포눈(Zifonun)(1986)('독어 연구소'의 연구 보고서 권 63)과 그 중 특히 치포눈(1986a)에 소개되었다.

내가 현재의 문법 상황을 올바르게 평가한다면 이러한 사전 작업은 상당수의 사람들에게는 본래의 작업을 방해하는 불필요한 이론화인 것처럼 여겨질 것이다. 그러나 이러한 입장은 문법 기술을 여전히 오래된 주제의 변형으로만 여기는 실무자들이나 일정한 문법 이론의 완강한 추종자로서 그들의 선구자들의 흔적을 따지고 있는 자들에게만은 허용될 수 있을 것이다.

한국어판 지은이의 말

　이 책은 1980년대 초에 〈독어 연구소〉에서 계획되었고, 그 사이에 출판된 책의 새로운 학문 문법을 위한 기본원리를 다루고 있다.(이에 참고하라: 기젤라 지포눈(Zifonun, Gisela)/루드거 호프만(Hoffmann, Ludger)/브루노 슈트레커(Strecker, Bruno) 등이 지은 〈독어 문법 1997〉(『Grammatik der deutschen Sprache』) 1, 2, 3권.(=〈독어 연구소〉 총서 권.7) Berlin: de Gruyter).

　이 책의 중심 사고는 화용론, 인지 언어학, 텍스트 및 변종 언어학과 같은 새로운 언어학의 연구 분야를 통하여 특징지어지는 시대에 문법기술의 대상이 어떻게 결정되는지에 대한 질문에 있다. 주요 연구 목적은 새로운 것을 위해 모든 것을 개방한다 해도 문법 언어체계를 놓치지 말자는 것이다. 이 때 중점이 놓이는 것이 바로 "의사소통의 최소단위"의 구상이다. 이 책에 실린 세 편의 논문들 중 두 번째 것이 이러한 구상에 기여하고 있다. 여기서는 문장에 반하는 경계짓기의 문제와, 이러한 단위를 상세하게 규정하기 위한 기준에 대한 문제를 다루고 있다. 첫 번째 논문은 새로 계획된 문법의 위험, 기회, 과제 따위에 대해 집중적으로 살펴보고 있다. 문법과 언어체계의 관계에 대한 질문, 문법과 화용론의 관계에 대한 질문 및 문장 의미론의 취급이 KOMA 개념 외에도 논의되고 있다. 마지막 논문은 문법 규칙들의 위상에 대해 질문하고, 그래서 80년대의 언어기술의 중심 구상인 비트겐슈타인의 후학들의 그것에서 실마리를 찾고 있다. 논의된 질문들 대부분은 이 책에서 다룬 후 20년이 지난 오늘날에도

여전히 논란거리가 되고 있다. 지금도 여전히 언어체계, 개별적 언어
능력, 인지와 문법의 관계에 대해서 고려되어야만 한다. 여기서 제시
한 해답들 중 몇 가지는 분명히 숙고되어야 한다. 문장, 발화단위 혹
은 언어 지식과 같은 기본구상을 세밀하게 추구하는 것이 이 책을 통
하여 촉진될 수 있을 것이다.

　나의 생각에 관심을 가진 한 독자의 이 번역을 통하여 내 책이 한
국 언어학자들에게 알려지게 된 것을 무한히 기쁘게 생각한다. 이 책
이 독어의 번역과 외국에서의 독어학이 특별히 높은 가치를 지니고
있는 전문독자들을 통하여 주목을 받고 비판적인 평가를 받을 수 있
게 된 것이 나에게는 무한한 영광이다.

Gisela Zifonun
2002년 11월 1일, 만하임에서

옮긴이의 말

이 책은 옮긴이가 1980년대 후반에 독일 베를린에서 박사학위논문을 쓸 당시에 실제 생활에 사용되는 언어 단위에 대해 텍스트언어학적인 입장에서 살피던 중 접하게 된 책으로서, 의사소통 행위의 단위로서의 언어 단위에 대한 고찰 태도, 의사소통 단위와 문장의 차이, 의사소통 단위의 특성 및 유형 고찰에 대해 상세하게 기술하고 있어서 커다란 도움을 받았던 책이기에 이에 국내에 소개하고자 번역을 하게 되었다.

이 책의 지은이 치포눈 교수는 그 당시에 이미 독어학계에서 주목을 받고 있었고, 옮긴이의 지도교수인 H. Weydt 교수(당시 베를린 자유대 독어학 교수였고 '불변화사' 연구 분야의 세계적인 권위자임)도 적극 추천한 촉망받는 언어학자였는데 현재는 만하임 대학교의 교수로 재직 중이며, 또한 독일에서 매우 권위 있는 연구소인 〈독어 연구소〉의 문법 분야 최고 책임자로 재직하고 있다.

이 책의 요점을 한 마디로 말한다면 다음과 같다. 새로운 언어학 이론의 발달을 통하여 특징지어지는 시기에 요구되는 문법 기술에 있어서의 근본적인 질문이 무엇인지에 대해 논하고 있다. 즉 화용론, 언표수행, 인지 따위와 같은 이러한 새로운 사고와 구상은 언뜻 보기에는 문법과 일치되는 것이 없는 것처럼 보이나 그렇기 때문에 더욱 새로운 구상이 요구된다는 것이고 그 중 가장 중요한 것이 이 책의 주요 개념인 "의사소통의 최소단위"에 대한 구상이다. 의사소통의 최소단위, '코마'를 확정하는 데 있어서 중요한 것은 특히 첫째, 언어행위와의 관련성을 설명하는 것이고 둘째, 문장과의 관련성을 설명하는 것이고 셋째, 문법적 수단을 가지고 기술될 수 있는 규칙적 혹은 원형적 단위로서의 위상이 강조되는 것이다.

<독어 문법 1997>과의 관련성

앞서 지은이도 밝혔지만 본 번역서 〈치포눈 1987〉가 나온 후 10년이 지난 1997년에 총 3권으로 된 방대한 독어문법이론서인 〈독어 문법 1997〉『Grammatik der deutschen Sprache』(1, 2, 3권: 1997 발간)이 간행되었는데 치포눈 교수는 이 책의 책임 집필자로서 상당한 부분을 기술하고 있다. 이 책 〈독어 문법 1997〉에 〈치포눈 1987〉에서 다룬 내용들이 대부분 그대로 수용되어 실려 있기에 이 둘의 관계에 대해 독자 편이를 위해 소개하려 한다. 이 두 책의 차이점은 〈치포눈 1987〉이 이론적인 사전 작업인 데 반해, 〈독어 문법 1997〉은 기술적인 경향을 띄고 있다. 또한 후자는 논거 제시 따위에 더 가치를 두어 개념규정이나 이론적 설명은 부수적으로 다루고 있다. 그러나 새로운 문법을 위한 원리로서의 "KOMA"의 주된 사고는 그대로 반영되었다.: 즉 〈독어 문법 1997〉에서도 통사론과 문장의미론을 연결시키고, 입말과 텍스트문법을 연관시키고 문법과 언어 행위의 관계 등을 다루고 있다. 따라서 이론적인 작업에 대해 논의를 따라가고자 한다면 〈치포눈 1987〉을 참고하고 그 연구 결과물 중심으로 알고자 한다면 〈독어 문법 1997〉을 읽으면 될 것이다.

<'KOMA' 혹은 'KM'>

치포눈은 본 역서 〈치포눈 1987〉에서 "의사소통의 최소 단위"(Komunikative Minimaleinheit)를 줄여서 독일어로 "KOMA"라고 했는데 〈독어 문법 1997〉에서는 "KM"이라는 용어로 수정하여 사용하고 있다. 그 이유는 단지 "KOMA"가 '깊은 무의식 상태'를 나타내는 의

학 개념을 상기시키기 때문에 이 용어를 더 이상 사용하지 않고 그 대신 'KM'을 사용하게 되었다고 한다.(지은이와의 인터뷰를 통해 알게 되었음)

이 책을 번역하는 데에 내 친구 김희진이 참 많이 도와 주었다. 이 자리를 빌어 고마움을 표한다. 또한 출판을 가능하게 해 준 '한국문화사'와 언제나 상냥하고 능력 있는 박미영 씨에게도 감사한다.

<차 례>

제 1 장 • 독어의 학문 문법에 대한 고찰

제 2 장 ▪ 의사소통의 최소단위와 문장
-문법의 중심 단위의 정의에 대하여-

제3장 ▪ 문법 규칙은 무엇인가 그리고 그것은 어떻게 문법에서 형성되는가?

제 1 장의 차례

제1장·독어의 학문 문법에 대한 고찰

1. 문법의 대상과 과제 설정을 위한 정립

1. 1. 문법 지식이 요구하는 것

어느 정도 자명한 것으로 알려진 아래의 논제에서 출발하겠다.:
> 문법이란 —언어적 의사소통에 대한 지식과 개별언어에 대한 지식으로서 이해되는— 한 시대의 언어지식의 합명제의 장소이거나 또는 최소한 그럴 수 있고 그래야만 하는 것이다.

이것은 오늘날의 언어학이 처리하고 있는 언어지식의 수준에 의하자면, 문법에 있어서 최소한 다음과 같은 것에 대한 지식이 모여야만 한다는 것을 의미한다.:
> (1) 개별언어의 어떠한 언어적 발화단위로 어떻게 의사소통적으로 실행되는지에 대한 것
> (2) 그러한 언어 단위들은 어떻게 —그리고 일차적으로— 형식과 의미에 따라 구성되어 있는지에 대한 것
> (3) 언어적 그리고 비언어적 맥락에서 발화단위들이 어떻게 삽입되는지에 대한 것
> (4) 서로 다른 화자 집단은 다양한 의사소통 상황에서 언어적 발화단위들을 어떻게 구별되게 형성하는지에 대한 것

학문적 행위의 산물로서의 문법은 문법 지식이 요구하는 바를 만족시키는 한, 생산물을 제작하게 되는 문법기술학적 실습실과 같다고 말할 수 있다. 이는 언어행위이론, 통사론 및 의미론 연구, 언어

학적 배어법과 억양법, 그리고 변종언어학 및 텍스트언어학의 합명제의 장소라고 말할 수 있다.

그러나 다른 한편으로 문법의 대상은 특히 구조적인 대상이다. 개별 화자의 개별적 발화산물(언어 사용)이나 언어 공동체의 언어 산물의 대표적 횡단면(언어 교류)이 아니라, 화자와 청자의 개성과 무관하고 최소한 발화 시간과 장소와 비교적 무관한, 동형의 발화단위들의 부류들이 바로 그들의 대상인 것이다. 이러한 대상들에 대한 문법 기술 작업이 언어 사용, 언어 교류 또한 언어 규범에 관한 신중한 조사와 연구에 대해서만 몰두하는 것은 당연한 일이다. 그렇다, 문법의 대상은 언제나 여전히 개인적이고 어휘적으로 채워진 이러한 '타입' 이 —동형의 발화의 부류(이에 논문 Ⅱ 참고)— 아니라, 무엇보다도 그들 요소들의 공기관계, 조화를 이루는 사용 규칙, 통합 관계 등에 관심을 갖고 있는 그러한 '타입들'의 부류인 것이다.

구체적으로 말하면:

> 문법은 예를 들어 화자 X가 Y란 시간에 Z라는 공간에서 행한 'dem Fritz geben Anna und Eva gute Ratschläge'(후리쯔에게 안나와 에바가 좋은 충고를 한다) 같은 개별 발화를 기술하는 것도 아니고, (일반적으로) 모든 동형의 '토큰'의 부류를 기술하는 것도 아니다. 동형의 토큰의 부류란 X_1부터 X_n까지의 화자가 Z_1에서 Z_n까지의 장소에서 Y_1에서 Y_n까지의 시간을 통하여 'dem Fritz geben Anna und Eva gute Ratschläge'라는 표현을 사용하는 것을 말한다. 오히려 예를 들어 3가 동사의 자릿수 관할체로서의 geben, 문두가 여격 논항으로 채워진 문장의 자릿수관할체로서의 전체 발화가 문법의 관심시기 되는 것이다.

문법 분야의 신간 서적의 붐(몇 가지만 들자면 『독어문법원론』 1981, 에르벤(Erben) 1984, 아이젠베르크(Eisenberg) 1986과 라첼(Latze

1986을 참고하라)과 계획된 프로젝트들이 그 증거이다.: 이 시기는 다양하고 폭넓은 관심을 가진 문법 기술적 활동에 적합하다. 구조주의적 이론 형성이 기본이라는 견해가 여전히 타당성을 지니고 있는 시기에는 구조적인 대상이 언제나 매혹적인 것이다. 그렇지만 이제 탈구조주의적 단계에서는 '개별 언어의 학문적 문법'의 시도를 폭넓게 그리고 반드시 필요한 비판적 거리를 두고서 접근하는 것이 비로소 가능하게 된다. 그것은 이제야 비로소, 이미 역사가 되어 버린 (분류학적인) 구조주의의 환원주의를 극복할 수 있기 때문인 것이다.

이러한 환원주의를 극복한다는 것의 의미는 아래와 같다.:

- 언어를 대상 '자체'로 실체화시키는 과제, 그 대신에 사회적 상호 행위 속에서 화자의 행위 실습에 예속시키는 것
- 언어의 형식과 의미를 동등하게 취급하는 것: 구조주의적 연구 방법에서 더욱 직접적으로 이용할 수 있는 것으로 여겨지는 연구 대상인 표현측면 및 형식측면에 우선권을 주는 과제
- 통일성과 완결성을 추구하는 구조주의적 의지와는 (겉으로 보기에) 상반되는 언어 영역들로 대상을 확대하는 것: 그래서 개별 언어와 구어의 변종(Varietät) 영역으로 대상을 확대하는 것

그러나 동시에 문법의 대상으로서 구조적인 대상을 고수하는 것은 문법기술학(Grammatikographie)을, 오늘날 가능하게 된 '화용론적인 경계 침범'으로부터 보호해 주게 되는 것이다. 이렇게 해서 언어 단위라는 모호함의 탓으로 돌려진 의사소통의 기능들, 인식적 절차들, 그리고 문법 대상의 화용론적 징후들을 더 이상 인식할 수도 장소화할 수도 없게 되는 위험과 직결된다.

그러므로 나는 경계를 분명히 긋는 것에 찬성한다.: 이 경계는 한편으로는 '본래의' 대상에 집중하게 만들 것이고, 다른 한편으로는 다른 대상들을 다른 부분규율들과 규칙화된 또는 규칙화할 수 있는

방식으로 협력할 수 있게 할 것이다.

1. 2. 대상의 제한에 대하여

나의 입장을 '(언어-) 체계', '화용론적', '화자 청자 연관된', '인식적'과 같은 개념들을 간략하게 다루면서 좀 더 상세하게 설명하겠다. 이 때 토론은 『독어문법원론』(*옮긴이 주)1)의 수용과 관련하여 최근 발생된 논쟁들의 범위에 한정된다.

1. 2. 1. 문법과 언어체계

체계 개념을 문법을 기술하는 행위의 출발점으로 선택한 것이 진부하게 여겨질 것이다. 하지만 이것이 바로 이 개념을 고수하려는 것이고, 또는 그 배후에 놓여 있는 다각도의 저항, 즉 바로 진보적인 언어학자들의 저항을 야기시킨 그러한 문법 대상에 대한 구상을 고수하려는 것이다. 그럼에도 불구하고 나는 그 개념을 또는 더 정확히 말하자면 그 이면에 숨겨진 이념을 변호하려 한다.

'언어체계' 이념의 유용성에 반대하여 특히 아래의 사항들이 논거로 제시된다.:

자연어에는 '체계'라는 개념의 일반적인 사용을 확장하는 요소들을 정의내리는 특성들이 적합하지 않다.: 자연어는 그들의 요소들이 상호 **잘 정의내려진** 관계 속에 놓여 있는, **완결된 동질적**

---

1) (*옮긴이 주) 『독어문법원론』: 원래는 'Grundzüge'라는 약자를 사용하고 있는데 번역하여 표현하였다. 이 책은 1981년에 간행된 독어 문법책인 (Grundzüge einer deutschen Grammatik) 『독어문법원론』을 가리키는 말이다. 이 책은 동독학자들인 하이돌프(K. E. Heidolph), 하프트카(B. Haftka), 플래미히(W. Flämig), 이젠베르크(H. Isenberg) 등에 의해 쓰여진 것으로서 '언어체계' 문제를 중점적으로 다루고 있다.

인 실재들의 다수가 아니다.

자연어는 오히려
- 완결된 것이 아니라, 끊임없이 변화 또는 '진화'(켈러(Keller) 1982를 참고할 것)하는 과정 중에 있는 것이다.
- 동질적인 것이 아니라 다수의 변종들, 즉 사회어, 기능어, 종교어에서부터 개인어에 이르기까지의 다수의 변종들로 나누어져 있다.
- 잘 정의내려진 것이 아니다. 다시 말해서 그들의 요소들은 근본적으로 상호 잘 정의된 관계 속에 있는 것이 아니다. 오히려 문장 의미론이나 이에 더 나아가 해당되는 기본 단위도 없고 그의 구조화도 인식될 수 없다고 하는 화용론과 같은 광범위한 분야가 있으리라는 것이다.

이러한 식의 반론에서 많은 언어학자들이 '체계소'(systemoid)라는 개념으로 부끄럽게 회피하는 것이 설명된다. ─이는 물론 방어적인 성격이 자명하다.

나는 『독어문법원론』의 저자들과 그 비평가 파울(L. Paul)(1984)이 범하고 있는, '주관적·객관적' 쌍이라는 개념을 자꾸 증거로 끌어대는 것을 체계 대 비체계의 논쟁으로의 그릇된 접근이라 간주한다.

『독어문법원론』에서 언어체계는 문법 대상으로 강력히 부각된다. 아래의 규정으로 바꿔 쓰겠다.

가장 일반적인 규정:
내용의 구축과 음운 형식의 구축 그리고 그들을 상호 병렬시키는 것으로 이루어지는 한에 있어서, 언어의 모든 발화에 있는 일반적이고 규칙적인 것이 언어의 특별한 측면을 구성한다. 이러한 측면을 우리는 언어체계라 부른다. 이것은 그러니까 내용과

음운 형식 그리고 언어의 발화에 있어서 그들을 상호 병렬시키는 일반적 특성을 포괄한다.(27쪽)

규칙 체계로서의 언어체계:

언어체계는 언어의 발화들을 미리 규정한다. 이것은 체계가 단위들과 관계들을 미리 제공함으로써 일어나게 되는데, 그러한 단위들과 관계들에서 발화 구조들이 구축되는 것이다. 이것이 바로 '소리·의미'를 병렬시키는 것에 관련된 발화의 일반적 특성을 설명해 주는 것이다. 이렇게 해서 발화 구조는 또한 발화 유형을 구성하게 된다. 언어체계는 언어에서 가능한 발화 구조들을 —그리고 그것으로 언어에서 가능한 발화들을— 규정하는, 규칙들의 체계로서 이해될 수 있을 것이다.

언어체계의 규칙 하에서, 발화 구조에 있어서의 단위들 또는 관계들 사이의 일반적인 관련성을 이해한다면, 이러한 관련성이 발화에 있어서의 본질적인 특성인 '소리·의미'를 병렬시키는 것을 위한 일반적인 관련성에 부합한다는 것이 타당하다.

동시에 이와 같은 견해에서는 규칙들이 하나의 체계를 형성한다는 것을 받아들여야만 할 것이다. 즉 규칙들은 서로 밀접한 관련을 맺어서, 개별적인 발화 구조마다 완전히 규칙에 의해 규정되며 체계를 예정하는 모든 단위들과 관계들 사이의 모든 관련성들도 규칙에 의해 규정되게 되는 것이다.(31쪽)

언어체계와 문법:

그리고 나면 한 언어의 문법이란 이러한 규칙 체계의 이론적 모사(Abbildung)이다.(31쪽)

언어체계와 언어 능력:

체계는 발화에서 일반적인 것으로 나타난다. 언어를 학습하는 자는 이러한 주관적 형식 속에 있는 일반적인 것을 언어 능력의 형상으로 습득해야만 한다. 이렇게 해서 언어의 발화를 이해하고 스스로 창출할 수 있게 된다. 언어체계는 사회적 규범에 속한다. 이것과 개개의 상응하는 언어 능력의 관계는 사회적인 것과 개인적인 것과의 관계와 같다.(27쪽 이하)

언어 발화를 의미와 음운 형식의 결합이라고 이해하고 창출하는 개개인의 언어 능력의 부분은 동시에 규칙 체계의 주관적 모방으로 간주되어야만 한다.(연도 미상. 2장, 언어체계의 습득에 관하여).(31쪽)

언어체계의 "객관성"에 대하여

이 때 구조적 또한 내용적 특성들은 개개의 것들과 무관하게 존재하고 주관적으로 습득되어야만 한다는 의미에서 객관적이다.

'객관적' (언어체계)와 '주관적' (언어 능력) 간에 발생하게 되는 대립은 마르크스주의의 인식 이론을 통해 부각되었다. 그러나 이 대립으로 '언어체계'라는 개념을 설명하기에는 확실히 부적절한데 그것은 아래의 결론이 용납되지 않기 때문이다.:

개별적인 것으로부터 독립적인 것과 일반적인 것은 객관적인 것의 위상을 지닌다.

이의 제기: 비주관적인 것, 즉 개인의 의식 밖에 존재하는 것이라고 해서 모두가 '실재의', '대상의', '개인의 의식에서의 모방의 원형' 등의 의미에서 객관적인 것은 아니다. 이러한 대립으로 단순화할 수 없는 상호주관적인 것의 범주가 결여되어 있다.

『독어문법원론』의 저자들은 이러한 문제를 의식하고 일련의 부정적 규정으로 이에 접근한다.:

이러한 맥락에서 물론 언어체계가 발화에 있어서 일반적인 것이 자연 현상들에 있어서 자연 법칙과 똑같은 의미에서 존재하지는 않는다는 것을 유의해야 할 것이다. 하나의 발화란 인간적 행위의 산물이며, 그 표현을 만들어 내는 화자를 통해 그 구조를 얻게 된다. 자연 현상들처럼 그들의 단위들의 기저에 놓여 있는 어떤 법칙을 통해서가 아닌 것이다.(31쪽 이하)

객관적 언어체계와 주관적 능력이 스스로 만들어 낸 모순의 딜레마에서 벗어나는 길을 명백히 규칙개념이 제시해야만 한다. 하지만 규칙개념은 인용한 방식의 부정적 규정을 통해서 하는 것 외에는 그 어떤 것으로도 증명되지 않는다.(규칙개념에 관해 아래와 논문 Ⅲ을 참고할 것).

『독어문법원론』의 저자들이 '일반적인'—'객관적'—'규칙'과 같은 일련의 개념에 대해 언어체계 개념을 일관되게 논증하지 못하면, 내 생각으로는 파울(1984, 51쪽) 같은 비평가도 언어체계 개념을 객관적인 것의 개념으로 무산시키는 것을 성공하지 못할 것이다.:

"지금까지 개발된 기술 모델들"은 "불안정하고 이질적인 전체를 그것의 기능으로 파악하는 데에 놓여 있는 이론적 문제를 정당하게 평가하지 못하고 있다." 그래서 학술(Akademie) 문법은 실재 대상으로서의 언어체계라는 것이 하나의 요구이자 하나의 희망 사항이라는 것을 인정한다. 즉 체계는 객관적인 것이 아니라 인식절차의 주관적 극단에 속해 있는 것이다.

학술문법이 이것을 진정 인정하는가? 이것을 인정해야만 하는가? 여기에 내가 보기에 다음과 같은 잘못된 결론이 존재한다.:

언어체계가 엄격한 의미에서 체계가 아니라면, 즉 불안정하고 이질적인 것들의 특성을 지닌다면 이 체계는 "실재 대상"이 아니라 주관적 구조물일 것이다.

이의 제기: 또한 언어가 단지 편파적 혹은 부분적으로만 체계적이라는 사실이 일반적인 것, 규칙적인 것 그리고 상호 주관적인 것이 언어에 '존재하지' 않을 것이고 그래서 문법의 적절한 대상이 아닐 것이라는 것을 증명하지는 않는다.

언급된 이유들로 해서 언어에 체계개념을 적용하는 것을 거부하는 언어학자들, 즉, 바로 언어의 '무질서한' 성격을 거부하는 언어학자들은 모순되게도 그들 자신의 '무질서한' 대상과의 경험에서 아무것도 배우지 못한 것 같다는 생각이 든다. 왜냐하면 단어들, 무엇보다도 학문적 개념들은 —내용이 틀린 모든 선언들에 반하여— 쓸모있다고 생각되는 다양한 규율들을 가로질러 완전히 규범적으로, 지속적으로 그리고 같은 꼴로 사용되지는 않는 것이다.(그것들은 하위체계를 초월하는 단의적인 것이 아니다. 참조 슈트라우스/치포눈 (Strauß/Zifonun) 1985, 330쪽 이하). 그것들은 용어를 바꾸고 용어를 없애고 새롭게 용어를 만드는 절차를 겪게 된다. 그래서 상이한 규율들에서 그리고 결과적으로 교양언어에서 사용되는 개념의 의미는 서로서로 연관관계에 있긴 하지만, 엄밀하고 일률적으로 규정된 서로 다르게 적용되는 구조적 형상을 띠게 되는 것이다.('다의어'와 매우 유사하지만, 엄격하고 엄밀하게 서로 다르게 파악된 이런 류의 개념들의 경우 슈트라우스/치포눈은 '의미론적 단계'라는 개념을 사용한다). 그럼에도 불구하고 적용하는 데 있어서의 이러한 병존으로 인하여 상호 관련이 있으며 자체 내에서 등급이 정해진 개념의 의미는 결코 사라지지 않는다.

그래서 나는 '언어체계' 개념을 형식적인 학문의 체계개념에 근거하여 정의내리는 것이 의미 있다고 여긴다. 하지만 개별적인 규정의 크기인 '등급들'을 정의할 때마다 특수한 대상인 언어를 고려하면서 처리해야 할 것이다.:

언어체계로서의 언어는 완결된 것일 경향이 있고 (왜냐하면 바로 개별적 경우에 단위가 체계에 소속되어 있다는 것이 판명될 수 있기 때문이다), 동류일 경향이 있고 (개개의 하위체계는 전혀 이접적인 것이 아니고 최대한 얽혀 있기 때문이다), 그리고 이것의 요소들이 서로 잘 정의된 관계 속에 있는, 잘 정돈된 형성물일 경향이 있다.(규칙에서 벗어나면 잘 정의된 관계가 파괴되는데, 이러한 규칙으로부터의 이탈에서 잘 정돈된 형성물이라는 것을 식별할 수 있기 때문이다).

이제 언어체계에 도달하기 위해서 이와 같은 등급이 매겨져야 한다면, 도대체 무엇 때문에 체계개념이 그 임무를 맡게 되었는지 의문을 제기할 수 있을 것이다. 이러한 임무를 인수한다는 것은 동질성의 사고, 완결성의 사고 그리고 잘 정의된 구조의 사고, 즉 엄격하게 파악된 "전형적" 체계개념과 접목시키는 것이 언어와 이해시킴을 가능하게 하는 조건으로 —비트겐슈타인(Wittgenstein)의 '개인 언어 논쟁'이 생각되리라— 생각되어야만 한다는 의미로 받아들여야 한다고 생각한다.

'언어체계'라는 용어에서 등급이 정해진 이러한 체계 개념은 세레브레니코프 외(Serebrennikow et al.)(1975)의 정의를 내리려는 의도와 잘 들어맞는다. 이 의도는 그 밖에도 현대 언어학에 있어서 체계개념의 역사를 상세히 묘사하고 비판하는 작업을 토대로 하여 다음과 같은 구분을 하게 된다.:

그러므로 우리는 **체계**를 특정한 방식으로 조직된 (즉 정돈된) 위계질서가 있는, 구조를 지닌 하나의 전체라고 정의내린다. 특정한 목적을 실현시키기 위해 이 구조는 특정한 실체로 구현된다. 일정한 양식의 요소들을 통해 관계들의 일정한 도식을 실현하게 되는 체계는 기능적 형성물을 재현하게 된다. 이러한 형성물의 전체성은 구조와 실체의 일치라는 구체적 방식을 통해 보장된다. 이러한 구체적 방식의 일치를 실체 분석에서나 순수 관계들을 분석할 때 눈에 띠지 않은 채로 있는 관계의 새로운 유형으로서 인식한다는 것이 체계방법의 주특성을 이루게 된다. 이에 상응하여 우리는 "체계 조건적"이라는 용어가 의미하는 것은 다음에 근거한다.: "완전한 기능적 형성물로서 대상을 조직하는 원칙을 적용시키는 것. (이 형성물의 일반적 특성은 그의 개개 요소들에서만 축소되거나 또는 그들 관계 망의 특별함에서만 축소되는 것은 아니다).(21쪽)

이 때 나에게 중요한 관점은 "관계의 도식"으로 표현되면서 체계 개념에 종속되어 있는 구조개념에 반하여 체계개념을 경계짓는 것이라 여겨진다. 이와 마찬가지로 기능적인 전체적인 국면들도 강조되어야 한다고 본다. 마찬가지로 세레브레니코프 외 등은 기능 학파의 (무엇보다도 프라그 학파) 다음의 가정들을 받아들이고 있다 : 체계의 비완결성, 완벽한 규칙성이 아니라 불안정한 균형, 역동적 속성. 그들은 "적용할 수 있는 유기적 체계"라는 표제 하에 이 특성들을 요약하고 있다(68쪽). 나는 '언어체계의 실체'라는 어법이나 앞으로도 '구조와 실체를 일치시키는 구체적 방식'이라는 어법에는 동조하고 싶지 않다.: 여기서 저자들은 물리적 시각에 사로잡혀 있는데 이런 시각에서는 언어체계의 요소들이 하나의 실체나 소리재료나 또는 다른 텍스트 구절에서 유래하는 것처럼 "의미재료"의 '조각들'로 고찰되고 있다.

문자를 통한 언어의 비음운적 실현형태가 이미 언어체계의 요소들을 조야한 방식으로 어떤 식으로든지의 성질이 있는 실체와 동일시하는 것에 반대하고 있다. 그렇다면 의미가 만들어지는 재료는 도대체 무엇인가(옐므슬레우(Hjelmslev)의 언어 실체에 대한 회의를 참고할 것). 내가 끌어내고 싶은 결론은 실체적 단위들이 아니라 규칙들을 언어체계의 요소로서 고찰해야 한다는 것이다(논문 III 참고).

반론의 두 번째 부류에는 —대상 언어를 부적절하게 수학화시키는 것을 향했던 지금까지 언급했던 반론들 외에— 언어를 소위 체계 개념과 연결되게 실체화시키는 것에 대한 반론들이 있다. 이런 식의 반론들과 논쟁을 할 때는 자칭 실체화라는 것을 할 때 **무엇에서부터** 추상화되는지 그리고 **무엇 때문에**, 즉 대상화하는 것이 어떤 종류의 이론적 가설로 이끌 것인지 상세히 살펴보아야 하리라 본다.

먼저 '기호체계로서의 언어' 구상에서부터 출발하겠다. 이러한 실체화의 형태에서 언어 표현은 남을 이해시키는 수단이며, 행위를 병렬시키는 수단이라는 것, 그러니까 그것들을 가지고 의사소통적으로 행위되어야 하는데 이 사실이 간과되고 있다. 그 외에 상징이 기호의 사고를 아주 분명하게 구현하고 있기 때문에 일반적으로 언어의 묘사기능이나 상징기능이 절대시되고 있다. 기호체계를 '기호의 체계'라고 명백하게 해석할 때 (참조 『독어문법원론』 33쪽) —기호체계를 어떻게 다르게 이해할 수 있을 것인가— 개개의 요소, 개개의 기호가 통합적이고 계열적인 방식의 구조적 관계 속에서의 편입이 가능함에도 불구하고 격리되어 고찰되고 있다. 그리고 그렇게 하면서 일정한 기능을 가진 개개 단위들을 개개 단위의 기호특성이 초월되게 되는, 아주 다른 기능을 가지고 있는 복잡한 단위들과 규칙적으로 결합시키는 —바로 문법의 경우— 가장 본질적 측면이 시야에서 사라지게 되는 것이다.

『독어문법원론』에서 다루어지고 있듯이, 실체화가 언어의 모사이론적 구상과 유사하다는 것을 제시하고 있기 때문에 오늘날 이미 극복된 실체화 형태에 대해 간단히 다루어 보겠다. 언어체계의 "의미론적 성분들"이 실체화의 형태에 의하면 최소한 모든 화자와 청자에게 일치하는 사회적으로 타당한 특성들로 현실을 모사하면서 (『독어문법원론』 52쪽) 실체화된다.

모사와 기호는 —인식이론적으로 확실히 중요한— 자의성의 특징에서 구별되기는 하지만, 언어의 묘사기능을 편파적으로 강조하고 이렇게 한정된 기능이 또한 언어의 행위 특성을 삭감시킨다는 점에서는 유사하다.

게다가 모사 이론은 문장들이나 문장복합체 같은 복잡한 언어 단위들의 의미론적 측면을 구체화된 모사들의 도식으로 집어넣으려고 노력하고 있는 것이다. 사태들(객관적 실재의 층위), 사태모사들(의식의 층위), 명제 내용(의미론적 층위)이란 말들로, 고유한 속성들(술어들)이 대상들(지시체들)에 이전된다는 행위 원형을 구체화시킨다. 행위형태들(또는 의미론적인 형태)이 "참인 존재"(투겐트하트(Tugendhat) 1976, 60쪽 이하)로 구체화되는 이런 형식에 언어분석 철학은 비판을 가하고 있는데 문법기술자 또한 이 점을 간과해서는 안 될 것이다.

의사소통적 · 화용론적 구성 요소에 있어서 『독어문법원론』가 보여 주는 모사이론적 실체화는 불합리한 구조로 이끌 수밖에 없는 것이다. 바로 이러한 점을 레더(Redder)(1984)가 밝히고 있다. 그는 특히 『독어문법원론』의 다음의 구절을 인용하고 있다.:

> 제31장에 기술된 전제 하에서, 언어 발화의 형성과 이해는 현실의 관념상의 모사들을 소리발화와 결합시킬 가능성을 지닌 언어 체계 속에서 단순히 현실적인 것이 되게 하는 것 이상의 것인 것이다. 이것은 오히려 훨씬 더 복잡한 행동방식의 한 단면이라 보아야 한다. 이러한 의사소통의 태도는 행위와 연결되어 있을 뿐만 아니라 그 자체가 행위의 성격을 띠는 것이다.
>
> 다시 말하자면: 이러한 태도는 의식적이고 목적지향적 태도인 것이다. 위에 언급한(31장) 두 기능의 의미에서, 의사소통의 태도

를 의식적으로 어떤 방향으로 유도하는 것은 화자와 청자가 의사소통을 진행하는 과정에서 실행하게 되는 내적인 모사에 의지해야만 되는 것이다. 모든 행위가 행위상황이나 일이 진행되어 가는 데 있어서의 목표나 수단과 처리 방식 따위의 내적인 모사에 의지해야만 하듯이 말이다.

이러한 모사는 의사소통 행위의 근본적인 특성과 전제를 파악하고 있는 일정 범주 내에서 일어난다. 이 특성과 전제가 의사소통 과정의 관념적 모델을 이루게 된다. 이 모델에서 행위결과가 관념적으로 선취될 수 있고 목적과 전제에 상응되는 적합한 행위 방식이 선택될 수 있는 것이다.(이에 호퍼(Hofer) 1974 같은 것을 참고하라)(『독어문법원론』 85/86쪽)

이에 대해 레더는 다음과 같이 논평하고 있다.:

상이한 언어구상의 요소들이 허용되어야만 한다. 구조주의적 기본입장으로부터 이 요소들은 "대상화"의 형식에서 —연장된 사안라는 철저히 데카르트 학파적 의미에서— 이론의 여지없이 체계로 받아들여지게 된다. 개개의 화자와 청자는 "의사소통 행위의 근본적인 특징과 전제를 모사하기로" 작정하는 것이다.(레더 64쪽)

그래서 『독어문법원론』의 저자들은 행위를 모사하는 행위를 구체화시키는 과정에서 행위에 근거한 발단을 주관주의적 구조로 왜곡하는 것이다. 이 발단은 그들이 시대의 추세에 따라 인정한 것이다.

이제 언어에 체계성격이 있다고 간주하는 것이 이런 식으로 구체화시키는 것과 필수석으로 연결되어 있는지 의문을 제기할 수 있을 것이다. 또는 언어의 특징(어떠한 한 측면에서의)으로서 보편적인 것, 사회적으로 타당한 것, 잠재적인 것, 동질적인 것일 경향이 있고, 완결된 것일 경향이 있고, 그리고 잘 구성된 것일 경향이 있는 그런 사고를 다른 방식으로 실현시킬 가능성은 없는 것인가?

이것은 다음과 같은 기본가정들을 하면서 가능하리라 본다.

기본가정(1):

> 언어체계는 화자(와 청자)가 언어 단위를 사용하면서 따르게 되는 규칙들, 즉 (행위적-) 원형들의 체계 (언급된 '등급화된' 의미에서)이다. 여기서 나는 비트겐슈타인을 계승해서 사회학, 더욱이 언어학의 경우 확고히 자리잡게 되었고 특히 아래의 기준에도 타당한, 규칙개념을 적용시키겠다.:
>
> 언어적 의사소통은 ―최소한 이것의 존재론적이고 친발생학적으로 발전되는 형식들에서― 규칙으로 이끌어지는 태도이다. 의사소통에 참가한 사람들은 상호주관적으로 타당한 규칙들을 따르면서 규칙에 이끌려 행동한다. 이렇게 '하나의 규칙을 따른다'는 것은 적용조건들이 바뀌는데도 각각 똑같은 원형에 따라 일정한 상징적 행위를 수행한다는 것, 이 행위에 각각 똑같은 의미를 부여한다는 것을 말하는 것이다. 좀 더 정확히 말하자면 이렇게 각각 동일한 원형, 다른 사람들, 무엇보다도 의사소통에 참여한 사람들에게서도 각각 동일한 의미가 인식될 수 있다 내지는 규칙침해, 즉 관습적으로 타당한 원형에 반하여 상징적 행위를 형성하는 것이 인식될 수 있다는 것을 말하는 것이다.(규칙과 원형 사이의 관계에 대한 설명에 관하여 논문 Ⅲ 참고).
>
> 이 때 규칙은 불변 현상을 근거로 한, 즉 관찰할 수 있는 법칙성이 있는 규칙이 아니라 그 의미의 동일성을 근거로 한 규칙이다.

비트겐슈타인적 전통에서 규칙개념이 특히 단어사용의 현상에서 예증되었지만 언어사용의 다른 부분영역에서도 그 타당성을 인정받고 있다. 그래서 예를 들어 통어론적 사슬이 다음과 같은 것들로 이루어진다.

정관사, 남성 단수 주격
형용사, 단수의 주격/목적격 약변화
명사, 남성 단수의 주격/목적격 변화

아래의 (부분-) 규칙을 따르게 된다는 견지에서만 —이러한 사슬을 만들어 낼 때는 언제나— 독어 언어체계의 규정 요소가 되는 것이다.:

'정관사와 형용사와 남성 명사로 이루어지는 명사 그룹을 만들고 사용하라'.

위와 같은 규칙을 따르기 위해 이것들에 관해 말할 수 있을 필요는 없다.:

규칙지식이라는 것은 —그것이 능력일 뿐만 아니라 진정 하나의 지식이라면— 규칙을 작성하는 것을 안다는 것과 동일한 것은 아니다.[2]

기본가정(2)

언어체계의 규칙들은 상호 밀접한 관계가 있는 부분규칙들인데 이 부분규칙들의 상호작용의 결과는 의사소통 행위를 실행하기에 적합한, 개개 언어에 특별한 그런 원형이 된다.

언어체계의 이러한 규칙 내에서 문법 규칙이 강조된다. 하지만 문법이란 표현을 어떻게 해석하느냐에 따라서 규칙체계의 상이한 영역들이 문법적 규칙체계로 해석되게 된다. 문법기술이라는 구체적 목

---

[2] 이 때 화자가 따르게 되는 규칙은 결코 규칙을 만드는 것과 같은 것은 아니다. 예를 들어 내가 여기서 제시한 것과 같은 언어학적 규칙화와 동일한 것이 아니다. 규칙이란 —가능한 완전히 상이한— 규칙화가 작성하는 것 혹은 표현하는 것을 말한다(이에 켈러(1974)를 참고하라).

적을 위해서는 분절적 음소론(Phonemik)/문자소론(Graphemik), 사전 따위는 포함하지 않는, 비교적 좁은 범위의 문법개념을 지지하겠다.

이런 의미에서 문법 규칙들은 개별언어의, 의미와 기능을 지닌 최소의 단위들로 거슬러 올라가지 않고, 의사소통 행위를 실행하는 데 적합한 그러한 원형을 만드는 목적을 미리 설정하여 이 원형을 바탕으로 규칙들을 어떻게 조합시켜 사용해야 하는지를 규정하게 된다.

두 번째 기본가정에서 몇몇 부분은 상세한 설명이 필요하다.

이러한 설명 중 일부분은 세 번째 논문에 실려 있다. 거기에 '서로 밀접한 관계가 있는 부분규칙들'이란 말에 대해 상세히 설명되어 있고, 행위 규칙과 활동 규칙의 층위 같은 상이한 규칙층위들이 구분되어 있다.

다음 규정은 본 논문에서 논평한다.:
'의사소통 행위를 수행하는 데 적합한 원형들.'

이 때 ―첫 번째 기본가정에서 설명한 규칙개념을 토대로 해서― 다음의 두 입장에 근거를 둔다.: 하나는 의사소통 행위의 개념과 연관된 하버마스(Habermas)의 입장(1981)이고 다른 하나는 언어와 상호행위의 관련성에 대한 분더리히(Wunderlich)의 고찰(1984)이다.

여기서는 하버마스의 구상 '의사소통 행위'의 전개 과정을 극도로 축약해 다룰 수밖에 없다. 이렇게 윤곽만 서술하는 것은 한편으로는 독자 스스로 읽고 검토하라는 호소이고, 다른 한편으로는 하버마스의 이론을 통한 고찰을 계속해 나가라는 나 자신에게 하는 요청이다.

의사소통 행위가 상징적 상호행위의 그러한 형식으로서 이러한 형식을 통해 상호행위의 상대자들이 이해를 시키게 하는 것이 인식된다는 데에서 나의 기본가정과의 연결점을 찾을 수 있다. 이 때 이해시킨다 함은 개개의 그리고 산발적인 의사소통 행위의 기본적인 층위에 근거하여 대화 상대자들 중 한 사람이 그의 발화의 언표수행 역할에 힘입어 객관적 세계, 사회적 세계 또는 주관적 세계에 대해 일정한 타당성요구(Geltunsansprüche)[3](*옮긴이 주)를 하면서 언어행위 제안을 한다는 것을 말하는 것이고, 그리고 다른 상대자인 청자는 이러한 언어행위 제안을 수락하고 각각의 언어행위와 타당성요구를 통해 동기유발된 결합에 반응하게 된다는 것을 말하는 것이다. 그 때 타당성요구들 각각은 "참된 진술을 가능하게 하는 모든 실재들의 총체로서의" 객관적 세계와, "합법적으로 규정된 모든 상호인간적 관계의 총체로서의" 사회적 세계, 그리고 "화자가 접근할 수 있는 특권이 부여된 체험의 총체로서의"(하버마스 Ⅰ, 149쪽) 주관적 세계와 관련되어 있다.: 다시 말해 상호주관적 진실에 대한 타당성요구 자체는 객관적 세계와 연관되고, 규범적 정당성(주어진 규범적 맥락과 관련시켜)에 대한 타당성요구 자체는 사회적 세계와 연관되고 그리고 주관적 진실성에 대한 타당성요구 자체는 주관적 세계와 연관되어 있다. 이해시키는 것을 목적으로 하는 모든 언어행위는 이러한 세 가지 기본기능에 편입되어 있다. 그럼에도 불구하고 화자가, 어떠한 타

---

3) (*옮긴이 주) '타당성요구'에 대한 설명: 타당성요구란 하버마스의 용어로서 성공적인 의사소통을 위해 요구되는 필요한 네 가지 조건들로 구성된다. 하버마스가 얘기한 네 가지 타당성요구는 문장의 이해 가능성(Verständlichkeit), 명제 부분의 진리성(Wahrheit), 발화자의 진실성(Wahrhaftigkeit), 수행 부분의 옳음(Richtigkeit)으로 요약할 수 있다. 이는 두 사람 사이의 대화를 상정해 보면 그 의미를 쉽게 파악할 수 있다. 첫째, 의사소통 행위에 있어 상대방이 이야기하는 내용을 이해할 수 없을 때는 그 말이 뜻하는 바를 서로 정확히 규정할 필요가 있다는 말이다. 이 단계를 거치지 않고서는 의사소통이 제대로 이루어지지 않는다. 둘째, 말의 내용에 대해서는 이해하지만 그것이 참인가에 대해 확신을 가질 수 없을 때 그 말의 진리성을 조사해 보아야 한다. 셋째, 발화자의 발언 태도가 진지하지 못할 때 그의 진실성을 문제삼을 수 있다. 넷째, 상대방 말이 규범적으로 옳은지가 미심쩍을 때에도 실천적 담론을 통해서 그것을 검토해 볼 필요가 있다.(권용혁 1998 〈이성과 사회: 실천철학Ⅰ〉 철학과 현실사 중에서 요약)

당성요구를 하면서 그의 발화를 우선적으로 이해하고 싶은지는 "그들의 언표수행 역할(언표수행적 구성 요소의 의미로부터의 표준 전제 하에서)에서 생겨나게 되는 것이다(하버마스 I, 414쪽). 의사소통 행위의 이러한 세 가지 기본양식들을 병렬시킴으로써 하버마스는 언어행위(sprech handlungen: 하버마스의 용어)를 언어행위(sprechakt: 썰(Searle)의 용어)의 "순수한 경우들"의 —여기서 순수하다 함은 의사소통 행위와 연결된 각각의 지배적인 타당성요구가 뚜렷하게 되는 한에서 순수한— 세 부류로 분류하게 된다.:

- **기본적인 서술문**이 사용된 진술적(konstative) 언어행위.
- **기본적인 체험문장**(일인칭 현재)이 나타나는 표명적(expressive) 언어행위.
- (명령처럼) **기본적인 요구문** 또는 (약속처럼) 기본적인 의도문에서 나타나는 규정적(regulative) 언어행위.

(하버마스 I, 414쪽)

이러한 세 부류의 언어행위 또는 '기본양식들'은 "구체적으로 부각된 언표수행 효력들"의 다수를 세분하는 기저가 된다. 이 효력들이 "개별언어적으로 표준화되고 문화특수적인, 가능한 상호개인적 관계의 그물"을 형성하는 것이다(하버마스 I, 414쪽).4)

여기 흔적만 보여 주게 축약한 이와 같은 의사소통 행위 이론에 덧붙여 '문법적 언어체계' 구상을 좀 더 분명하게 규정하기 위해서 '사회적 상호행위에서 언어가 행위에 예속된다는 것'을 도입하는 입장 외에도 특히 다음의 것들이 중요하다.:

---

4) 상이한 언표수행의 문화특수적이고 개별언어적으로 표준화된 그물을 경험적으로 전달하는 여기에서 당연히 경험론적인 언어학자들의 연구가 비로소 시작된다. 그러나 무엇 때문에 이 경험론적인 언어학자들이 모든 사회·이론적인, 하버마스식의 의미에서 '보편·화용론적' 하구조부 또는 상위구조에 그렇게 강경하게 항의하는지 나로서는 이해할 수 없다.

상이한 세 가지 '세계들'과 연관되어 있다는 사실과 상이한 세 가지의 타당성요구가 유효하다는 사실이 대등하게 병렬된다는 (서로 얽혀 있게 된다는) 것을 통해서 하버마스는 언어가 표현기능에 편중하는 점을 극복하고 있다. 이 표현기능은 —객관적인 진실에의 요구를 관철시킨다는 관점 하에서 객관적 세계와의 연관으로서— 세 가지 기본기능들 중의 하나에 불과한 것이다.

—아래에서 좀 더 상세히 논증되듯이— 우리가 언어체계가 의사소통 행위를 실행시키는 데에 적합한 원형들을 미리 설정한다는 사실에서 출발하고, 그리고 더 나아가 언어 표현들의 의미가 일정한 의사소통 행위를 실행시키기 위해 구별짓는 그러한 원형들의 측면을 특정화한다는 점에서 출발한다면, 이제 의사소통 행위의 보편화용론적인 세 가지 기능특성 내에서 동시에 다차원적 의미론이라는 구상이 함께 논증되게 된다. 이 점에서는 야콥스(Jacobs)(1982)의 개념성 의견에 동조하며 "다차원적 의미론" 구상을 설명할 때 다시 다루겠다.

이제 기본가정(2)의 두 번째 규정의 크기에 대해 상세히 다루겠다. 의사소통 행위를 실행하기 위해 적합한 원형들에서 '적합한'이라는 규정에 대해서는 분더리히(1984)의 이론에 의거해 상세히 다루겠다. 분더리히는 그의 주제 "명령문이란 무엇인가?"에서 서로 서로 독립적인 세 가지 요인들을 연관시키는 것이 필수적이라는 점에서 출발한다.:

  (6) a) 언어수단의 체계 (문장들과 그 의미들).
      b) 입장들의 체계 (예를 들어 소원과 관심).
      c) 사회적 상호행위의 체계 (예를 들어 호의관계, 권력행사, 사회제도들 …). (93쪽)

모든 문법적 의문제기에 있어서 세 가지 요인들을 연관시키는 이러한 과제는 올바르다고 본다.

언어수단의 체계와 다른 두 가지 요인들을 연관시키기 위해 분더리히는 '무엇에 적합한'이라는 표현을 사용한다. 그는 다시 요구/요구문을 예로 들어 상술하고 있다.:

> 2장에서 설명하게 되는 명령문은 전적으로 요구의 경우에만 사용되는 것은 아니다. 다른 한편으로 요구하기에 적합한, 상당히 이질적이고 큰 문장들의 부류가 있는 것이다. 이와 같은 문장을 요구하기에 적합하게 만드는 통일적인 원칙이 있는지 또는 어쨌든지 어떠한 문장들이 요구문이라는 사실을 (다소간) 합당하게 설명될 수 있다는 것을 인식할 수 있게 하는 원칙이 있는 것인지 하는 의문이 제기된다.
>
> 이러한 원칙이 도대체 필요한 것인지 이의를 제기할 수 있을 것이다. 각각의 상호행위상황에서 발화의 수취인은 화자의 소원이나 관심을 충분히 잘 인식할 수 있는 상태에 있으리라는 것이다. 이러한 이의 제기는 확실히 (6)의 서두에서 언급한 요인들, 즉 언어수단, 입장 그리고 사회적 상호행위의 체계들의 상호영향에 대해 그릇된 생각을 하게 만들게 된다. 언어수단이라는 것은 임의적으로 설명될 수 있는 것이 아니다. 각각의 언어 표현은 화자가 상호행위를 하고, 입장을 분명히 하는 데 기여하고 있다는 점을 인식시키기에 적합해야만 하는 것이다. 더욱 상세히 말하자면 결론에 이르는 데 드는 경비가 가능한 최소한이어야만 하고 그릇된 해석을 하게 되는 위험부담이 최소한이어야만 하는 것이다. (109쪽 이하)

개별언어 문법의 과제는 '적합한 존재'라는 바로 위와 같은 관계를 세목별로 기술하는 것이다. 이 때 '언어수단의 체계' 관계의 첫 번째 논쟁이 바로 문법의 진정한 (부분-) 대상이다. 하지만 두 번째 논쟁은 —상호행위의 체계와 입장의 체계— 개별언어 문법을 초월하는 대상들인 것이다.

1. 2. 2. 문법과 화용론

이렇게 해서 설명하려고 하는 두 번째 개념, 즉 화용론 개념에 이르게 되었다. 이것에 대해 논평하기 위해서는 기본가정 (1)과 (2)를 세우게 한, '언어체계' 개념에 대한 고찰을 보충하고 좀 더 정확하게 규정해야만 할 것이다. 화용론 개념을 다양하고 이질적으로 파악하는 데는 관여하지 않고 그레벤돌프(Grewendorf)(1984)를 참조하겠다. 그레벤돌프는 '화용론'을 여섯 가지의 사용으로 구분하고 있다.:

    (i) 기호론적 범주로서의 화용론

    (ii) 색인적(indexikalische) 의미론으로서의 화용론

    (iii) 언어수행이론으로서의 화용론

    (iv) 의미이론으로서의 화용론

    (v) 언어행위이론으로서의 화용론

    (vi)맥락상의 적절함에 관한 이론으로서의 화용론

(그레벤도르프 1984, 224쪽 이하)

그레벤도르프 자신은 "언어행위에 대한 하나의 이론이라는 의미에 있어서 화용론이 실제적 문법기술에 있어서 고려의 대상이 되는, 유일한 화용론 후보인 것처럼 여겨진다"는 점에서 출발하고 있다.

이렇게 언어행위이론으로서 정의내려진 화용론 개념은 한편으로는 언어체계의 구상과 문법의 구상을 위해 기초를 두는 것이고, 다른 한편으로는 이 두 가지를 초월하고 있다고 본다. 언어행위이론은 —기본가정 (1)과 (2) 그리고 하버마스와 분더리히에 연결시켜 설명하려 했듯이— 비환원주의자적인 방식으로 언어체계개념을 재구성하는 것

을 도와 주고 있기 때문에 기초확립적이다.

다른 한편으로 언어행위이론은 개별언어적 언어체계보다 포괄적이다. 즉 언어학적 화용론은 문법 속에서 철저히 파악될 수 없고, 그래서도 안 되고 그럴 필요도 없는 현상들을 묘사한다는 것이다. 그 이유는 다음과 같다.

    (a) 개별언어와 무관하다, 즉 문화, 사회체계 또는 심지어 종족특유의 것이다.(보편화용론적인?) 그리고/또는
    (b) 언어수단의 체계와 직접적 연관이 없다. 그리고/또는
    (c) 개개의 맥락과 발화상황의 조건들에 종속적이다.

개별언어적 문법과 언어학적 화용론의 대상 사이에 있는 이러한 차이점을 이른바 간접 언어행위(썰 1975)의 예를 들어 포괄적으로 설명하고자 한다. 여기서도 또한 아직 해명되지 않은 문제들 —'언어행위에 있어서 직접성에 반해서 간접성이라는 것이 정확히 무엇을 정의하는가', '단어적 의미'(참조 바이간트(Weigand) 1984)에서 무엇을 이해할 수 있는가 따위— 이들을 여기서 다루지 않고, 경계를 짓는 문제를 집중적으로 다루겠다.

'잔디는 이미 상당히 길다.' 라는 문장이 바이간트(1984)에서 많은 다른 예들 외에도 간접적인 방식으로 잔디를 베라고 요구를 하는 언어행위를 실행할 수 있는 예로서 언급되고 있다. 이와 같은 말은 (아마도) 언어학적 화용론의 테두리에서는 할 수 있지만 문법의 테두리 안에서는 할 수 없는 말이다. 왜냐하면 문법이란 것이 바로 이 문장을 가지고 예를 들어 간접적인 방식으로 청자에게 잔디에서 재주넘기를 하지 말라고 경고하는 언어행위, 또는 편안히 잔디에 누우라고 요구하는 언어행위, 또는 잔디에 거름을 지나치게 주는 것을 제발 그만두라고 요구하는 언어행위 등등에는 왜 마찬가지로 자명한 방식으

로 사용될 수 없는지에 대해서는 결코 설명할 수 없기 때문이다.

그와 같은 진술을 할 수 있기 위해서는 아래의 것들이 필요하다,

      (a1) 실제적인 논리적 귀결 및 회화적 함의(그라이스(Grices) 1975)
          의 일반적인(보편화용론적인) 도식을 상세히 서술하기.

      (a2) 사회적이고 단체와 관련되고 그리고/또는 개별적인 소원,
          관심, 선호 등등이 간접 언어행위 후보가 가능하다고 하는
          사실을 명백히 인정하기 위하여, 그들의 통계적 회귀성 또
          는 중요성에 따라 고려될 수 있는 방식으로 상호행위의 체
          계와 입장의 체계를 상세히 서술하기:

더 설명하면:

'*잔디가 이미 상당히 길다.*'라는 예의 경우는 독어 공동체의 화자
에게는 잘 가꾸어지고 짧게 자른 잔디가, 예를 들어 잔디에서 편안
히 뒹구는 '가치'에 반해 통계적 평균치보다 더 높은 '가치'를 나타
내고, 더 강한 사회적 구속 특성과 조정 특성을 —그러므로 요구행
위에 대한 친밀감— 갖게 된다는 것에 대한 지식일 뿐이다. 이러한
지식은 가능한 모든 간접 언어행위 신청들의 무리 중에서 예문을 위
해 언급된 바로 그것을 선택하기 위해, 결정적 역할을 한다는 것이
다.

      (c1) 하나의 문장에서 가능한 사용상황(맥락)의 수를 모두 예측
          하고 이것에서 (a1)과 (a2)에 따라서 간접 언어행위의 문장
          을 사용하고 있는 것에 해당하는 증거를 대기.

논평:

물론 (c1)은 빠짐없이 세는 것을 통해서 이루어지는 것이 아니라
사용상황들을 각각 공통적으로 중요한 맥락 특징에 따라 사용상
황의 부류들로 분류하는 것을 통해 이루어질 수 있다.

따라서 의사소통적으로 다루어질 수 있는(→아래의 KOMA 개념)
언어체계의 문장들 및 다른 표현체들은 —언어학적 화용론의 견지에
서— 사용된 언어수단을 근거로 하여 가능한 간접 언어행위를 실행
하는 데 적합하지 않다는 입장을 지지한다. 이 모순되어 보이는 명제
는 언어수단의 체계학을 근거로 하여 '적합하다는 것'이 바로 문법
기술을 화용론적 경계침범에서 지켜 주는 범주라는 것을 지적하고
있다. 일반화된 형식에서의 이와 같은 특징을 개별언어 문법에서 다
루어질 수 있는 의사소통 표현체들의 모든 특성들의 '형식연관성'으
로 명명하겠다.

   하니쉬(Harnish)/파머(Farmer)(1984)에서도 (참조 바흐(Bach)/하니
   쉬 1979) 여기와 비슷하게 화용론이 기여한 바는 모듈의 방식으
   로 이해된 언어체계로 인식되고 있다.: 화용론 없는 문법은 이러
   한 체계의 헛된 표상을 전달한다. 왜냐하면 화용론적으로 설명될
   수 있는 것만이 어려움 없이 통사론화될 수 있기 때문이다. —그
   예들에는 명령문의 '주어'나 대용을 순수히 통사론적으로 설명
   하는 것 따위가 있다. 다른 한편으로 언어사용에 있어서의 모든
   측면은 —아이러니나 간접 언어행위와 같은 현상을 지적하고 있
   다— 언어체계의 부분이 아니라 (개개의 개인적) 입장과 사회적
   상호작용의 체계들을 통해서 개별언어적인 체계와 비교적 무관
   하게 규정되는 것이다.

어떠한 표현의 '의사소통 잠재력'을 조성하기 위해 개별언어적인
언어체계에 있는 문법적 언어수단으로서 활성화되는 모든 것들이 아
직 개별적으로 연구되지 않았거나, 기능 면에 있어서 진정 문법적 수
단인지 아닌지 이론이 분분할 것이다. 파울(H. Paul)(1920, 123쪽 이
하)은 구문들의 요소들을 제공하는 통사론적 수단의 목록을 이미 제
시하고 있다.:

86장. 상상을 언어 표현으로 결합시키는 데는 다음과 같은 방법
　　이 있다.:
1. 상상에 적합한 단어들 자체를 나열하는 것.
2. 이 단어들의 순서.
3. 소리를 내는 힘과 관련하여 이들의 등급화, 강한 강세 또는
　약한 강세.(참조: ***Karl kommt nicht(카알이*** 오지 않는다) ·
　*Karl kommt **nicht**(카알이 오지 않는다*).
4. 음성높이의 변조.(참조: 주장하는 문장으로서의 '*Karl kommt
　(카알이 온다*'와 의문문으로서의 '*Karl kommt?*'(*카알이 오
　니?*)
5. 힘과 음성높이와 밀접한 관계에 있기도 하는 속도.[3]
6. 전치사, 접속사, 조동사 같은 연결어휘들.
7. 단어들의 어형적 변화, 즉, a) 변화형식 자체를 통해 연결하는
　방식이 정확히 규정되면서(patri librum dat: 그는 아버지에게 책을 준
　다), b) 형식적인 일치(성, 수, 격, 인칭의 일치)를 통해서 함께
　소속되어 있다는 것을 의미하면서(anima candida: 똑바른 정신)

---

[3] 여기에, 어떤 것을 통해 더 밀접하게 혹은 덜 밀접하게 통합하고 있는
　지 뚜렷하게 보여 주는, 개개의 단어들 사이에 있는 쉼표지들의 경우
　도 포함할 수 있을 것이다.

　여기서 2, 4, 6과 7에서 언급한 방법들은 좁은 의미에서 '언표수
행적 잠재력' 또는 '언표수행 유형'인 의사소통 잠재력을 만들어 내
는 데에 참여하게 된다.(참고 아래). 배어법, 문장억양, 변형과 연결
어휘들, 조동사(불변화사)의 사용은 일면 서로 무관하고, 문징서법을
규정하기 위해 협동하는 데 있어서 일면 서로 서로 책임이 있다. 표
현의 명제적 내용의 일정한 부류를 형성하는 특성, 예를 들어 진리조
건, 수행조건 또는 자기 수행적 조건(아래를 참고할 것) 등의 내용의

의미론적 특징화와 함께 또다시 연결되는 이 문장서법은 언표수행적 잠재력에 의한 것이라는 것을 수락하고 있는 것이다.

이렇게 해서 언어적으로 조정된 상호행위의 형식들에 대하여 개별 언어를 뛰어넘는, 문화·사회적 특유의 이론형성으로서의 언어 화용론과 (보편화용론적 입장과 연결해서) 개별언어 문법 간의 작업 분담이 암시되었다. 여기서 화용론은 철저히 '체계와 연관된'—더 정확하게 말하자면 언어수단을 체계에 예속시킨다는 견지 하에, 상호행위 및 입장의 체계와 연관된— 이론으로서 간주된다는 점에서, 위와 같은 결론이 나오게 되는 것이다. 대화분석적 이론 형성과는 약간 차이가 있다. 이것은 본질적으로 의사소통 행위 상황의 일반적인 부류가 아니라 실제적인 개별적 담화 또는 텍스트에 집중하고 있는 것이다.

1. 2. 3. 문법과 인지적 언어 기술

개별 언어 문법의 대상을 언어학적 화용론의 대상과 구분시키는 것과 연관해서 '화자와 연관된·청자와 연관된' 따위의 수식어 쌍 및 '화자와 청자의 정신적 과정'이나 문법 기술을 위한 '인지적 가공' 따위의 범주들이 함축하고 있는 것이 설명될 수 있을 것이다.

우선 예를 들어 레더(1984)가 『독어문법원론』와의 논쟁에서 "화용론적, 여기서 더 정확히 말하자면: 언어심리학적 과정을 포기하는 것"(65쪽)에 관해 언급하고 있는데, 이와는 달리 언어심리학적 과정은 화용론적 과정의 부분량이 아니라는 것을 분명히 밝히고자 한다. 그레벤돌프의 화용론 개념 (iii)인 '언어수행이론으로서의 화용론'에 부합되는 이러한 식의 포괄화는 필자(그리고 그레벤돌프 자신)에 의해 토대가 세워진 화용론 개념에서는 언어행위이론으로서 받아들여지지 않는다.

그레벤돌프는 화용론개념 (iii)을 상세히 설명하고 있다.:

(iii) 언어수행이론으로서의 화용론은 변형생성문법의 전통에서 발생한 것이다. 그래서 발화들의 사용은 상호작용을 촉진시키는 모듈들의 다수에 의존되어 있다. 이 모듈들의 선천적인 체계가 넓은 의미에서 복잡한 언어능력을 구성한다.

발화들의 사용을 촉진시키는 이 체계의 이론으로서 화용론은 심리언어학의 부분이론이다. 그리고 해당되는 심리적 조건들의 복잡성과 관련하여 볼 때, 이를 시도한다는 것은 거의 "공상 과학"의 영역에서나 할 수 있는 것과 같다.(224쪽)

나는 그레벤돌프의 이러한 비판과 같은 의견이다.

『독어문법원론』에서 대명사를 다루고 있는 것에 대해 레더의 논문이나 호프만(Hoffmann)(1984)의 논문 둘 다에서 "정신적 영역"(호프만 88쪽) 또는 "화자와 청자 간에 이해시키는 행위를 하는 데 있어서의 정신적 활동"(레더 66쪽) 또는 "이해시키는 행위를 하는 데 있어서의 정신적 과정들"(레더 73쪽) 또는 "언어적으로 행위할 때 활성화되는 정신적 구조와 과정들"(레더 68쪽) 또는 "언어심리학적으로 토대를 세우는 것"(호프만 96쪽) 따위가 문법에서 고려될 필요가 있다고 보고 있다.

화자와 청자의 정신적 절차가 진행됨을 통하여 설명될 필요가 있는 현상들이 정신적 '활동'으로 회귀하지 않으면서도 충분하게 그리고 무엇보다도 '일관된 언어이론'(참조 레더 1984)의 테두리 안에서 설명될 수 있다는 것을 바로 호프만의 ─적은─ 예들이 보여 주어야만 한다고 생각한다. 하나의 예란 상황 직시적 그리고 전조응적 대명사들의 의미론적 분석이다. 이 때 인칭대명사는 확정적인 기리키는 기능을 지니지는 않는다는 점이 일반적으로 받아들여지고 있다. ─ 그러므로 호프만이 『독어문법원론』에서의 언어사용에 대해 가한 비판은 정당한 것이다─ 또한 대명사 사용을 통계적으로 분석하는 것이 불충분하다는 점도 옳다. 왜냐하면 이것은 "사용상황(화자, 장소, 시간)에 의존되어 있는" 대명사에서 특징적인 성향이 바로 무엇에 초점을 맞추느냐에 따라 (직시 상황) 또는 이미 초점 안에 있느냐 (전조응적)에 따라" (호프만 88) 변하기 때문이다. 그런데 이제 "정신적 영역"의 과정으로서의 '초점 맞추기', '전조응적'과 같은 결정적으로 '역동적' 개념들이 무엇 때문에 재구성되어야만 되는지는 파악할 수 없는 것이다.5) 정신적 작업을 기술하는 패러다임은 의사소통 행위의 패러다임과 직접적 관련이 있는 것이다. 언급한 저자들이 전자를 후자에 편입하는 데 전혀 문제가 없는 듯 보인다.: 그것은 사고·작업이란 것이 의도적 그리고 그 스스로의 의지대로, 즉 그러한 것 자체로서 실행되는 것이 아니라 행위를 실행할 때 함께 실행되는 일정한 원칙에 따른 절차에 불과하기에 행위의 성격이 수반되지 않기 때문이다.

─────────────────

5) '초점' 개념은 언어학의 노선에 따라 아주 상이하게 이해되는 모호한 개념들 중의 하나이다.: 아래의 체이프(Chafe)(1979, 180쪽)의 규정은 오히려 심리언어학적 전통에 서 있는 것이리라:
    "내가 FOCI라 칭하는 종류의 정신에 정보창고의 일정한 단위들이 있는 것처럼 보인다. 이것은 어떤 의미에서는 기억의 기본 단위인데 이 단위에서 다수의 정보를 표현하는데, 그것에 사람들은 언제든지 자신의 중심의도를 전적으로 맡긴다. 소환된 어떤 것을 말로 하는 동안에 화자의 의도의 초점은 비록 그것이 완전히 말로 표현되기 전에 버려질 수도 있고, 몇몇 구절을 위해 동일한 초점이 머물러 있을 수도 있고 또는 이미 있었으나 아마도 만족스럽게 의사가 소통되지 못한 초점이 되돌아올 수 있다 하더라도 한 초점에서 그 다음 초점으로 이동한다."

호프만 또한 그의 초점화를 설명하는 데 있어서 이러한 규정과 비교적 근접하고 있는 것 같다. 그에 반해 Anders는 텍스트문법적 의미에서의 초점-개념이다. 여기서는 발화의 "전제된 것"이 아니라 "확언된 것"으로서, 즉 알려진 전제된 정보의 배경 하에서 새로운 정보라는 것이 밝혀지게 되는 정보구조의 측면이 초점으로 파악되고 있다. '초점-전제'는 이렇게 해서 '토픽-코멘트', '주제부-설명부'(Thema-Rhema) 쌍과 인접하지만 그들과 구별될 수 있는 개념쌍이다. 여기에 대해 라이온즈(1977, 509쪽)를 참고하라. 여기서는 정보구조의 '초점' 개념을 주제적 구조에 대립되는 것으로 보고 있다.

그러므로 다음과 같은 진술을

    (1) S는 대상 X를 기억 속에 저장한다, 또는

    (2) S는 문장 s.를 '통사론적으로 분석한다'(parst).

그리고 다음과 같은 진술을

    (3) S는 부문장 p.를 주장한다.

동일한 순서를 지닌 행위들에 대한 진술로서 나란히 세우는 것은 불가능하다.

진술 (1)과 (2)에서 묘사했듯이, 사고 또는 언어 작용이라는 것은 오히려 행위, 예를 들어 진술 (3)이 묘사하는 것 같은 행위의 "하부구조"에 불과한 것이다(논문 III 참고). 화용론과 문법 둘 다의 대상에 대한 통일성 있는 이론적 토대를 생각할 수 없기 때문에 이미 언어적, 의사소통적 행위의 인지적 하부구조는 그와 같은 것으로서 화용론의 대상이 아니고, 더 더욱 문법의 대상이 아닌 것이다.

단기 기억(들) 또는 구문분석(Parsing)을 갱신하는 데 있어서 초점을 맞추는 것이나 저장하는 것과 같은 작업들은 결과적으로 의사소통적으로 중요한 결과를 가져오는 한에 있어서만, 즉 이해시키는 과정에 기여한다는 점에서만 중요한 것이다. 상호행위와 연관시켜 서술할 때 설명력의 그 어떤 것도 상실되어서는 안 되며 그리고 정신적 진행 과정과 연관시키는 것은 다소간 장식적이거나 은유적 표현에 지나지 않는다는 사실을, 전조응적 지시체를 인지적 개념인 '기억창고'(memory store)로 해결해 보려는 호킨스(Hawkins)(1978)의 논문에서 분석의 '상호행위 지향적' 의역에 기대어 밝혀 보겠다.:

    청자가 비한정적인 기술을 들으면서, 대상을 그의 기억창고에 넣는 것이 진행중인 것처럼 보인다. 그 이후에 적절한 기술이 있는 정관사를 (또는 전조응적 대명사, 『독어문법원론』) 뒤이어 사용

한다는 것은 청자가 이 대상을 그의 기억창고에서 끄집어내야
한다는 것을 예시한다. 그러므로 앞 말을 반복적으로 언급하는
행위는 청자에게 한정적으로 기술된 언어학적 지시체를 그의 머
리 속에 있는 특정 대상, 즉 사전에 화자와 대화하는 과정에서
그의 기억창고에 들어오게 된 대상과 짝을 지으라고 지시하는
형식을 포함한다.(호킨스 1978, 107쪽 이하)

상호행위와 관련된 의역:
　　비한정적인 기술은 새로운 대상을 화자와 청자의 공통의 담화지
식으로 끌어내기 위해서 사용된다. 적절한 기술적 서술어가 있
는 정관사는(내지 전조응적 대명사) 화자와 청자 공통의 담화지
식에서 이미 축적된 (내지 이러한 공통의 담화지식 내에서 때때
로 실질 상태에서 특별히 두드러지는 것) 대상과 연관을 짓는
데 사용된다. 한정적 기술을 사용하는 경우에 이미 도입된 대상
과 일치되게 하는 전제조건은 기술적인 서술어가 대상에 맞아
떨어져야 한다는 것이다.(전조응적 대명사를 사용할 경우는 일
반적으로 언급된 비한정적/한정적 대상의 기술 그리고 성의 일
치와 수의 일치)

　　의역에서 '공통의 담화지식'이라는 개념을 "기억 창고"와는 달리,
정신적 작용 또는 인지적 목록과 신경생리학적 장비와 관련시켜 사
용하지 않겠다. 한정적 그리고 비한정적 기술의 역동적인 사용 측면
을 재구성하는 것에 대해서 그리고 그것과 함께 진리조건적 의미론
의 패러다임 내에서 전조응시키는 것에 대해서는 하임(Heim)(1982)을
참고하겠다. 그러므로 나는 인지적 성향의 언어학의 주요 인식과 설
명 의도가 'Fokus'나 '전면-배후-정보 구조', '결속성' 따위의 '범
주'와 관련하여 행위이론적으로 논증될 수 있다는 입장을 지지한다.
(이에 대해 기본(Givón) 1984 같은 것을 참고하라). 인지적 (언어-)

심리학과 언어학은 상이한 대상을 다룬다. 나는 누구보다도 —우선 변형 생성문법의 패러다임에서 출발해서— 비정신주의적 언어학 (non-mentalistic linguistics)과 비언어적 심리학(non-linguistic psychology) (162쪽)의 경계를 명확히 할 것을 주장하는 솜즈(Soames)(1984)와 이러한 입장을 공유한다. 솜즈가 언어행위이론의 기본가정에서 출발하지 않음에도 불구하고 무엇보다도 언어학적 의미론과 관련되는 그의 논점은 행위이론적 맥락에도 그대로 적용시킬 수 있는 것이다.:

> 진실 조건에 대한 사실은 이런 종류가 아니다. 문장에 진실 조건을 부여하는 것은 문장을 참으로 만드는 비언어적 조건을 명백히 하는 것이다. 평가되는 문장이 내면적 진술이라고 여겨진다 할지라도, 그리고 그렇기 때문에 정신적 이론의 영역 내에서, 문장이 참이라는 전제 하에서 비언어학적 조건을 완전히 상세히 설명한다는 것이 정신적 상태와 정신적 과정을 상세히 설명한다거나 감각적 입력과 행위적 출력 간의 관계를 기술한다는 것으로 귀결되지는 않는다. 결론적으로 문장의 진실 조건에 대한 주장은 (순수하게) 심리학적인 것이 아니고, 언어학적 의미론은 의미적 능력을 강조하는, 정신적 상태와 과정의 이론과 구별되어야만 한다.(163쪽)

의사소통 행위 이론의 틀 내에서 번역하면:

> 객관적 세계에 직면한 진실 내지는 사회적 세계에 직면한 규범적 정당성 이들에 대한 타당성요구는 —밝혀지다시피 주관적 세계에 연관된 진실성의 타당성요구 그 자체도 또한— 언어를 생산해 내고 언어를 이해하면서 화자 그리고/또는 청자에게서 진행되는, 정신적 상태나 과정을 상술함으로써 추론되는 것은 아니다.

레더는 『독어문법원론』에 대한 비판에서 화자와 청자의 머리 속에서 일어나는 주관주의적 구조인 '의사소통과정의 모사'에 대해 강력히 반박하고 있다. 이와 같은 논쟁은 결국에는 모순되게도 정신적 의미론에 반대하는 것일 수 있는 것이다. 하지만 이러한 점을 레더와 호프만은 부인하는 듯이 보인다.: 타당성요구 자체를 확고히 하는 것과 특별히 정신적 세계와 연관시키는 것이 문제라면 의사소통에 참여하는 사람들의 머릿속에서 일어나는 인지적 과정을 재구성하는 것이 도대체 무슨 소용이 있단 말인가?

이것으로, 기획될 문법을 '화자 문법'이나 '청자 문법' 내지는 '분석 문법'이나 '생산 문법'으로 끌고 나가는 것에는 반대라는 것이 이미 결정되었음을 부차적으로만 언급하겠다.

언어체계는 '개별 심리학'의 분과로서 설계될 수 있는 것이 아니다. 하니쉬/파머(1984, 260)는 촘스키(Chomsky)(1981) 그리고 포도(Fodor)(1983)와 다음과 같은 논쟁을 벌인다.:

> 촘스키와 포도(Fodor) 이 두 사람은 언어학을 설명하면서 언어학적 체계를 개별 심리학의 분과라고 보고 있다. 반면에 우리는 그렇지 않다. 물론 한 언어의 화자의 머릿속에 있는 것이 언어학자들이 기술하고자 하는 언어의 특성과 관련되어 있다는 점에서는 동의한다. 그러나 우리는 이와 같은 관련성이 촘스키와 포도(Fodor)가 하는 것보다 훨씬 덜 직접적이라고 보는 것이다. 언어학자가 언어를 가장 적절하게 기술하기 위해서 고안해 내야만 하는 질서는 화자 · 청자가 언어를 처리하는 수법에 반영될 필요는 없는 것이다. 거꾸로 말하면 심리언어학자가 개별 심리학을 가장 적절하게 기술하기 위해서 고안해 내야만 하는 질서가 언어의 문법에 반영될 필요는 없다는 것이다.[8]

---

[8]예를 들어 문장의 부정사가 수량사의 범위에 영향을 미치는 때.

왜냐하면 화자-청자-'문법'이란 것은 —이 문법이 그들의 목적을 당연히 성취해야만 한다면— 언어이해 및 언어생산 과정의 심리학에서 탐색하는 것이기 때문이다. 그러한 문법의 대상들이란 예를 들어 자모와 단어 일치, 문장들의 구문분석(Parsing), 담화이해와 같은 것들이 바로 인지적 언어심리학의 결과들(예 반 다이크(van Dijk)/킨취(Kintsch) 1983)이 보여 주듯이, '체계 문법'의 대상들과는 달리, 과정 모델을 통해서 설명되는 것이다. 이 모델에서는 표현들, 구성소들, 층위, 구조들, 기능들 따위 대신에 다음의 구상들이 매우 중요한 역할을 한다.

이 때, 가능한 함께 속하는 정보뭉치에 대한 가설들, 상이한 문법적 층위의 정보를 끌어들이는 전략, 상이한 종류의 지식토대들의 수렴 따위와 같은 체계문법적 구상들이 각각 전제된다. 체계문법의 대상들과 인지적 언어심리학의 대상들의 관계는 원형과 이 원형들을 안다는 것의 관계와 같다. 하지만 인지적 언어분석에 있어서 체계문법에 중요한 것은 하나의 언어 원형을 가능한 한 체계적으로, 즉 모든 자기의 부분요소들과 부분측면들로 완수해 낸다는 것 그리고 이러한 점들을 가능한 다른 모든 원형들과 구별해 내는 것은 아니다. 중요한 것은 체계적으로 아주 상이하게 형성된 목록들과 각각 두드러지는 특성들을 가장 용인될 만한 후보들과 발견적으로 처리하고, 이런 선택을 경우에 따라서 수정하는 것이 중요한 것이다. 이렇게 해서 체계문법의 경우에도 문법적 원형들은, 그들의 체계적으로 상이한 측면들(형태론, 통사적 형태, 어휘적 보충, 의미, 맥락상의 결합)이 서로 서로 강하게 얽혀 있는 복잡한 형상으로서 관찰되어야 한다는 결론에 도달하게 된다. 층위들이 자율적으로 연속된다는 의미에서 다루어질 수는 없다.

2. 새로운 문법 구상: 의사소통의 최소단위(KOMA)의 문법

'언어체계', '화용론' 등과 같은 개념들을 숙고함으로써 현대 독어의 학문적 문법 구상을 위한 다음의 이론적 관점을 얻을 수 있게 되었다.:

    (a) 문법 규칙을 언어체계를 지니고 있는 것으로 보는 관점
    (b) 문법 규칙의 토대를 의사소통의 행위 내에서 세우는 관점
    (c) 문법 규칙을 형식과 연관된 것으로 또는 언어수단과 연관된 것으로 보는 관점

이러한 관점 자체는 하나의 문법을 위한 구체적인 디자인기준들을 끌어내기에는 너무 높게 책정된 것이다. 그럼에도 불구하고 중심적 기술단위가 어떻게 구상되는지에 대해 근거를 제공해 주고, 문법이 그 해답을 제공해야 할 질문, 연구를 주도해 나가게 되는 질문(들)이 어떤 것인가 하는 데에 대해 근거를 제공해 준다.

2. 1. 중심적 기술단위 KOMA

2. 1. 1. 상위 경계의 규정에 대하여

(a)에서 (c)까지의 세 관점이 함께, 다음과 같이 이해될 수 있는, 중심적 기술단위를 제공한다.:

    '그 안에 사용된 언어수단을 근거로 (완전하게) 의사소통 행위를 실행하기에 적절한 원형'.[6]

---

6) 의사소통의 최소단위 KOMA에 대한 다음의 고찰들은 논문 II에서 정의하려는 것들의 원형들이다. 나는 그것들을 포괄적으로 원래의 형태대로 두고, 단지 불

이 때 원형답다는 것의 기준과 완전성의 기준은 —세계에 직면하여 타당성요구를 제기한다는 의미에서— 중심적 단위를 구성함에 있어서 상위 경계와 하위 경계를 끌어내는 데 있어서 각각 기준을 제공한다.

우선 상위 경계에 대하여:
언어수단에서 확인되는, 비교적 구체적이고 사회적으로 타당한 원형들이 다음에 존재한다.
> – 언어 표현들의 특정한 층위에 존재하고, 전통적 문장 및 발화유형들의 층위에 존재하는데 이 발화유형들은 구두문장들과 의사소통적으로 기능이 같은 것들이다. 이러한 표현을 다음부터는 '의사소통의 최소단위(KOMA)라 부르겠다.
> – 이와 같은 기본적인 의사소통 표현들이 더 큰 단위, 즉 텍스트, 담화 따위로 엮이는 원형으로서 존재한다

텍스트와 담화 층위 자체는 문법적으로 다음과 같은 것으로 나타난다.
(1) KOMA-층위의 원형의 반복적 적용의 결과
(2) KOMA-층위의 원형과 연결시키기 위한 다수의 원형들
(3) KOMA-층위에 영향을 미치는 원형들을 분류하기 위한 또는 모호성을 없애기 위한 다수의 원형들
(4) KOMA-층위에서 영향을 미치는 원형들을 (규칙적으로) 활성화시키기 위한, 다수의 원형들(발화를 위한 규칙 II, 아래를 참고하라)

일치점을 제거하거나, 논문 II에서 계속 발전시켜 보이겠다. 다음과 같이 정의에 관계된 고찰에서 관계를 기호 또는 자모를 통해 표시할 필요가 종종 있다. 기호/자모는 항상 해당 챕터의 좁은 관련성 내에서만 연관이 있을 뿐이다. 그런데 이것들이 계속해서 소급될 것이므로 지시관계의 챕터라 불린다.

이것은 텍스트 또는 담화 층위가 문법적으로 단지 부분적으로만 규정되고 이렇게 해서 또한 바로 그 부분, 문법의 대상도 부분적으로만 규정된다는 것을 의미한다. 텍스트란 문장과 달리, 경우에 따라서는 문장보다 훨씬 더 '복합 체계'(multiple system)이다.(보그랑드(de Beaugrande), 페퇴피(Petöfi) 1979, 468쪽). 특히 (1)과 관련해서 텍스트와 담화 층위에 단지 부분적으로만 문법적인 관여를 한다는 것이 드러난다.:

> 텍스트와 담화7)는 명시적이거나 함축적으로 결합된 '문장들' 또는 KOMA의 단지 사슬에 지나지 않는 것이 아니라, 높이를 가지고 구성된 —예를 들자면 위계적으로 구성된— 형성물인 것이다.

(2)와 (3)에서 언급된 텍스트 및 담화 문법적 원형들은 문법적으로 파악될 수 없는, 조직원리와 지배적인 행위도식을 그들 편에서 반영하고 있다. 이것들은 무엇보다도 텍스트와 담화 종류, 말하기 상태, 전달의도, 주제부적 대상과 상호행위적 행동 등을 통해서 규정된다. (상호행위 체계의 부분량으로서). 그럼에도 불구하고 나는 (2)와 (3)을 문법에서 고려하는 것을 포기할 수 없다는 입장이다. 그래서 (2)의 의미에서 KOMA 층위에 있어서의 언어수단의 부분은 —연결어들 같은 것, 그러니까 엥엘(Engel)(1987)에 따르면 지시형식들, 텍스트 조직체들(이 중에서 특히 화법 불변화사, 등급 불변화사와 '마음의 태도를 나타내는' (심태) 불변화사(Abtönungspartikel))— 개별적인 의사소통 발화가 더 큰 전체의 부분이라는 것을 지시하도록 규정되어 있고, 텍스트나 담화 전체에서 개별적인 의사소통 발화가 차지하는 위치와 기

---

7) 나는 텍스트(상황에 제약받지 않는 의사소통)와 담화(상황과 결부된 의사소통)를 구분한다. 상황연관성과 맥락해체(미학 용어로서)는 서로 모순된 관계에 있는 것이 아니다(여기에 대해 50쪽 이하를 참고하라). "Ko-Text"는 텍스트와 담화에 나타나는 언어 표현의 언어적 환경이다. "Ko-Situation"은 비언어적 환경이다. "Kontext"는 "Ko-Text"와 "Ko-Situation"의 상위개념이다.

능을 명확히 하도록 규정되어 있다.(예를 들어 롱어커(Longacre) 1983, XV장을 참고하라).

KOMA-층위 자체를 중요하게 여긴다면, 이 언어 수단 역시 그들의 맥락적 기능 안에서 다루어져야만 할 것이다. (3)의 의미에서 KOMA-층위에 있어서의 원형들의 한 부분이라는 것은 맥락에 저촉되는 또는 맥락에 민감한 원형들이란 것이다. 이러한 예로는 다음과 같은 것들이 있다.: 주제부-설명부-구조화, 강조해서 부각시키는 것, 특별위치(배어법적이고 억양적 목록들의 층위에서), 관사 사용, 대명사화, 전조응화(명사의 통사론과 명사의 의미론의 층위에서), 시간 연관, 성의 선택 verbi, 화법 사용(동사 그리고 부사의 통사론과 의미론의 층위에서). 직시소들의 현상들에서(인칭적, 장소적, 시간적 직시소) 비언어적 환경(Ko-Situation)의 영향이 —특별히 담화에서— 문법적으로 가장 분명하게 드러난다.

이런 한 '문장문법'에서 '텍스트문법' 또는 '담화문법'으로의(여기에 예를 들어 반 다이크 1972, 롱어커 1983, 베어트(Werth) 1984를 참고할 것) 이행은 정당한 요구일 것이다.: 실제로 상당히 많은 의사소통 단위들의 구조가 그들의 언어적 환경(Ko-Text)(*옮긴이 주)8)에 의해 영향을 많이 받는다면, 즉 언어적 환경(Ko-Text)에 민감하다면, 이러한 의사소통 단위를 정당하게 평가하기 위해서 문법은 이 언어적 환경(Ko-Text)과 관련된 정보를 접합해야만 한다. 그러고 나면 문법이 텍스트와 담화의 문법으로서 이해될 수 있는 것이다. 다른 한편으로 텍스트 또는 담화 문법적 수단들이 제약(constraints), 즉

---

8) (*옮긴이 주) "Ko-Text"라는 용어는 Bar-Hillell Y.이 "Aspects of language" (1970, 207쪽)라는 책에서 사용한 것으로서, 언어외적인 맥락 및 상황적인 맥락과 상대되는 개념으로서의 "언어맥락"을 뜻하는 것이다. 이를 국내에서는 '공텍스트' 또는 '부텍스트' 등으로 번역하여 사용하고 있으나 이는 그 뜻을 분명히 전달하지 못한다. 따라서 이 책에서는 이 책의 저자가 각주 6에서 밝힌 것에 따라 "언어적 환경"이라고 번역하겠다.

가능한 구조와 관련된 제약들을 통해서 KOMA의 영향을 받는 부분적 수단으로 제약된다면, 그러니까 문장문법적 원형들이 '언어적 환경(Ko-Text)에 민감하게 되는 것'으로 제약된다면, 텍스트 및 담화 문법은 결국 확대되고(파악한 것의 범위 내에서) 동시에 제한되는 (제약을 부과함으로써) 일종의 문장 및 KOMA문법인 것이다.:

> D-문법은(담화문법, G. Z.) 그 자체의 출력으로서의 문장보다는 오히려 텍스트를 다룬다는 것을 제외하면, S-문법(문장문법, G. Z.)에 상당하는 장치가 아니라는 것을 알고 있다. 이러한 관점은 텍스트가, 문장이 하듯이, 동일한 종류의 구조적 제한을 보여 준다는, 지지할 수 없는 전제에 기초하여 세워졌음이 틀림없을 것이다. 그 대신에 우리는 D-문법이 텍스트 안에서 문장의 연속적인 속성에 민감하게 반응하게 하는 제한을 추가한 S-문법이라고 제안한다.
>
> (베어트 1984, 255)[9]

(4)를 고려함으로써 드디어 '텍스트/담화에서 완전한 발화'를 하는 데 있어서의 텍스트와 담화 문법적 규칙을(생략법, 이에 대해 아래를 참고하라) 설명할 수 있게 된다. 이 때 오로지 KOMA의 단위에서 다른 예들과 연결시키는 데에서만 나타나는 예들이 발화경계와

---

9) 이 때 제약(constraints)이라는 말은 고립적 발화로서 이미 '문법적'인 문장 또는 KOMA의 부분량이 이것으로 선택되리라는 것으로 이해할 수는 결코 없을 것이다. 오히려 '비문법적인' 고립적 발화가 적절한 맥락을 통해 완전히 자연스럽게 된다. 비교 예: *His mother hates John.라는 문장은 ─Bolinger(1979, 293)에 의하면─ 고립적으로 수용될 수 없지만, 예를 들어 Who hates John?-His mother hates John.이라는 문장의 연속에서는 수용될 수 있게 된다. 베어트와 유사하게 Levy(1979, 206)도 텍스트와 담화문법의 관계를 Halliday & Hasan과 연결시키고 있다. 그렇게 해서 그는 변형생성문법(GTG)의 모델을 지향하는, 즉 텍스트도 문장처럼 다시쓰기 규칙으로 열거하고자 하는 텍스트·담화 문법이 좌초할 수밖에 없다는, 내가 보기에 근거있는 결론에 도달하는 것이다.

화자교체를 초월하여, 앞선 다른 단위들의 원형들과 함께 의사소통 행위의 완전한 도구들에 결합되는 방식으로 '역동적으로 된다'. 텍스트와 담화 층위의 이러한 고찰이 있어야 비로소 문법에서 다음 사항을 동시에 그리고 반박할 여지없이 다룰 수 있다.

- 텍스트/담화와 맥락에서 비교적 독립적인 (그러므로 탈맥락화 가능한) 문법의 중심 단위로서의 의사소통 단위(KOMA)
- 구체적 텍스트/담화 그리고/또는 맥락에 의존하고 있고(그러므로 탈맥락화 불가능한) —그리고 그럼에도 불구하고 규칙적으로 가능한— 'KOMA 단축형'

2. 1. 2. 하위 경계의 규정에 대하여

그럼 이제 의사소통의 완전성(KOM-V)의 기준에 대해 알아보자. 나는 이것을 우선 다음과 같이 파악한다.:

(KOM-V) 하나의 단위는 객관적 세계, 사회적 세계 또는 주관적 세계에 직면하여 (상황에 따라 결정적인) 타당성요구를 할 수 있게 사용될 수 있을 때 의사소통적으로 완전하다.

(KOM-V-1) 하나의 단위는 아래와 같을 때, 최소로 의사소통적으로 완전하다.(KOMA)

- 전적으로 하나의 타당성요구(여러 개가 아닌), 즉 진리의 요구(객관적 세계에 대한) 또는 규범적 정당성 (사회적 세계에 대해)의 요구 또는 주관적 진실성의 (주관적 세계에 대해) 요구를 하는 데 사용될 수 있다면,

또는

- **여러** 타당성요구를 하긴 하지만 **하나의** 타당성요구에 우선권이 주어지는 데 사용될 수 있다면,

예:

Leider ist mir der Stoff ausgegangen.(유감스럽게도

저는 재료가 다 떨어졌군요.)

이 표현은 하나의 KOMA이다. 더 정확히 말해서 두 가지
의 타당성요구가 내포되어 있다. ―화자에게 재료가 떨어
졌다는 명제와 관련된 객관적 세계에 대한 타당성요구 그
리고 *leider*(유감스럽게도)를 통해서 제기되고 이것으로
재료가 떨어졌다는 사실에 대해 화자가 느끼는 유감의 진
실성을 요구하는 주관적 진실성에 대한 타당성요구.

하지만 이러한 KOMA에서 주관적 진실성에 대한 타당성
요구는 객관적 진실에 대한 타당성요구에 종속되어 있다.
(이에 대해 랑(Lang) 1983을 참고하라).

Hans kommt heute später, weil er noch arbeitet.
(한스는 더 일해야 하기 때문에 오늘 늦게 온다.)
이 표현도 마찬가지로 (최소한) 두 개의 타당성요구를 포
함하고 있는 **하나의** KOMA이다. 여기에는 객관적 세계에
직면한 명제적 진실에 대한 타당성요구들만 있다. 여기서
도 또한 타당성요구들 중 하나가 지배적이고, 다른 것 또
는 다른 것들은 각각 종속된다.: 전달의도가 무엇이냐에
따라서 지배적인 타당성요구가 '*Hans kommt heute
später*'(한스는 오늘 늦게 온다)의 객관적 진실에 대한 타
당성요구가 될 수도 있고, ('*er arbeitet noch*: 그는 더
일한다'와 '그의 늦게 옴의 이유가 그가 일한다는 것이
다'를 위한 ―이미 사전지식으로서 전제된― 타당성요구
들을 종속하고 있는) 또는 지배적인 타당성요구가 이유를
제시하는 관계 자체에 연관되어 있고, 객관적 세계에 대
한 다른 두 개의 '단순한' 타당성요구는 이 요구에 종속
되어 있는 것이다.

이렇게 해서 두 번째의 정의 유보조건을 통해서 특정한 복합 표현들을(복합 문장) KOMA-개념에 포함시키는 것이 가능하게 되었다. 물론 두 개의 유보조건으로는 많은 것이 여전히 해명되지는 않는다. 정확히 말해서 타당성요구에서 행위와 연관시켜 토대를 세운다는 점이 중심적 단위인 KOMA를 표현측면에서 정의내리는 것을 제외시킨다. 그럼에도 불구하고 이러한 토대를 세우는 것으로부터 독어에서 KOMA가 형성되고 서로 서로 구분되게 하는 언어수단들 그것들과의 관계가 성립되어져야만 한다.

KOMA-개념 규정이 문법 연구 분야를 위한 〈독어 연구소〉의 학문적 계획의 범위에서 어떻게 초안되어졌는지 KOMA-개념의 규정을 위한 첫 번째 시도와 연관시켜 다루어 보겠다.:

> 의사소통 표현이란 적절한 맥락에서 (상황적 맥락 그리고/또는 언어적 환경(Ko-Text)) 발화로서 비교적 독립적으로 언어적 의사소통을 위해 사용될 수 있는 그런 표현들을 말한다.
> 이러한 의사소통 표현은 일반적으로 복합적으로 구성되어 있다. 다시 말해서 그것은 작은 단위들의 조합인 것이다. 그 자체가 의사소통 표현으로 사용될 수 있는 더 작은 단위로 (남김없이) 나누어질 수 없는 의사소통 표현을 '의사소통의 최소단위'(KOMA)라 칭한다. 이것은 임시의 작업개념이다.

이러한 규정으로도 여전히 어떠한 표현에 대해 그것이 'KOMA-특성'이라고 부여하는 작업을 할 수 있는 규격화된 기준이 주어지는 것은 결코 아니다. 또한 여기서는 이러한 처리가 어떤 방향으로 나가야만 하는지에 대한 몇 가지 사고를 단지 잠정적으로 간단히 표현할 수 있을 것이다.(여기에 대해 논문 II의 5.3장을 참고하라).

2. 1. 3. KOMA 획득에 대한 기준

(1) '남김없는 분리성'이라는 말에 대하여

이 기준은 KOMA를 타입으로서 실제적인 발화로, 즉 각각의 타입이 사용되는 'KOMA-토큰'으로 묶게 된다. 이는 핵문장을 라이온즈 (Lyons)(1977)가 '텍스트문장'과 대립하여 정의내리듯이, KOMA 개념을 '핵문장' 또는 '체계문장'에다가 연결시키는 것으로부터 구분짓게 한다.

라이온즈 식의 개념쌍을 분석하면 다음과 같은 점이 분명해질 수 있을 것이다.: 라이온즈는 체계문장들이, 텍스트문장들이 사용되는 실제의 발화텍스트에 반해, 최대한으로 탈맥락화된다는 데서 출발하고 있다.

　이 부분에서 우리의 중요 관심사는 체계문장*과 텍스트문장*의 관계이다. 우리가 이 두 종류의 실체 사이에서 이끌어낸 구분은 언어학에 의해 일반적으로 이끌어지는 것이 아니다. 그래서 어느 정도 정당화할 필요가 있는 것이다. 체계문장은, 이것은 다시 소급될 것이다, 추상적 이론적 구조물, 문법성의 관념으로 포괄되는 발화-신호의 용인 가능성부분을 설명하기 위해서 언어-체계의 언어학적 모델에 의해 생성되는 상관물이다. 다른 한편으로 텍스트 문장은 맥락의존적인 발화-신호(또는 발화-신호의 부분), 아마도 특정한 텍스트*에서 나타나는 토큰인 것이다.(비교 I. 6, I O. 3, I 4. 2). (622쪽)

라이온즈는 연결어(*so, but, however* 등과 같은)를 포함하는 모든 텍스트문장 또는 전조응적 요소 또는 주제별로 표시된 어순이나 음운적 구조를 지시하는 텍스트문장, 이런 것들이 체계문장에 일 대

일로 대응하는 것이 아니라는 결론에 이르게 된다. 왜냐하면 탈맥락화된 최대 단위로서의 체계문장이 맥락과 연결되는 이러한 특징들 모두를 보여 주지 않기 때문이다. 텍스트문장과 체계문장 사이에는 오히려 일 대 다수 관계가 있을 것이다. 텍스트문장 'So we arrived late.'가 체계문장 'We arrived late.'에서 모방되듯이 일련의 다른 텍스트문장들 또한 바로 이 체계문장에서 모방될 수 있을 것이다.(예를 들어 But we arrived late. However we arrived late…).

　　KOMA-정의를 내리는 데 있어서 그 정도까지는 다루지 않겠다. KOMA-개념은(남김 없는 분리성의 기준) 타입-층위에도 정착되어 있는, 라이온즈식의 텍스트문장 개념에는 상응하나(위의 인용 참고), 체계문장 개념에는 상응하지 않는다. 더 추상적 구상인 이 '체계문장'을 문법의 중심 단위로서 받아들이는 데 반대하는 많은 이유들이 있다고 본다. 라이온즈 자신이 한 반박 중의 하나는 그가 설명한 '체계문장'-개념이 상이한 문장억양을 지닌 구조와 함께 텍스트문장에서 문장서법 상의 중요한 차이를 파악하기 위해서 최소한 약화되어야만 한다는 것이다.: You arrived late.(하강 문장억양)와 You arrived late.(상승억양) 이 문장들은 동일한 통사적 순차적 구조에도 불구하고 (라이온즈는 특별나게도 지나치게 광범위한 '문법적 구조'를 언급한다) 두 개의 상이한 체계문법으로 보아야만 한다는 것이다.:

> "문법적으로 동일하게 구성된 형태들의 기호열에는 몇 개의 상이한 억양곡선이 첨가되어 있는 것 같다. 그리고 아마도 이들의 일부는 언어학자의 언어-체계의 모델에서 상이한 종류의 체계-문장에 있이시의 특징적인 깃으로서 징의될 수 있을 것이다.(예를 들어 평서문, 의문문, 감탄문)"

(라이온즈 626쪽)

다른 반박은 '문장들'과 결합되어 있는, 진리조건적 의미의 중심적인 문장 의미론적 기구를 완전히 파악하는 것이 분명히 문법의 과제라는 것이 확실하다는 것이다. 그러나 맥락을 결합시키는 많은 특징들이 문장의 진리조건을 변경시키거나 영향을 미치기 때문에 {예: 대비되는 (즉 맥락의존적인) 부정은 대비되지 않는 부정과는 다른 식으로 부정된 문장의 진리조건을 변경시킨다.(야콥스 1982a를 참고하라)} 탈맥락화된 체계문장에 전념할 때에 문장의미에 있어서 진리조건적인 부분조차도 완전히 파악하는 것이 불가능하다는 것이다. 일정한 맥락특성과 상관관계에 있곤 하는, 관습적인 포함 따위와 같은, 다른 의미부분들은 그 때 말할 것도 없이 무시되는 것이다.

또 다른 반박은 라이온즈식의 체계문장-개념이 문어와 구어 간의 차이를 처음부터 평준화시켰다는 것이다.: 맥락에 민감한 KOMA-형태들은 구어에서 특별한 위상을 지닌다. 이것들을 체계문장과 동일시 취급한다면, 다시 말해서 탈맥락화된 그 어떤 변형으로 여긴다면 특별한 대상인 '구어에서의 KOMA'는 사라져 버릴 것이다.

체계문장에 반하는 이러한 반박들과 여기서 언급하지 않은 많은 반박들을 요약적으로 말한다면, 체계문장의 문법이 스스로 토막이 나고, 그 기술 가능성과 설명 가능성을 박탈당한다고 본다.

이에 따라 KOMA는 체계문장과 텍스트문장이라는 이분법에 의하면, 다음과 같은 텍스트발화들의 타입들이다.

- 단지 '비교적 독립적'이다. 왜냐하면 텍스트발화들이 가능한 맥락에서 고착화시키는 원형들을 자체적으로 지니기 때문이다.
- 하지만 그들의 구체적인 맥락과 언어적 환경(Ko-Text)들에서 벗어난 타입들로서 그리고 그래서 이런 의미에서 탈맥락화 가능하다.

이러한 고찰로 텍스트와 담화를 분절하기 위한 일종의 규격화된 기준으로서 KOMA의 조건으로서의 '남김-없이'라는 규정이 바뀔 수 있다.: 텍스트는 '텍스트에서 독립적인 발화들'의 연속으로서 구축된다. 텍스트/담화에서 독립적인 발화란 (KOM-V-1: 의사소통의 완전성 기준 1)의 의미에서, 타당성요구가 제기되는 발화다. 그들은 다음의 것이거나

       - '탈맥락화 가능한 텍스트/담화에서 독립적인 발화', 즉 KOMA-토큰, 이것을 발화 I이라 칭한다.

또는 다음의 것이다.

       - '탈맥락화 불가능한 텍스트/담화에서 독립적인 발화', 이것을 발화 II라 칭한다.[10]

위에서 인용된 KOMA의 경우, 텍스트 및 토큰 층위와 관련된 이러한 규격화된 기준은 '남김-없이'-조건 개념과 일치한다.:

       동일하게 형성된 발화 I의 부류는 언어수단에 있어서 (KOM-V-1: 의사소통의 완전성 기준 1)의 의미로 타당성요구가 제기되는, 더 작은 단위로 남김없이 나누어질 수 없다.

(2) '경계'라는 말에 대하여

의사소통의 최소단위가 텍스트-발화의 타입들이기 때문에, KOMA-정의를 위해 구체적인 텍스트와 담화에서 가능한 발화경계에 대한

---

10) 발화 II를 국부적으로 탈맥락화시키고 체계화하기 위해서 발화 II를 하나의 쌍 〈중요한 문법적 맥락 대 발화 II〉로 보충할 수 있을 것이다. '원형들을 역동화시키는' 개별언어적 규칙이 이 쌍의 두 요소 간의 특별한 태도에서 드러난다. 그러면 전체로서의 쌍인 'KOMA-위상' 대 '담화-역동적 KOMA'를 갖게 된다.

질문은 중요하다. 발화경계를 위해 일반적으로 표현적 측면에서의 기준이 고려된다. 자세히 말하면,

-통사론적

-억양적 (구어)

-정서법적 (문어)

우리에게는 결정적인, 의사소통의 완전성이라는 내용측면적 기준은 일차적으로 단지 분명한 하위 경계를 제공하기에 적합한 것이다. 즉 이것은 KOMA와 'KOMA-부분' 사이를 구분짓는 것을 도와 주지만 KOMA와 KOMA-복합체를 구분짓는 것에 있어서도 그러한지는 분명하지 않다. 이것은 다음의 예에서 분명해져야 할 것이다.

다음과 같은 구조

Hans stand später auf [UND er] versäumte den Zug.(한스는 늦게 일어났다 [그래서 그는] 기차를 놓쳤다.)

(이 때 괄호[ ] 안에 둔 부분은 아래를 위한 일종의 메타표현체이다.

$$
\left\{
\begin{array}{l}
\left. \begin{array}{l} \cdot \;\; und\ er \\ , \;\; und\ er \end{array} \right\} \;\; (\text{쓰여진 것}) \\[1em]
\left. \begin{array}{l} \uparrow \;\; und\ er \\ \downarrow \;\; und\ er \end{array} \right\} \;\; (\text{말해진 것})
\end{array}
\right\}
$$

다시 말해서 표현측면적으로 구분되는 KOMA 경계 수단이 —완전히— 투입되지 않았다는 것이다. 이 때 ↑는 약간 상승하는 ↓는 하강하는 소리높이의 진행에 해당한다.)

위와 같은 구조는 단 하나의 타당성요구가 제기되는 의미에서, 정확히 말해서 *daß Hans spät aufstand und daß er den Zug versäumte*(한스가 늦게 일어난 것 그리고 그가 기차를 놓친 것)라는

명제와 관련해서 객관적 세계에 대한 진리를 요구하는 기본적인 행위의 원형으로서 사용될 수 있다. 그러나 명제적 진리에 두 개의 타당성요구를 제기한다는 의미에서 두 개로 분리된 행위원형으로도 사용될 수 있다. 하나는 명제 *daß Hans spät aufstand(한스가 늦게 일어난 것)*의 진리에의 요구이고, 다른 하나는 명제 *daß er den Zug versäumte(그가 기차를 놓친 것)*의 진리에 대한 요구이다. 이런 경우는 —이렇게 논증할 수 있으리라— '*UND*'가 두 명제가 아니라 두 가지 행위원형이나 두 가지 타당성요구를 결합하는 것이다.

이 생각을 여기서는 따르겠다. 왜냐하면 화자의도에 종속된 언표수행적으로 구성되는 것과 억양과 구두점에 따라 구성되는 것을 대비시킨다는 매력적인 사고는 마지막까지 고려될 가치가 있다고 생각하는 입장이기 때문이다. 하지만 사태는 훨씬 더 복잡하며, 문법기술의 목적을 위한 '실용적인' 해결이 제공된 듯이 여겨진다는 점은 논문 II에서 보여 주겠다. 여기서는 —(2)장 끝까지는— 구조를 나타내는 싸인들을 언표수행적으로 조종하는 사고를 마무리짓는다

그러면 두 가지 가능성 중에서 하나를 결정하는 것은 언어행위에 그 선택권이 달려 있을 것이다. 하나의 행위 원형을 선택했다는 것을 언어행위는 구어에서는 아래의 원형을,

$$\uparrow und\ er$$

문어에서는 아래의 원형을 사용하는 것을 통해서 알리는 것이다.

$$, und\ er$$

두 가지 행위 원형을 결정하는 것을 언어행위는 구어에서는 아래의 원형을,

$$\downarrow und\ er$$

문어에서는 아래의 원형을 사용하는 것을 통해서 알리는 것이다.
. *Und er*

언어행위가 **구조 속에 서로 함께** 있는 부분들의 형성물을 생산해 냄으로써 **하나의** KOMA를 만든다는 것을 예고하게 되는 것이다. 언어행위가 **구조 속에 함께 있지 않은** 부분들의 형성물을 생산해 냄으로써 **하나 이상의** KOMA를 만든다는 것을 예고하게 되는 것이다.[11]

> 이제 잘 알려진 하케트(Hockett)식의 문장정의와 연관시켜 보겠다.:
> 문장이란 어떠한 다른 문법적 형식을 지닌 구조 속에 있지 않은
> 문법적 형식이다.: 구성 성분이 아닌 구성체이다(하케트 1966,
> 199쪽).

하지만 '구조 안에 존재함'의 이러한 표현측면적 기준이 분류법적인 구조주의 언어학에서는 —하케트식 정의는 잘 알려진 블룸필드(Bloomfield)식 문장정의의 승계이다— 그 자체로 취해지는 반면, 우리의 입장에서는 단지 파생된 기준에 불과한 것이다.

분류학적으로 정의를 내리는 것은 표현측면에서 볼 때 합당함에도 불구하고 불충분해 보이는데 이는 단지 피상적으로만 표현측면적인 것, 즉 "문법적 형식의 독립"(하케트의 아래에 인용한 문장들)이라고 순환적 방식으로 표현측면적으로 설명했기 때문이다. 또는 오히려: 이 분류는, 단지 내용적으로만 즉 의사소통 행위에서 '독립성' 개념처럼, 고정된 개념을 모호한 영역에 내버려두고, 이 개념에 상응하기는 하지만 결코 설명될 수 없는, 정확한 표현측면적인 상관개념으로 간주하기 때문에, 본의 아니게 적합하게 된 것이다.

---

11) 논문 II에서 KOMA의 상위 경계를 확정하는 이러한 화자 의도적 전략은 포기된다.

또한 구조주의자들에서 드러나는 독립성의 기준의 상이성은 하케트에서 문장정의를 내리고 있는 다음의 패라그라프에서 아주 분명해진다.:

> 어쨌든 영어에서 앞서고 뒤따라오는 형식으로부터 문법 형식의 독립은 억양에서 종종 보여지고 있다.
>
> /^{3} ^{1}↓/로 끝나는 억양들은 독립을 신호하고 있다. 즉
>
> $^{2}It's$ ^{3}ten $o'^{3}clock^{1}$↓ ^{2}I $want$ to go $^{3}home^{1}$↓
>
> 두 문장은 연속적으로 만들어졌다. 그러나 만약 첫 문장 끝에 다른 억양을 사용한다면 (§4.5, 예 53-56) 두 부분들은 마치 그들 사이에 and 또는 but을 삽입한 것처럼 단 하나의 문장으로 엮이게 된다.

무엇 때문에 언어수단으로서 완전히 동등한 이 상이한 두 억양수단 ↑과 ↓이 한편으론 "부분들을 하나의 문장으로 결합시키고" 다른 한편으로는 "두 개의 문장을 연속해서 생산하게" 한단 말인가? 이것은 언어학자들의 횡포가 아닐까?

하케트식 정의가 다음과 같은 한, 표현적 측면에서 보아 적합하다고 보아야 할 것이다. 통사론적 언어수단, 즉 예를 들어 어형변화와 (격, 성과 수) 일치를 통한 구성요소들 내에서의 결속의 언어수단과 구성 요소들 사이에, 예를 들어 격지배와 (인칭, 성) 일치를 통한 결속의 언어수단을 절대화하지 않고 억양에 따르는 목록들의 언어수단으로 취하는 한에 있어서는 그렇다.

> 문법 단위를 경계지을 때 문장 억양에 음악적 수단을 끌어들이는 것의 필요성을 이미 리즈(J. Ries)가 지적하고 있다. 그는 속도, 휴지(쉼), 강조, 리듬과 억양을 "음악적 문장 형성 수단"이라

고 지적하고 다음과 같이 설명하고 있다.: "문장구성의 음악적 수단을 고려하지 않는다면 비독립적인 모든 종류의 문장의 경우에 충족시키는 순수한 언어적 표시를 찾는다는 것은 헛된 일이다."(리즈 1976, 32쪽). 이 사고를 보충해 보자.: 비독립적인 문장, 즉 통사적으로 정동사형 문장을 지닌 형성물은 'KOMA-부분'일 뿐이지 KOMA 자체가 아니기 때문에 비독립적인 것이다. 이렇게 해서 우리는 여기서 시도한 고찰과 연결시키게 된다.

und(그리고), oder(또는), aber(그러나), denn(왜냐하면) 등과 같은 비종속적 접속어들은 의사소통 단위에서 변형성과 선택가능성을 입증하는 그런 수단들 중의 하나이다. 접속어는 유동적으로 작용한다. 즉 그들은 각각 일반적으로 동일한 통사 범주에 속하는 구성요소들의 쌍을 결합시킨다. 이 때 그 범주 자체는 광범위하게 유동적이다. 문장-접속어와 KOMA-접속어로서 위에서 언급한 대로 사용할 때 접속어는 그들의 작용자(Operanden)를 통사 구조 안으로 보내지 않는다. 즉 그들은 어떤 종속관계도 야기시키지 않고, 그들의 구성요소에 없는 표현을 결속시키지도 않는다. 그들은 예를 들어 und가 다음과 같이 사용될 때처럼 격지배결속이나 일치결속을 계속하여 전달하지 않는다.:

> Er gab Eva Rosen und Elisabeth Nelken. (그는 에바에게 장미꽃을 그리고 엘리자베스에게 패랭이꽃을 주었다)
>
> (er gab가 '생략되었다')
>
> Er liebt Eva und sie ihn. (그는 에바를 그리고 그녀는 그를 사랑한다)
>
> (liebt의 격지배가 계속 전달된다.)

그럼에도 불구하고 통사적으로 그리고 통일적으로 지시하는 이러한 사용은 KOMA 층위와 텍스트 층위와 관련하여, 두 가지 사용의 융합을 설명한다. 즉, '문장들이 결속되는' 문장-결속자로서의 사용 그리고 'KOMA가 결속되는' KOMA-결속자로서의 사용을 융합시키는 것을 기술하고 있다.:

- 문장결속자로서 접속어는 다음과 같은 방식으로 작용한다. 그들은

그들의 논항들을 통사적으로 구조 속으로 보내지 않는다.

하지만

(↑에 의하여) 억양특징들과 함께 다른 식으로 그들의 논항을 표현측면적으로 구조 속으로 보낸다.

- KOMA-결속자로서 접속어는 다음과 같은 방식으로 작용한다. 그들은

그들의 논항을 통사적으로 구조 속으로 보내지도 않고

또한

(↓에 의하여) 억양특징들과 함께 다른 식으로 그들의 논항을 표현측면적으로 구조 속으로 보내지도 않는다.

이 모든 것으로부터 텍스트의 개개의 KOMA는 "서로 서로 구조 안에 있지 않다"는 결과에 이르게 된다. 왜냐하면 "함께-구조-안에-있다"함은 '하나의 최소의 의사소통 행위임의 부분'의 경우에 표현 측면적 상응이기 때문에, 불가피하게 이러한 결론을 내리게 되는 것이다.

(3) '문장과 KOMA'라는 말에 대하여

문법의 최소 단위를 의사소통적으로 설명한 개념도 용어론적으로 경계를 세우는 것과 마찬가지로, '문장-개념'과의 논쟁을 피할 수 없다. 나는 다음과 같은 대안이 있다고 본다.:

- 'KOMA'라는 표현은 '문장'이라는 표현을 완전히 대체한다. 다시 말해서: 이 새로운 단어는 작업개념으로서, 수많은 문장정의의 선입견에 사로잡히지 않고서, 중심적 문법 단위의 지속적이고 쓸모 있는 의사소통적인 정의에 대하여 숙고할 수 있다는 점에서만 의미가 있는 것이다. 이런 경우에 또한 설명단계에서 상황에 따라서 충분히 주의를 기울이면서 "문장"이라는 표현이 '다시 효력을 발할'(reauguriert) 수 있을 것인데, 하지만 KOMA의 개념적인 정의로 그렇게 할 수 있게 되는 것이다. 그러면 KOMA란 표현은 그 편에서 보면 당연히 할 일을 한 것이 되는 것이다.

- 'KOMA'와 '문장'이라는 표현은 상이한 정의의 두 개의 문법적 개념으로서 상존한다. KOMA의 경우엔 의사소통적 기준이, 다양화된 언어수단에도 불구하고 결정적인 것인 반면에, '문장'의 경우는 KOMA를 위한 언어수단의 부분량일 뿐인, 일정한 '언어수단-형성'이 결정적인 것이라는 것으로 경계의 방향을 잡아야만 할 것이다:

  문장은 동사적 서술어와 의존적인 문장성분들의 공기관계라는 것으로 정의적으로 확정된 것이다.: 이 때 '문장'은 '동사문장'을 말한다. 여기서 ─단지 KOMA의 경우에만 정당화되는─ '독립성' 및 '다른 구성의 부분이 아님'의 기준은 주어지지 않는다. 이 정의는 "회귀적"인 것이다. 문장은 부분으로서 문장에 내포되어 있을 수 있다. '종속적 문장' 그리고 결국에는 주문장과 부문장이라는 표현방식이 정당화되는 것이다.

이렇게 정의내려진 문장들의 집합에서 단지 부분 집합만이 KOMA이다. 즉 다른 문장에 종속되지 않고 다른 언어수단을 통하지 않은 것, 예를 들어 억양적 언어수단을 통해서 "구조 속으로 보내지는 것이" 아닌 그런 문장들인 것이다. 다른 한편으로 KOMA의 집합이 '문장'의 확장에서 비롯되는 이러한 부분 집합들을 통해서 남김없이 쓰여지는 것은 아니다. 게다가 동사문장의 형태를 지니지 않은, 또 다른 형태의 의사소통적 최소단위가 여기에 덧붙여진다.(예를 들어, 정동사형이 아닌 KOMA).

이러한 KOMA와 문장의 정의에서 다음과 같은 집합론적 관계상태가 나타난다.:

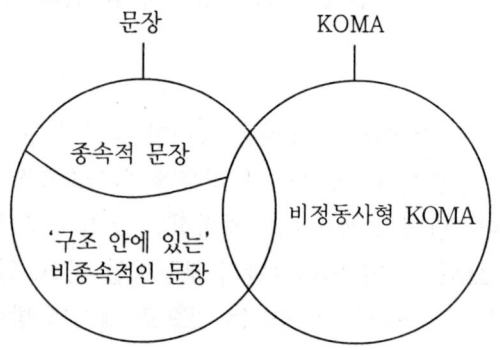

그러면 KOMA는 ―동사문장과 비교해서― 아래의 것들이 되고:
   Ⅰ 비종속적이고 "구조 안에" 있지 않은 동사문장
   Ⅱ 비정동사형 KOMA(이에 대해 아래를 참고하라)12)

이에 반해, 'KOMA-부분들'은 아래의 것들이 된다.
   Ⅰ′ 종속적 동사문장

---

12) 여기서 물론 '종속적' 문장 또는 오히려 종속적 문장처럼 보이는 구조는 KOMA로서 사용될 가능성이 여전히 배제된다. 이러한 예들은 *Wenn er doch käme! (그가 온다면!) Was der schon wieder will! (그가 이미 또 원하는 것!)* 같이 잠재적인 KOMA이다. 이것은 '동사가 마지막 자리에 있는 KOMA'라는 용어 하에 논문 Ⅱ에서 다시 다루게 된다.

II″ 서로 함께 구조 안에 있는 비종속적 동사문장

여기서 I에 의해 KOMA가 복합 문장일 수도 있다는 결론이 나오게 된다. 즉 여러 문장으로 이루어져 있고, 이들 간에 (a) 종속관계가 제시되어 있고 그리고/또는 (b) 비종속적 문장으로서 서로 함께 구조 안에 있는 KOMA인 것이다.(위 ⑵장의 의미에서)

복합 문장인 KOMA는 예를 들면 다음과 같다.:

> *Er frühstückt spät, weil er lange schläft. (그는 오래 잠을 자기 때문에 아침을 늦게 먹는다.)*
> *Hans stand spät auf, und er versäumte den Zug. (한스는 늦게 일어나서, 그래서 기차를 놓쳤다.)*
> *Hans stand spät auf, weil er lange schlief, und er versäumte den Zug. (한스는 오래 잤기 때문에 늦게 일어나서, 그래서 그는 기차를 놓쳤다.)*

두 번째 가능성, 즉 KOMA와 문장의 개념이 공존한다는 것이 더 유동적이고 어쩌면 그래서 더욱 적당한 것일 것이다. 바로 이 가능성이 논문 II에서 하나의 용어론적인 망으로 구축된다.

⑷ '구어에서의 발화경계'라는 말에 대하여

특히 구어를 분할할 때 바로 발화경계의 문제점이 분명해진다. 이때 전적으로 동사문장만을 고려하게 되면 특히 불만족스러운 결과를 낳는다. 슈뢰더(Schröder)가 그의 논문에서(발행 연도 미상) 기본구조 프로젝트의 "프라이부르그 텍스트"(Freiburger Texten)에서의 음운전사의 예를 들면서, 다음과 같은 사실을 보여 주고 있다.

"동사 중심적이지는 않지만 그럼에도 불구하고 수용 가능한 발화형식에 상응해서, 분명히 비문법적이거나 또는 수용 불가능한, 즉 표현측면에 있어서 실패한 연속체와 함께, 이런 또는 저런 잘 형성된 주어-서술어-연속체가 비교적 임의적으로 추가되었다."

(24쪽)

슈뢰더의 예를 받아들여서 나의 제안과 관련시켜 보겠다.:
"전사 규칙에 의한 표현법:
(1a) z+ 한스 슐쯔(Hans Schulz) +z 단독으로 이제 페널티 경계에서 넘어집니다.(xan2080)"

(슈뢰더 53쪽)

슈뢰더와 함께 녹음테이프에 따라, '단독(*Alleingang*)'이라는 말에서 화자가 음성을 내리고, 그렇게 해서 명백히 휴지(쉼)가 생기게 된다는 사실에 근거하면, 슈뢰더도 제안하고 있듯이 다음과 같은 분할이 확실시된다.:
(1b) z+ 한스 슐쯔 +z 단독으로. 이제 페널티 경계에서 넘어집니다.

그러면 이 구절은 두 개의 '텍스트에서 자립적인 발화'로 이루어지게 된다.: 첫 번째는 탈맥락화 가능한 것이어서 발화 Ⅰ이다. 이것은 KOMA인 **한스 슐쯔 단독으로.**(*Hans Shulz im Alleingang.*)의 토큰이다. 이것은 정동사 없는 KOMA의 부류에 속한다. '텍스트에서 독립적인 발화'인 두 번째 것은 탈맥락화 불가능한 것이고, 따라서 어떠한 KOMA의 토큰이 아니라 발화 Ⅱ이다.

2. 2. 정동사 없는 KOMA

마지막으로 언급한 예가 이미 이 새로운 질문을 제기하고 있다. 이 예는 정동사[13](*옮긴이 주) 없는 KOMA의 토큰을 포함하고 있는데, 이것으로 '정동사 없는 KOMA' 구상을 더 정확히 규정할 수 없느냐는 질문을 제기했다. 그리고 이 예는 —정동사를 포함하고 있음에도 불구하고— 탈맥락화 불가능한 것으로 분류된 발화 Ⅱ, 즉 '텍스트에서 자립적인 발화'를 포함하고 있다. 이것으로 '탈맥락화 가능성'에 대한 질문이 새롭게 제기되었다.

나는 이제, 동사문장의 형식을 지니지 않은, '탈맥락화 가능한 발화'라는 주제를 두 개의 노선으로 세심하게 관찰하고자 한다. 하나는 탈맥락화 가능성 원칙을 상세히 하는 방향이고, 다른 하나는 정동사 없는 KOMA의 구조적 유형학의 방향이다.(여기서는 단지 암시하기만 하는).

탈맥락화 가능성은 위에서 설명한 것에 따르자면, 문제가 되는 발화는 맥락의존적으로 **일치시킬 수 있는** 의사소통 행위를 수행하는 데 있어서, 다시 말해서 타당성요구를 제기하는 데 적합한 것이라는 것을 의미한다. 이것을 위한 전제조건은 표현의 **의미**가 가변적인 특정 경계 내에서 **확정적이라는** 것이다. 예를 들어 객관적 세계에 대한 명제적 진실의 타당성요구와 관련해서 표현의 의미는 —가변성의 경계 내에서— 명제가 그들의 타당성요구와 관련해서 지향되고, 원

---

13) (*옮긴이 주) 정동사(定動詞)란 주어에 대한 진술을 완결하는 서술어의 형태를 말하는 것으로 용언이 종결 어미를 가진 형태를 이른다. 인도 유럽 어에서는 동사어형 변화된 형태를 말하는 것으로, 인칭, 수, 격, 화법과 시제에 따라 규정되는 형태이다. 국어에서는 상대 높임법, 서법 따위의 체계가 나타난다.(예: du kommst, wir sind…) 이에 반해 부정형(infinitiv)과 분사 따위는 '부정형 동사'라 하는데 이는 단지 시제와 동사의 태에 따라 규정된다.(예: gegangen, sein, laufend…)

형으로서의 모든 맥락에 일치한다면, 그리고 언어수단을 근거로 한 표현이 언표수행 유형에 적합하다는 점을 분명히 인식할 수 있다면, 확정적인 것이 되는 것이다.

여기서 아직 설명이 필요한 두 개의 이론적 개념이 도입되었다. 하나는 '명제들이 원형으로서 동일하게 존재하는 것'에 대해서이고 다른 하나는 표현의 '언표수행 유형'에 대해 언급했다. 나는 이 두 개념을 정확히 정의내리지 않고 예를 들어 설명하고자 한다.

2. 2. 1. 명제적 원형과 KOMA-동일화

다음과 같은 표현에서는,
> *Heute ist schönes Wetter.(오늘은 날씨가 좋다.)*
> *Hier scheint die Sonne.(여기 햇빛이 비친다.)*
> *Ich verspreche dir, übermorgen zu kommen.(나는 너에게 모레 올 것을 약속한다.)*

즉 직시적 표현을 포함하고 있는 표현에서는 상이한 명제와 관련해서 상이하게 사용할 때 타당성요구가 제기되게 되는 것이다. 예를 들어 화자는 84년 10월 20일에 *Heute ist schönes Wetter.*라는 명제를 사용하면서 84년 10월 20일에 날씨가 좋았다는 명제와 관련된 진실에 대한 타당성요구를 제기하는 것이다. 이에 반해 그는 78년 11월 24일에 사용해서 '78년 11월 24일에 날씨가 좋다/좋았다' 등등의 명제와 관련하여, 상응하는 타당성요구를 제기한다. 그럼에도 불구하고 명제는 원형으로서는, 즉 아래와 같은 원형으로서는 물론 동일한 것이다.

'화자가 발화를 하는 날에 날씨가 좋다는 것'.

(*heute(*오늘)에 대한 정확한 의미론과 독어 현재형은 전혀 고려되지 않는다!!)

　형식 기호학적 의미론은 명제를 맥락의존적으로 확장되는 의도로 간주함으로써 이렇게 '동일하게 존재하는 것'을 원형으로 재구성하고 있다. 즉 상이한 맥락에 적용해서 상이한 가치를 제공하지만 그럼에도 불구하고 그들의 기능을 정의하는 데 있어서는 (원형으로서!) 동일한 기능으로서 재구성하고 있다

　다음과 같은 표현에서
　　sogar drei. (게다가 세 개씩이나)
　　Morgen um 5 uhr. (내일 정각 5시)
　　Kommt jetzt an der Strafraumgrenze zu Fall. (페널티 경계에서 넘어집니다.)

　이들은 예를 들어 다음과 같은 연속체에서는 텍스트에서 자립적인 발화로 기능한다.
　　Er hat zwei Eier gegessen. Sogar drei. (그는 계란 두 개를 먹었다. 게다가 세 개씩이나.)
　　Kommst du in den nächsten Tagen vorbei? – Morgen um 5 Uhr. (가까운 시일에 들를래? 내일 정각 5시.)
　　Hans Schulz im Alleingang. Kommt jetz an der Strafraumgrenze zu Fall. (한스 슐쯔 단독으로. 이제 페널티 경계에서 넘어집니다.)

　이 형태에서 명제가 동일하게 머무는 것을 원형이라고 말할 수는 없다. 이 표현들은 다른 맥락에서는 완전히 다른 명제적 원형을 묘사할 수도 있을 것이다. 그렇다, 게다가 완결되지 않고 문법적 분석 수

단으로도 종결시킬 수 없는 원형들의 집합을 묘사하는 것도 가능할 것이다. 이 점을 *Sogar drei(게다가 세 개씩이나)*에서 예시해 보겠다.:

Sogar drei.(게다가 세 개씩이나)

\\\\\

daß er sogar drei Eier gegessen hat.
(그가 게다가 계란을 세 개씩이나 먹었다는 것)

| \ \\\

명제적   *daß sogar drei Mädchen ihn gesehen haben.*
원형   *(게다가 소녀가 세 명씩이나 그를 보았다는 것)*

| \ \ \

daß das Verb sogar drei Ergänzungen verlangt.
(동사가 게다가 세 개의 논항을 요구한다는 것)

| . . . \ \ \
| . . .
| . . .

이것을 형식 의미론의 시각에서 보면 다음을 의미한다.: 이러한 '텍스트에서 자립적인 발화'에는 그 어떠한 확정된 진실조건적 의미도 귀속되어 있지 않다. 우리가 이 발화를 탈맥락화된 형성물로서 형식적 언어로 "번역하려고" 하면, 임의의 서술어의 어떤 '빈 자리'에 이 표현이 채워져야 할지조차 모르게 될 것이다. 그리고 도대체 어떤 서술어와 어떤 다른 빈 자리들을 갖다 맞추어야 할지를 알지 못하게 된다는 것은 말할 필요도 없을 것이다.

다시 한번 확인해 보자.:

탈맥락화 가능성 그리고 이것과 함께 표현체의 KOMA-지위를 위한 전제조건 중의 하나는, 표현체와 객관적 세계에 대해 진실의 타당성요구가 결합된 표현을 할 때, 명제를 마음대로 사용할 수 있다는 것이다. 이 때 이 명제는 사용이 가능한 모든 곳에서 원형으로서 동일하게 머물러 있게 되고, 이 명제에 대해 그 때마다의 타당성요구가 제기되는 것이다. 또한 —다차원적 의미론의 범위에서— 진실조건적 의미구성소가 표현에서 명제적 구조(이에 아래를 참고할 것)와 함께 확정되어야만 하고, 이렇게 해서 KOMA-지위가 덧붙여질 수 있다고 말할 수도 있을 것이다.

2. 2. 2. KOMA의 언표수행 유형

이제 '언표수행 유형'에 대해서 알아보자.: KOMA의 언표수행 유형이라는 말을 우리는 의사소통적인 행위 잠재력이라고 이해하고 있다. KOMA는 그것을 이루고 있는 언어수단을 근거로 이 의사소통적인 행위 잠재력에 적합하다. 언표수행 유형은 언어행위(타입들로서의)의 (등가-)부류이다. 즉 하나의 KOMA가 적합한 언표수행 유형은 '언어행위-타입들'의 부류이다. 하나의 KOMA는 이 부류에 문법적 수단에 근거하여 적합하다. 이 때 보충적인 상황지식 (그리고 상호행위의 지식) 없이는 언어행위-타입들의 집합에서 그 어떤 것도 분류될 수 없다. 일례를 들면:

Morgen komme ich! (내일 올게.)

이것은 대부분 '약속'으로 해석된다. 하지만 이것은 이미 언어행위-타입들('약속')을 언표수행 유형인 '공약(kommisiv)'으로부터 '분류해 냈다는 것을 보여 주고 있다. 그런데 이것은 언어수단만으로는 수행될 수 없는 것이다. 이와 마찬가지로 이러한 KOMA, 무엇보다도 상황적 조건과 상호행위적 조건이 있는 KOMA는 다른 공약적 언어행위, 예를 들어 통고하고, 위협하는 따위를 수행하는 데 잘 사용될 수 있는 것이다.

각각 언어수단을 근거로 한 일정한 개별언어의 KOMA가 적합한,

언표수행 유형들의 일정량의 집합을 작성하는 일이 아직은 달성되지 않았다. 이것은 개별언어의, 여기서는 독어 문법의 과제가 될 것이다. 이것은 한편으로, 예를 들어 오스틴(Austin), 썰, 분더리히 그리고 마지막으로 하버마스, 그 외에 여러 다른 사람들이 제시한 것처럼, 개별언어를 초월해서 상호행위와 입장의 체계에 전념하는 언어행위분류에 근거한다. 이러한 언어행위유형학은 부분적으로 상이한 관점, 예를 들어 존재론적(썰), 또는 오히려 행위이론적(하버마스) 관점에서 출발하게 된다. 다른 한편으로 언어학자의 분류 작업은 언어적 재료 자체에서 확인되고 그리고/또는 언어적이고 의사소통적인 태도에서 (텍스트 문서와 담화 문서에서) —예를 들어 대답태도 또는 반응태도에서— 증명되는 차별화로부터 유도되어야만 한다.

그러므로 문법의 범위에서 하버마스가 언어행위를 근본적으로 구별한 것 즉, 진술하는(konstative) 언어행위, 규정하는(regulative) 언어행위 그리고 표명하는(expressive) 언어행위로 구별한 것을 바탕으로 해서 —변두리에 있을 법한 부류인 명령적인 것14), 의사소통적인 것 그리고 규격화된 것의 부류를 보충해서— 개별언어적 언어수단의 체계와 규칙적인 또는 '관습화'된 관계에 있는, 언표수행 유형들의 집합에 도달하는 것이 의미있는 것이다. 개별언어적 언어수단의 이러한 토대에서 —문장서법, 불변화사 사용, 화법동사 사용, 수행적 동사 사용, 문장억양— 이러한 언어수단으로부터 종합적으로 생산된 진실조건적 문장의미는 언표수행 유형들을 정립시키는 데 있어서 중요한 역할을 하게 된다. 왜냐하면 진실조건적 의미의 일정한 종류로서 재구성될 수 있는 각각의 일정한 세계관련성하고만 언어행위의

---

14) 명령문이 하버마스에서는 좁은 의미에서 이해를 도모하는 의사소통 행위로서가 아니라 전략적 또는 도구적 행위로 간주되고 있다. 이러한 오히려 의사소통 윤리적으로 동기 유발된 구분이 문법적으로 중요한지의 여부는 다루지 않는다.

일정한 부류가 결합되기 때문이다. 그래서 그의 진실조건적 의미로서 파악되는 것, 즉 —언어수단의 체계에서— 타당성요구가 제기되는 KOMA가 참이 되게 하는 조건들의 특수화로서 파악되는, 진실에의 타당성요구가 (객관적 세계에 대해) 서술적 언어행위와 결합하는 것이다.:

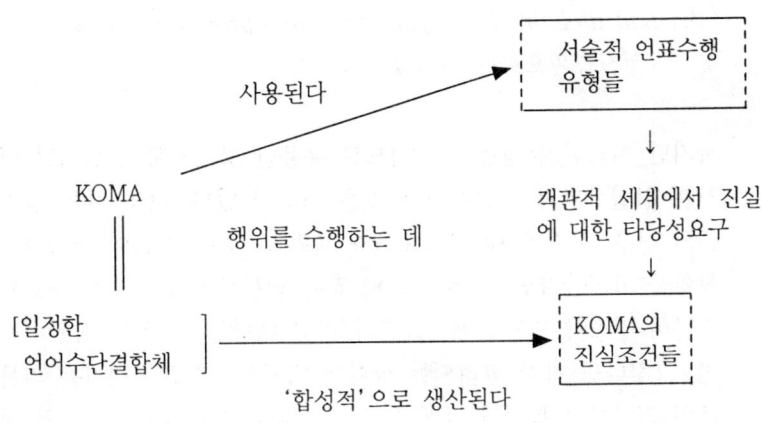

또한 이렇게 진리조건적 의미의 일정한 형식에 재결합하는 것이, 서술적 언표수행 유형들보다는 다른 언표수행 유형들에 적합한 KOMA의 경우에도 이루어지게 한다. 논리 중심의 의미론에서는 이것을 바로 의문문과 명령문의 —전래하는 용어에서— 예를 들어 보여 주고 있다. 야콥스(1982, 112쪽 이하)는 이에 대해 다음과 같이 설명하고 있다.:

WB(*옮긴이 주: 진실성조건 Wahrheits Bedingungen의 약자)에 반대하는 표준 반박들 중의 하나는, 이런 방식으로 비서술문, 즉 예를 들어 의문문이나 명령문에서 의미론을 다루는 것이 가능하지 않다는 것이다. 진실조건의 분석을 토대로 하는 의미론은 조사하고 있는 문장이 의미조건을 확실히 가지고 있다는 것을 전제하는

것처럼 여겨지기 때문에, 언뜻 보면 이러한 반박이 정말 설득력
이 있기는 하지만, 다음과 같은 문장에서는 확실히 해당되지 않
는 것이다.:

(18) *Hast du Dr. Knox und Dr. Olm gesehen?*
     (크녹스 박사와 올름 박사를 보았니?)
(19) *Laß dich in die psychiatrische Abteilung verlegen!*
     (정신병원으로나 가라!)

하지만 이러한 문장을 의미적으로 유용한 방식으로 진실조건 내
지는 진실상황과 연결시키는 것은 어렵지 않다. (19) 같은 명령
문의 경우, 문장에 내포된 요구가 채워지리라는 진술이 참이라는
상황을 고려한다면, 그리고 (18) 같은 의문문에서 문장에 내포된
질문이 진실에 합당하게 "그렇다"라고 대답될 수 있는 상황이라
면, 그렇다면 각각 고려되는 상황에 대해서, 명령문 내지는 의문
문의 의미론적 특성과 관계가, 진실상황에 대한 서술문에서와 비
슷하게 효과적으로 재구성될 수 있는 것이다.

(20) *Hast du Dr. Olm gesehen?*
     (올름 박사 보았니?)
(21) *Laß dich verlegen!*
     (꺼져 버려!)

그래서 (18)이 (20)을, 그리고 (19)가 (21)을 내포하고 있다는
사실이 아래의 사실을 통해 설명된다.

(18)의 "그렇다"-대답-상황(위를 참고할 것)의 집합은 (20)의
'그렇다-대답-상황'에 포함되고, (19)의 성취상황의 집합은

(21)의 성취상황의 집합에 포함되어 있다는 것을 통해서 설명된다. 이것은 서술문들 사이의 내포관계를 간략하게 나타낸 WB-재구성에서 유추한 것이다. 그리고 성취진술 내지는 "그렇다"-대답의 진실에 대해서 고려되는 상황이 특성화되어 있기 때문에, WB-재구성과 다를 바 없는 것이다.(위를 참고할 것). 진실상황, 성취상황 그리고 "그렇다"-대답-상황을 이해하기 위해서 세 종류의 이론이 필요한 것이 아니라, 하나의 이론, 즉 진실상황에 대한 이론만이 필요하다. 이에 상응해서 WB를 토대로 해서, 처음에 보여지는 것과는 달리, 비서술문의 의미론적 관계와 특성에 대한 이론도 세워지게 된다.

명령문의 예를 우리 식으로 바꾸면 다음과 같은 분석이 나오리라: 자신의 언어수단을 근거로 명령적 유형에 적합한 KOMA는 청자로 하여금 객관적 세계에 대해 일정한 행위를 수행하라는 요구와 결합되어 있다. 이러한 행위를 수행한다는 것은 이 요구가 성취되는, 즉 참이 되는, 객관적 세계의 상태로 끝나게 된다. 이에 따르면 이러한 유형들의 KOMA와 성취 조건이 결합되어 있다. 즉 이 조건이란, 요구가 참이 되는 것으로서 간주된다면, 무엇이 그러한 경우여야만 하는지를 지시하는 조건이다.:

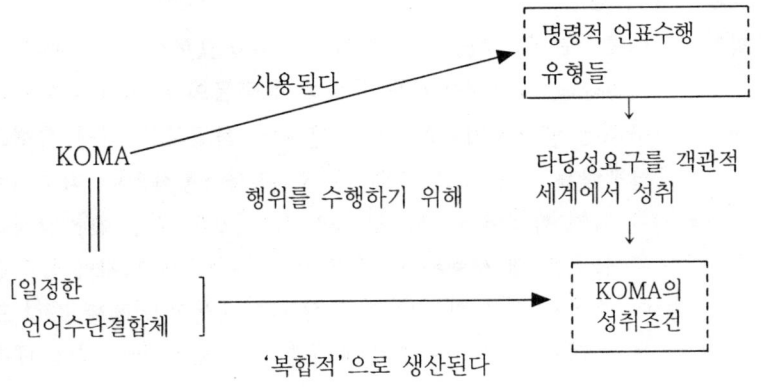

확실히 여기에서는 여전히 많은 질문이 해결되지 않은 상태이다.: 예를 들어 본래의 진실조건 그리고 성취조건 또한 '그렇다-대답-조건'(선정적인 언표수행 행위의 경우), 자가입증 조건(선포하는 유형의 경우) 또는 진실성조건(표명하는 유형의 경우) 외에 얼마나 많은 종류의 '진실제약적인 조건들'이 구별될 수 있는지 따위와 같은 질문들이 남아 있는 것이다. 이 때 임의의 KOMA-사용과 결합된 해당 타당성요구가 성취된다면, 넓은 의미에서의 '진실제약적인' 조건이 각각 해당하는, 유형에 적합한 세계에서 (객관적, 사회적, 주관적 세계) 어떤 경우에 그렇게 되어야 하는지를 상술하는 것이 각각 주도적인 관점이 될 것이다.

마찬가지로, 언표수행 유형, 타당성요구 그리고 넓은 의미에서 진실제약적인 의미 따위가 얽혀 있는 것이 단지 명제적 구조가 있는 KOMA에서만 유효한 것인지 또는 다른 KOMA-형태에서도 유효한 것인지의 여부가 해결되지 않은 문제로 남아 있다. 즉 이러한 얽힘이 단지 실재에 (하나의 세계의) 속성(서술어)을, 즉 지시관계를 부여하는 원형이 (완벽하게) 설명되는 KOMA의 경우에만 유효한지, 또는 다른 KOMA-종류에도 유효한지 밝혀지지 않았다는 것이다. 여기서 대두되는 어려움은 두 개의 상반되는 입장들을 다음과 같이 특징지음으로써 요약된다.:

(입장 A) 예를 들어 *Au!(아야!), Gottseidank!(천만 다행이군), Scheiße!(제기랄!)* 같은 표명적 유형들의 KOMA는 명제적 구조에 근거하지 않는다. 그럼에도 불구하고 이런 유형은 탈맥락화 가능하고 독립적이고 의사소통적으로 다루어질 수 있기 때문에 KOMA인 것이다. 이것은 경험이나 감정을 보여 주는 데 사용된다. 즉 이것은 이것으로 화자에게 특권이 주어져 접근 가능한, 주관적 세계에서의 일정한 감정 또는 경험과 관련하여 분명히 구분된 주관적 진실성에 대한

타당성요구가 통지되는, 일정한 '표명적인' 언어행위를 수
행하는 데 적합한 KOMA이다. 그러니까 확실하게 분리된
타당성요구와 명제 구조는 서로 묶여 있지 않다. KOMA의
언표수행 유형도 완전히 세분화된 명제 구조 없이도 만들어
질 수 있다.

(입장 B) 언급된 것과 같은 '표명적' 유형들의 KOMA는 함축적인
명제 구조를 지니고 있다. 타당성요구를 설명하는 과정에서
타당성요구가 성취되는 경우가 무엇이어야만 하는지를 명
명한다면, 이 구조가 드러날 수 있게 된다. 예를 들어 다음
과 같은 방식으로:

*Au!*로 화자는 통증을 표현한다. 그는 그가(화자가) 고통을
느끼고 있다는 것에 대한 진실성을 요구한다. '*daß er(der
Sprecher) Schmerz empfindet (그가(화자가) 고통을 느
낀다는 것)*'라는 '*daß*-문장'으로 타당성요구와 관련된, 기
초가 되는 명제 구조를 폭로하는 것이다.

한편으로 명제 구조 그리고 이것과 함께 진실제약적 의미
(넓은 의미에서) 그리고 언표수행 유형은 여기서, 명시적인
명제 구조가 있는 KOMA에서와 마찬가지로, 원칙적으로 얽
혀 있다.

여기서 입장 (A)와 (B) 중에서 어떠한 결정이 내려져서는 안 될 것
이다. 입장 (B)의 대변인은 이러한 처리방식에서 언어수단 관련에 대
한 요구는 —모든 문법적 구상에서 유효하고 그래서 또한 명제 구조
의 구상에서도 유효한— 단지 모호하게만 성취될 수 있다는 반박에
대해 물론 항거할 것이다. 논문 Ⅱ의 4장에서는 KOMA-개념을 모호
하게 확장하는 데 있어서 경계에 있게 되는 감탄사에 대해 계속해서
논의될 것이다.

어쨌든 입장 (A)와 (B)는 분명히 구분된 언표수행 유형이 KOMA-

지위를 위한 전제라는 점에서 일치하고 있다.

즉 다음을 확실히 해 두자.:

탈맥락화 가능성 그리고 이것과 함께 표현의 KOMA-지위를 위한 두 번째 전제는 분명히 구분된 언표수행 유형이 표현과 결합되어 있다는 사실이다.

이러한 조건이 첫 번째 조건보다 더 보편 타당하기 때문에, 임의의 언표수행 유형의 KOMA를 위해서 유효한 한, 나는 이것을 가장 중요한 전제라고 간주하고 있다.

2. 3. 원형적 KOMA와 덜 전형적 KOMA

이러한 설명적 배경에서 비정동사형 KOMA로 되돌아가 보자. 정동사 없는 구조에서 KOMA-지위를 지정하기 위한 필요충분 조건은 (a)와 ―부분부류도 가능한― (b)이다.:

(a) 정동사 없는 구조가 ―개별적인 사용맥락과 무관하게― 분명히 구분된 언표수행 유형으로 분류될 수 있다.

(b) 진실 및 성취에 대한 타당성요구가 하나의 ―객관적 또는 사회적― 세계에서 제기되는, 정동사 없는 구조에서 구조를 통해서 표현된 명제가 원형으로서 ―비교적― 확고해야만 한다. 이 때 이 명제와 관련해서 타당성요구가 제기된다.

이제 우선 무질서하게나마 일련의 비정동사형 구조들을 열거해 보겠다. 이것들은 이론화 작업 이전에 당연히 KOMA-지위로 분류되는 것들이다.:

Nichts Neues unter der Sonne. (세상에 새로운 것은 아무것도 없다.)

Strauß vor dem Flick-Ausschuß. (플릭-위원회 앞에 선 슈트라우스)15)(*옮긴이 주)

5cm Schnee auf dem Kilimandscharo. (킬로만자로에 5cm 눈)

Und hier ein Nachrichtenüberblick im Heute Journal. (그리고 여기 호이테-져널16)의 뉴스조망(*옮긴이 주))

Heute frische Brezel. (오늘 갓구운 브레쩰)

Nur montags geöffnet. (월요일만 영업)

Terroristen bei Fluchtversuch erschossen. (테러리스트들이 도주 시도 중에 저격되다)

Etwas Neues? (뭐 새로운 것이라도?)

Den Spaten genommen! (스페이드로!)

Bitte den Mund aufmachen! (입 벌리세요!)

Tür auf! (문 열어!)

Hierhören! (잘 들어!)

Auf ins Bett! (침대로!)

Hierher! (여기로!)

Los! (출발!)

Alle Kinder ins Bett! (아이들은 모두 침대로!)

Freiheit statt Sozialismus! (사회주의 대신 자유를!)

Ausländer raus! (외국인은 나가라!)

Gut! (좋아!)

Scheiße! (제기랄!)

---

15) (*옮긴이 주) 플릭(Flick)은 철강회사 사업가이고 슈트라우스는 독일의 정당인 기독교 사회당(CSU)의 정치가로서 다음의 일이 있을 당시에 국방장관이었다. 슈트라우스는 60년대에 독일의 주간지인 슈피겔지 사건으로 퇴각당했는데 이 사건은 독일과 사우디아라비아와의 무기거래 사건으로서, 여기서 플릭과 관련하여 뇌물이 오갔고 슈피겔지가 이 사건을 폭로했다. 위의 예는 이러한 배경에서 나온 말이다.

16) (*옮긴이 주) '호이테 져널'(Heute Journal)은 독일 텔레비전의 주요 뉴스 프로그램 중의 하나이다.

Wie schön! (멋져!)

　이러한 예들 모두에서 기준 (a)가 —그리고 동일한 구조를 지닌 개개의 표현의 부류에서— 각각 성취되고 있다.:

　그래서 첫 번째 여섯 개의 예는 '서술적'(대표적) 언표수행 유형과, *Etwas Neues?(뭐 새로운 것이라도?)*의 예는 선정적인 언표수행 유형과, *Freiheit statt Sozialismus!(사회주의 대신 자유를!)*를 포함한 다음 예들은 각각 명령적 및 '규정적-직접적' 언표수행 유형과, 그리고 나머지 예들은 표명적 유형과 결합되어 있다.

　기준 (b)를 성취시키는 데는 약간 문제가 있다. 다음의 예들,

　　5cm Schnee auf dem Kilimandscharo.(킬리만자로에 5cm의 눈)
　　Terroristen bei Fluchtversuch erschossen.(테러리스트들이
　　　도주 시도 중에 저격되다)

　즉 무엇보다도 머릿기사, 표제어 등등으로서 사용되는 구조유형들,

　다음과 같은 예도 또한

　　Den Spaten genommen! (스페이드로!)
　　Den Mund aufgemacht! (입 벌리세요!)
　　Alle Kinder ins Bett! (아이들은 모두 침대로!)

　타당성요구 제기와 관련해서 '아주 확실한' 명제와 결합되어 있다.

　다음의 예들

　　Heute frische Brezel. (오늘 갖구운 브레쩰.)
　　Heute geschlossen! (금일 휴업!)

　또는

　　Gut! (좋아!)
　　Scheiße! (제기랄!)

Wie schön! (멋져!)

이것들도 더 설명해야겠지만 '약간 덜 확고한' 명제와 그리고 다음과 같은 예들은

Zwei Stück Zucker?(설탕 두 개?)

Wein oder Bier? (포도주 아니면 맥주?)

'더욱 덜 확고한' 명제와 결합되어 있다.

상응하는 타당성요구와 관련된 의사소통에 중요한 모든 실재들이 또한 언어적으로 명명된다면, 다시 말해서 —다시 진실조건적 재구성이란 말을 사용하자면— 그의 서술어-논항-구조에서 타당성요구와 관련된 실재들의 원형적인(아래를 참고하라) 배열을 나타내는, 상응하는 진실기능적 표상원형이 서술어의 결합가로부터 요구될 것인, 실존적으로 연결하게 되는 어떠한 빈 자리도 포함하고 있지 않다면 명제는 '아주 확고한' 것일 수 있는 것처럼 여겨진다.: 이것은 *Terroisten bei Fluchtversuch erschossen(테러리스트들이 도주시도 중에 저격되다)*이라는 원형의 경우에도 '수동형' 서술어 *erschossen(저격되다)*이 *Terroristen(테러리스트들)*을 통해서 채워지게 되는 단 하나의 논항위치만을 요구하는 한 적용된다. 마찬가지로 명령적/직접적 서술어들 *genommen!, aufgemacht!, ins Bett!* 가 각각 언어적으로 표현되는 각각 단 하나의 논항위치만을 요구하는 한에 있어서도 그러하다. 원형 *5cm Schnee auf dem Kilimandscharo.(킬로만자로에 5cm 눈)*는 '무엇인가'와 '그것은 어디에 있는가'라는 두 개의 논항을 모두 언어적으로 나타내고 있는 일종의 '장소격' 존재진술을 포함하고 있다.

'덜 확고한 명제'가 있는 원형의 경우에는 다르다. 여기서는 타당성요구에 관련된, 의사소통에 중요한 특정한 실재가 언어적으로 — 충분한 근거가 있으며 의사소통을 방해하는 그 어떠한 것도 하지 않

으면서— 비워져 있다. 그래서 *Heute geschlossen.(금일 휴업)*에서는 수동형 서술어 *geschlossen(닫혔다)*이 유효하게 되는, 실재의 관계 대상이 언어적으로 비어 있다. 그리고 *Heute frische Brezel.(오늘 갓구운 브레쩰.)*에서는 —다른 한편으로 '장소격 존재진술'로 이해할 수 있는 예— 장소의 지시 대상이 비워져 있다.

두 경우에 이렇게 언어적으로 비워 둔 논항은 아마도 논리적으로 재구성하는 것에서 존재론적으로 결합되어 있는 것으로 나타내질 수 있을 것이다.

하지만 언어적으로 비워 둔다는 것은 —이것을 다시 지적할 것이다— 그러한 KOMA-유형들의 결합이 아닌 것이다. 오히려 이를 통해 이렇게 비어 있는 실재를 각각 발견할 수 있는, 확고하고 관습화된 원형들이 이러한 표현들과 결합되어 있는 것이다. 이 두 경우에는 직접적인 상황맥락으로부터 지시 대상을 얻을 수 있는 원형들이 있다. 이런 한 이 표현들은 실제로 탈맥락화될 수 있는 것이다. 왜냐하면 이 표현들하고, 지시 대상을 얻을 수 있는 개별적 상황맥락과 무관하면서 그렇게 확고한 원형이 결합되어 있기 때문이다. 이것은 모순되게도 탈맥락화 가능성이 —최소한 어느 정도의 탈맥락화 가능성—맥락에서 지시 대상을 획득하기 위해서는 관습화된 원형들이 현존하는 것으로 이루어져 있을 수 있다는 것을 의미하는 것이다.

Zwei Stück Zucker?(설탕 두 개?) Noch ein Bier?(맥주 한 잔 더?) 등등과 같은 경우처럼 덜 확고한 원형의 가장 약한 형태에서는 —그리고 이것은 비교적 '약함'의 경우 결정적인 관점인 듯이 여겨진다— 하나 또는 여러 개의 논항이 언어적으로 비어 있을 뿐만 아니라 서술어 자체도 비어 있다. 하지만 이제는 여기서도 또한 이렇게 비워 두는 것이 맥락적 지시 대상을 획득하는 것과 관련되어 있을 뿐만 아니라 '행위의 틀'(프레임) 전반에 걸쳐 관련되는 매우 강하게 관습화된 원형으로 보충된다. 이러한 비교적 상투적인 행위의 틀 또

는 상황의 틀과 관련해서 —레스토랑 상황, 구입 상황(다양한 진행단계에서) 따위— 이런 표현유형들도 비교적 개별적인 사용맥락과는 무관하게 여겨지고 그래서 의미구조에 따라서 탈맥락화 가능하고 잠재적인 KOMA-후보인 것이다.

이렇게 고찰해 보면 탈맥락화 가능성은 **정도성이 있는** 특성 내지는 한편으로 **원형적인** 대표자가 있고, 다른 한편으로 특성이 적은 대표자에서 탈맥락화 가능성이 부여될 수 없는 대표자가 있는 특성이 된다. 이렇듯 (절대적으로) 따로따로가 아닌 특성은 '모호함', '명백하지 않음' 등등의 표제 하에 새롭게 언어학의 시야로 옮겨지게 된다. 이러한 구상은 비트겐슈타인의 '가족 유사성' 구상에 부분적으로 의거하는 **원형**이론으로 특히 인지적 성향의 언어학에서(이에 대해 기본 1984를 참고하라) 표현되고 있다. 여기서는 원형이론 대변인들의 인지 · 심리학적 기본전제를 받아들이지 않고, '탈맥락화 가능성'의 특성이 이러한 틀 안에서 어떻게 재구성될 수 있는가를 시사하는 정도로 알아보고자 한다.: 탈맥락화 가능성이라는 특성은 개별적 특성의 필드 (연속체) 내에서 정의내릴 수 있다는 것에서 출발하겠다. 그래서 다음이 유효하게 된다.:

– 개별적 특성은 그 자체로는 절대적으로 따로따로인 것이 아니라 '퍼지한 구석'을 지니고 있다
– 개별적 특성은 메타-구상인 '탈맥락화 가능성'의 중요성과 관련하여 그 중요도가 판정된다.
– 개별적 특성을 대표하는 언어적 실재의 다수는 가장 특징적이거나 원형적인 메타범주의 특성을 지닌 대표자를 통해서 구성되는 밀집부분이 대표자에 의해서 생기는 된다는 방식에서 중첩된다.

'탈맥락화 가능성'을 규정하는 특성은 그 중요도의 순서대로 보면

다음과 같다.:

(a) 확고한 언표수행 유형

(b) 명제 —원형으로서 확고한—

(c) 지시 대상을 획득하기 위해 관습화된 원형이 존재한다

(d) 행위의 틀과 서술어를 획득하기 위해 관습화된 원형이 존재
한다

그러면 필드는 그 중요도가 표현되지는 않았으나 다음과 같은 구
조를 지니게 된다. 밀집된 부분은 —상이한 밀도의— 개별적 특성의
다수의 대표자가 중첩되는 것으로부터 비롯된다.:

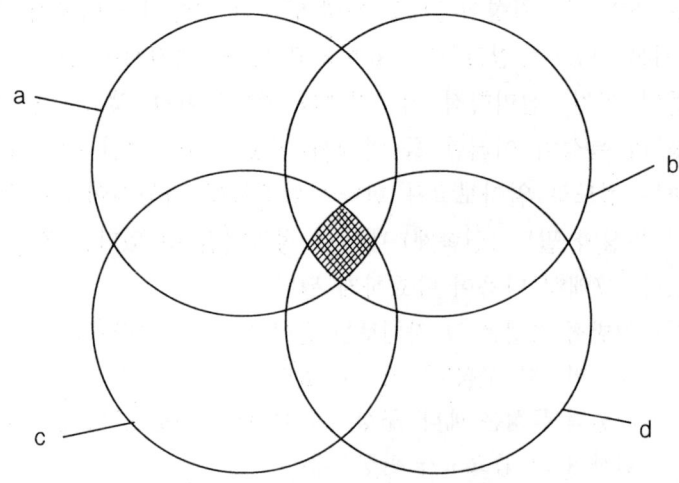

그리고 나면 탈맥락화 가능성이라는 특성의 원형적 대표자는 —즉
원형적 KOMA— 가장 강하게 밀집된 부분에서 나오게 된다. 즉 이
러한 대표자가 (c와 d에서 부분적으로는 통상적으로) 모든 특성을
채운다는 것이다 —정확히 말해서 가득히 (약화되지 않고 또는 불명
확한 가장자리에 있지도 않고). 그러나 덜 강하게 밀집된 부분의 대

표자에게도 또한 문법은 여전히 KOMA-지위를 부여하는 것이다. 이 때 개별적 특성의 중요성에 대한 질문이 큰 역할을 한다. 여기서는 개별성에 대해서는 더 이상 다루지 않고 이에 대해서는 논문 Ⅱ의 4. 1장에서 다루겠다.

이렇게 기술된 메타-서술어의 비분리성인 탈맥락화 가능성이 기술범주인 KOMA에도 계속해서 적용될 수 있는 것인지, 또는 여기서 연구실무적 이유에서, 분리된 단면이 —배경으로 그리고 정의를 내리게 되는 개념인 탈맥락화 가능성의 기술된 비분리성을 성찰하면서— 만들어져야만 하는 것인지 하는 점들이 문법의 경우 확실히 중요한 질문이라 하겠다. 논문 Ⅱ의 4장에서 '분리된 단면'에 대한 제안을 하겠다.

2. 4. 정동사 없는 KOMA의 구조적 유형학에 대해서

탈맥락화 가능성이라는 개념을 설명하려는 시도를 한 다음에 비-정동사형-KOMA의 구조적 유형학에 대해 몇 가지 주를 달면:

우리가 여기서 일상적으로 표준으로 삼고 있는 사고의 도식들은 모두 동사문장으로 만들어져 있다는 것이고 그런데 이런 시각이 여기서는 극복되어야만 한다는 것이 근본적인 어려움이며 그리고 이것과 함께 이러한 유형학의 새로운 종류의 과제라 하겠다. 즉 나는 *Nichts neues unter der Sonne.(세상에 새로운 것은 아무것도 없다)*와 같은 KOMA의 통사-의미론적 구조를 이러한 KOMA가 여전히 매우 추상적이고 기저가 되거나 심층구조적인 그 어떤 의미 내에서 대표되는 동사문장에서 유도해 내는 것을 적합하지 않다고 본다. 비-정동사형-KOMA는 다른 정동사적 KOMA의 단축형이 아니라, 동사문장으로부터 벗어난 통사론과 의미론과 화용론이 있는 자립적인 원형인 것이다. 이렇듯 자립적으로 구성한다는 것의 중요한 특징은 동사문장에서 사용되는 구조유형들, 예를 들어 명사 그룹, 전치사 그룹, 그리고 비-정동사형-동사 그룹이 비-정동사형-KOMA-원형으로 다시 돌아오는 데에, 그렇지만 서로 서로 다른 '결속'을 하는, 다시 말해 기능적으로 다른 지위를 얻는다는 데 있다. 이러한 특수한 결속을 서술하기 위한 이론적 토대는 연구를 통해 파악되어야만 할 것이다.

단지 예를 통해서 가능한 구상을 암시하겠다.: *Strauß vor dem Flick-Ausschuß.* 내지 *5cm Schnee auf dem Kilimandscharo.* 등등에서는 명사적 요소(*Strauß, 5cm Schnee*)로 비롯되는 결과 그리고 장소격 전치사가 있는 명사적 요소(*vor dem Flick Ausschuß, auf dem Kilimandscharo*)로 비롯되는 결과가 문제가 된다. 이러한 두 개의 구성 요소를 동사문장으로 들어가게 할 수 있는 결속은 —일반적으로 보면— 장소격 부가어로서 전치사구가 명사구가 되게 하는 데 쓰이는 **직접적** 결속이거나, 혹은 보어(Ergänzung) 또는 첨가어 (Angabe)로서 명사구나 전치사구가 동사적 서술어가 되는 데 사용되는 간접적 결속이다. 이러한 결속의 그 어떤 것도 비-정동사형-KOMA 에는 있지 않다. 동사를 통해서 전달될 수 있을 것 같은 간접적 관계의 경우에는 바로 이러한 동사적 서술어 자체가 없기 때문이다. 직접적 관계는 이것의 완전한 의미, 완전한 타당성요구를 생산해 낼 수 없기 때문에 내가 보기에는 제외되어야 한다. 완전한 타당성요구를 표현하기 위해서는 두 개의 KOMA를 "서술어로 표현된 명제"로서 대략 라이온즈(1977, 470쪽)의 의미에서 이해되어야만 할 것이다.:

> 지시 대상을 확인하기 그리고 지시 대상에 대해서 이것이 어떤 것 또는 다른 것을 하고, 어떤 특성을 지니거나 어떤 부류의 그룹이고, 어떤 장소에 있다 등등을 말하기. 지시 대상은 핵심의 가장 왼쪽의 구성요소로서 나타나는 NP-표현에 의해서 (이 문장의 적합한 발화에서) 확인된다. 그리고 이것을 우리는 주어*라

부를 것이다. 지시 대상에 대해 말해진 것은 핵에서 주어와 결합
하는 서술어*(또는 서술어로 표현된 표현)에 의해 표현된다.

라이온즈는(469쪽) 다음을 또한 이러한 근본적인 서술어로 표현된
구조의 하나라고 간주한다.:
NP (+Cop) +Loc
[NP=명사구, Cop=계사, Loc+장소적 (부사적) 표현]

계사-상징은 여기서 언어유형학적 이유로 해서 괄호 안에 넣었다.
왜냐하면 라이온즈가 언급했다시피, 계사적 요소로서 분류될 수 있
을 법한 요소들이 결여되어 있는 언어들이 있기 때문이다. 인도게르
만어에서 그리고 그와 함께 독어에서 계사는 일반적으로 결여되어
있지 않을 수 있다. 그럼에도 불구하고 분명히, 다른 언어유형들에
널리 퍼져 있는, 이러한 계사 생략의 가능성이 실재화되고, 그래서
다른 표현들이 서술어표현의 기능을 직접적으로 넘겨받게 되는 ―계
사의 도움으로 동사적 표현에서 형식적인 모사없이―17), 그런
KOMA 유형들인, 바로 비-정동사형-KOMA가 있는 것이다. 우리의
예에서는 명백히 장소격이 서술어의 기능을 인수하고 있다. 장소격
표현체가 서술어기능을 인수하는 데 있어서 특히 적합하다는 것은
알려진 바이다. 여기에 대해서는 라이온즈의 설명을 참고한다.:
　　이제 우리의 주의를, 장소격 보어를 포함하고 있는 문장-핵으로
　　돌려 보자.: 위의 (5)와 (5a)를 비교하기. 장소격 표현은 일반적

---

17) 계사는 이러한 생각에 따르면 떼니에르의 이론의 의미에서 '통사적 품사전환'
　　의 기능을 지닌다. 이에 대해 '통사적 품사전환'을 의미론적으로 동기부여된
　　광의의 설명을 시도한 헤링어/슈트레커/빔머(1980, 150쪽)의 설명을 참고하
　　라. 언어수단배열과 언표수행적 잠재력의 관계에 대한 연구는 그 당시 지대한
　　관심사였다. 알트만 1984, 내프(Näf) 1984, 오스너 1986, 로젠그렌(Rosengren)
　　1985를 참고하라.

으로 명사 그리고 동사와 동등하게 문장-성분의 주요 부류를 구성하는 것으로서 인식되지는 않는다. 전통 문법에서는 이것들은 바로 부사 또는 부사구의 하위부류 중의 하나로 취급되었다. 하지만 모든 다른 부사와는 달리 장소격 표현은 (영어에서 계사의 보어로서) 아마도 그들의 주어로서 첫 번째-오는-명사구와 함께 서술적으로 사용될 수 있을 것이다. 이런 식으로 사용되는 장소격 표현은 놀라운 일이 아니다. 우리가 일상생활에서 상호 작용하고 있는, 사람과 동물 그리고 사물들이 있는 장소는 그들의 행위와 물리적 또는 다른 특성들보다 적잖이 흥미롭고 중요한 것이 아닐 수 없다. *Where is X?*는 *What is X doing?* 또는 *What is X like?*와 마찬가지로 자연스러운 질문이다.: 그리고 영어와 다른 언어들의 문법적 구조는 그것을 다음과 같이 반영하고 있다. 즉, 우리는 어떤 실체가 어떤 것인지, 무엇을 하고 있는지, 그것에 무슨 일이 일어나고 있는지, 또는 그것에 대한 그 밖의 다른 어떤 것을 말하지 않고도, 그 실체가 어디에 있는지 (어디에 있어 왔는지, 어디에 있었는지, 또는 어디에 있을 것인지)를 말할 수 있다는 점에서 그러하다. 장소격 부사는 아마도 쉽게 동사로, 형용사로 그리고 명사로 핵심-문장의 핵에서 사용될 수 있을 것이다.: 그리고 그들은 아마도 또한 (다양한 다른 종류의 부사처럼) 여분의-핵심 부가어로서 사용될 것이다.(라이온즈 1977, 413쪽)

계사-생략은 또한 예를 들어 *Jenniger neuer Bundestags präsident(제니거 새 연방의회 의장)*에도 있다. 명사구, 즉 *neuer Bundestagspräsident(새 연방의회 의장)*이 —계사 '전환' 없이— 직접적으로 서술어 기능을 맡고 있다.

비정동사형 KOMA의 예들의 목록이 보여 주다시피 계사 없는 장소격이나 명사구의 서술어 기능은 비정동사형 KOMA의 경우 유일하게 특별한 결속원형 내지는 구성성분원형은 아닌 것이다. 바로 이 점에서 여기서 기술되고 있는 독어 문법을 위해 더욱 진정한 연구과제가 나오게 된다.

3. 부족한 것을 바꾸려는 시도로서의 문법 구상

2장에서의 고찰은 한편으로는 중심적인 기술단위 KOMA에 대한 설명이었고 다른 한편으로는 KOMA를 텍스트/담화와 맥락에 결합시키는 질문에 전념하고 있었다. 그래서 기술하게 될 문법이 텍스트와 담화 문법적 혼합물과 함께 KOMA문법으로서 특징지어졌다. 이러한 고찰은 몇 가지 점에 있어서는 또한 문법의 내용을 위해 이 책의 앞부분에서 확실히 해 둔 요구사항 (1)에서 (4)까지에 대한 기여이기도 했다.:

- KOMA를 기본적인 의사소통 행위를 위한 원형으로 묘사하는 규정과 함께 문법에 다음의 과제가 가장 중요한 목표설정으로 지정되었다.

  개별언어의 어떠한 언어 발화단위로 어떻게 의사소통적으로 실행하게 되는지를 기술하는 것

- KOMA와 함께 어떠한 타당성요구가 제기될 수 있는지 그리고 이것이 무엇과 연관되는지 특징짓는 데에 사용되는 KOMA의 언표수행 유형들(잠재적인 것)과 진실조건적 의미를 도입함으로써 그리고 KOMA의 의사소통 기능을 표현측면적 구성 내지는 다른 표현측면적 언어수단에 소급하여 결합시킴으로써 다음을 설명하는 것이 문법의 과제라고 지시하게 된다

  그러한 언어 단위들이 그들의 형식과 의미에 따라 어떻게 구성

되었는가.

- 문법의 과제는 종종 특수한 텍스트종류나 의사소통기회와 관련
하여 사용된 구어와 비정동사형 KOMA를 명시적으로 참작하여
다음을 명백히 하는 것으로 간주된다.
　　서로 다른 화자 집단이 다양한 의사소통상황에서 언어 발화단위
　　들을 어떻게 구별되게 형성하는가.

　이 때 첫 번째와 두 번째 요구사항은 —나의 관점에서 이 둘은 정
말 가장 중요한 것들이다— 첫눈에 그렇게 보이는 것보다 훨씬 더 서
로서로 관련이 있다. 그들은 관점상에서 혹은 연구수단을 미세하게
조절하는 것에서 상이한 것이다.: 왜냐하면 이 둘에 있어서 익살이
문제가 되거나, 또는 우리의 경우 언어 형성물이 문법 단위로서 진정
가지고 있는 도약하는 점, 즉 어떻게 일정한 형식이랑 구조의 대상과
'의미'가 결합되어 있는지와 같은 현상이 문제가 되는 것이기 때문
이다. 요구사항 (1)에서 이러한 분류문제는 오히려 전체적으로 본 것
이다.: KOMA 형상과 그들의 의사소통 기능은 서로 연관이 되어 있
다.: 이에 반해 요구사항 (2)에서는 도대체 어떻게 개별에서, 즉 개별
적 구성요소, 구조 그리고 부분의미에서 특수한 전체적인 형상으로
서의 전체가 만들어질 수 있고 설명될 수 있는가가 흥미로운 것이다.
　언급된 모든 요구사항은 나의 연구로 그다지 구체적으로 채워지지
는 않았다. 하지만 이것이 바로 문법의 과제가 될 것이다.
　나는 문법에서 구어를 고려하기 위해서는 단지 몇 가지 주만 달
것이고(요구사항 (3)), 마지막으로 요구사항 (2)를 이 논문의 사고를
요약하면서 문법의 언어이론적 단위와 설명을 요구하는 지점으로 인
도하는 계기로 삼는다.

3. 1. 구어 문법

구어는 —이런 총칭개념이 문법적 관련에 있어서 진정 의미가 있다면— 유일한 하위체계, 또는 문어적 표준 독어 외에 문법에서 고려되어야만 하는 유일하게 다양화된 형식은 아니다. 무엇보다도 중요한 것은 기능역[18](*옮긴이 주)을 명사화 또는 기능동사구조가 자주 되풀이되는 것과 같이 거기에 특히 각인된, 문어적인 기능 문체의 문법적 경향과 관련시키는 것이다.

구어를 함께 끌어들이려는 시도는 즉흥적인 이야기가 문어적인 발화 문법으로 측정되지 않을 때에야 비로소 의미가 있을 것이다. 이것은 무엇보다도 '회화를 위한 문법'에서(쉐글로프(Schegloff) 1979: '회화를 위한 문법'을 참고하라) —다르게 그리고 어쨌든 문어적 변종들의 문법에서보다도 훨씬 강하게— 의사소통적으로 행해지면서, 이야기된 것을 상호행위적으로 만드는 데에 있어서 '이미 만들어진 것'들의 구조에 미치는 영향이 고려되어야만 한다는 것을 의미한다. 즉, 소위 말해서 파격문장, 회전문장 그리고 '구조-로-부터-떨어져 나가는 다른 형식들'은 부분적으로 상호행위적 배열을 원상복구시키는 "복구/수정"(repairs) 현상으로서, 이러한 복구 행위는 임의적으로 작용하는 것이 아니라 이것을 통해서 예견할 수 있고 그리고 설명할 수 있는 방식으로 —최소한 부분적으로는 원형적이라고 할 수 있는— 구조들이 깨어지고 변화되는 한, 문법적으로 파악될 수 있는 것이다.

---

18) (*옮긴이 주) 기능역(Funktiolekte), 이 말은 전문용어로서, 언어의 사용 상황의 차이에 따른 언어의 다양성을 지칭하는 레지스터(사용역, Register)와 같이 사용되는 말이다. 즉, 특정한 의사소통영역에서(제도 따위) 특이한 화법이나 특이한 글 쓰는 방식을 말하는 것으로서 예를 들어 목사님의 설교나 아이에게 하는 부모에게서 또는 상사에게 하는 고용인에게서 나타나는 화법이나 글 쓰는 방식의 특이한 점을 연구하는 것 따위를 말한다.

규칙적인 통사론과 복구-통사론의 상호작용에 대해서는 여전히 해명되지 않고 있다. 쉐글로프(1979, 262쪽)는 다음의 가능성을 지적하고 있다.:

"same-turn-repair"(동일한 말차례에서의 수정)가 어떠한 통사론에서든 두 번째 순서를 조종하는, 다르게 생각하자면, 구성하는, 일종의 "슈퍼-통사론"이라고 간주되어야만 하는지, 혹은 same-turn repair가 적절한 통사론의 일부로(가장 일반적이고 기본적인 것임에도 불구하고 "언어"가 사용된 담화유형의 하나인 회화를 위한 통사론으로 재구성된 그런 통사론의 일부로) 간주되어야 하는지 지금은 어떤 결정에도 이를 수 없다.

3. 2. 문법 기술에 있어서 형식과 의미의 병렬

요구사항 (2)는
-언어 단위가 그들의 형식과 의미에 따라 어떻게 형성되는지 기술하고 설명한다-

다음과 같은 이유 때문에 해결하기가 매우 어렵다. 즉, 이러한 매우 일반적인 질문제기가 많은 더욱 세밀한 질문들을 스스로 불러일으키기 때문에, 그리고 이러한 질문에 매우 다양한 많은 대답이 있기 때문에, 그리고 그러한 대답이 주어지게 되리라는 질문들의 경우 대답의 설명가치는 결정적으로 질문을 얼마나 흥미롭게 여기는지에 달려 있기 때문이다.

언어학의 역사는 상이한 시대와 노선과 학파가 요구사항 (2)의 질문제기를 언제나 다시 다르게 해석하고 대답한다는 것을 보여 주고 있다. 또한 한 시대 그리고/또는 한 노선에서 어제는 사태가 극박했고 내일은 흥미가 없어져 버리는 질문들이 ―대답할 만큼 대답했기 때문이 아니라 일반적인 질문제기 배후에 새로운 질문이 발견되었거나 또는 '정복되었기' 때문이었다— 이제 갑자기 매우 흥미롭게 비쳐지게 된다는 것을 보여 주고 있다.

하지만 이것이 새로운 질문에 대답하기 위해서, 새로운 이론적 틀에서 오래된 질문에 대답한다는 것이 의미없다는 것을 뜻하지는 않는다. 그래서 변형생성문법(GTG)의 결과가 통사론적 변형으로, '지배와 결속'으로 되는 것이다. 다시 말해서 변형생성문법(GTG)의 틀에서 기술하였던 질문들이, —다음과 같이: 다양한 문장들이 어떻게 심층구조로 되돌려 보내질 수 있는가— 새로운 맥락에서는 진부하게 여겨진다 할지라도, 여기서 밝혀지고 시선을 끌게 되었던, 예를 들어 담화분석의 맥락에서 갑자기 다시 중요해진 언어 구조에의 잠재력은 '동일한 현상'으로서 다른 설명가치를 획득하게 되는 것이다.(이에 대해 예를 들어 베어트 1984, 크라이더(Creider) 1979를 참고하라).

이런 조건에서 문법을 위한 우리들의 작업의 가능성에서 끌어내고자 하는 결론은 다음과 같다.:

- 정말로 흥미로운 대답을 줄 수 있는 기회는 결정적으로 모든 개별적인 고찰과 그 고찰 결과를 하나의 질문 또는 서로 결합된 일련의 질문과 관련해서 제시하는 것이 성공하느냐에 달려 있는 것이다. 이 때 모든 개별적인 고찰과 그 결과는 은유적으로밖에 표현할 수 없는데, 감동적이고 추진력을 지니고 시각을 열어 주는 그런 것이다.
- 하지만 내일 이미 구태의연한 것이 되어 버리지 않을 기회는 결정적으로, 다른 사람이 보았고 밝혀 냈고 연구했던 것을 우리가 알고 있다는 것을 우리들의 질문에 대답할 때 덧붙이는 것이 아니라 그것을 끼워 맞추면서 함께 관련시키는 것이 어느 정도까지 성공하느냐에 달려 있는 것이다.

이 두 관점은 —이제 다시 학문적 은어로는— 다음과 같이 표현할

수 있을 것이다.:
- 중요한 질문(들)을 중심에 두는 통일적인 언어이론적 구상에의 **집중**
- 통일적인 구상을 '자기 것으로 수용함'으로써 다양한 부분이 론과 다양한 설명문장의 결과를 **통합하는 것**

이제 나는 요구사항 ⑵를 상세히 서술하기 위해서 가능한 후보를 어떻게 보고 있는가? 이러한 요구사항이 문법에서 '노력하여 쓰여질' 가치가 있는 그런 의미를 어떻게 얻을 것인가?

나는 여기 제시한 고찰을 근거로 해서 다음의 질문에 이르게 된다.:
어떤 원형에 따라서 그리고 어떤 언어수단을 가지고 우리는 독어에서 언어 단위를 세우는가 그리고 그것을 가지고 어떻게 의사소통적으로 행위할 수 있는가?

또는:
독어의 어떤 언어적 원형과 수단 그리고 단위들로 의사소통 행위에서 타당성요구를 실현하는 것을 성공할 수 있는가?

이런 종류의 질문은 내가 보기에, 집중해서 (위의 의미에서) 그리고 통합적으로 작업할, 즉 다양한 노선들과 발단들 그리고 부분원칙들의 결과를 하나의 통일적인 동기를 부여하여 하나로 모을 수 있을, 가능성을 상당히 제공한다.

몇 가지 가능한 진로를 시사하겠다.:

타당성요구와 진실조건적 의미의 관계는 위에서 다루어졌다. 그것으로부터 문장/KOMA의 의미를 ―우리의 경우에 단지 의미의 한 국면일 뿐인― 그들과 결합된 진리조건으로서 (성취조건 등등) 파악하는 연구방향의 결과를 함께 연관시킬 수 있는 가능성이 나오게 된다. 이러한 진실조건적 의미론의 사고의 출발점은 다시금 (몬테규 (Montague) 문법을 보시오) 통사론과 의미론 및 표현과 진실기능적 의미가 강력하게 얽혀 있다는 것을 수용하는 것과 밀접하게 연관되어 있다.(합성성 원칙, 프레게(Frege) 원칙을 보라). 프레게 원칙, 즉 표현의 의미가 이런 표현 부분의 의미 기능이라는 가정, 형식과 의미가 나란히 조직되어 있다는 가정은, 내가 위에서 상세히 서술했듯이, 언어수단 관련성 원칙의 가장 강력한 해석인 것이다. 비록 철저하게(다양한 대수 구조를 겹쳐서 표현하는 것(Homomorphismus)으로서) 개별적으로 유지될 수는 없다 할지라도, 이 원칙은 쓸모있는 연구가설이다. 이 원칙은 (더 편안한) 자율명제와 대립되어 있고, 형식과 의미에 대해 통합적인 시각을 갖게 해 준다.19)

진실기능적 의미론은 타당성요구가 관련하는 세계관계를 재구성하는 것을 도와 주는 반면, 언어행위 의미론은 타당성요구 자체를 세분화하는 것에 몰두하고 있다. 개별언어적 문법은 KOMA에게 그들 각각의 언어수단배열에 상응하는 언표수행 유형을 지시함으로써 이러한 방향의 결과를 연루시킨다. 물론 언어행위이론은 의사소통 행위의 틀을 아주 좁게 경계를 짓고 있다. 이 이론은 타당성요구를 제기한다는 것이 복합적인 조직이라는 면을 소홀히 다루고 있다. 왜냐하면 의사소통 행위란 또한 화자가 의사소통 행위의 연속선상에서 또는 그들의 부분 행위에서 어디에 특히 중심을 두는지, 그 반대로 타

---

19) 의미론과 화용론에 반해 통사론의 자율성은 수정함으로써 여전히 언제나 견지되는 GTG의 언어이론적 입장이다. 이것은 다른 언어학적 노선으로부터 상이하게 초점을 맞추어 공격을 받는다.: 예를 들어 몬테규-문법과 기능 문법이 이런 비판을 하고 있다. GTG의 자율성논제에 대해서는 예를 들어 로이니거 (Leuniger)(1979, 26쪽 이하.), 이런 질문에서 GTG와 몬테규-문법의 입장의 대립에 대해서는 Růžička(1983)를 참고하라. 기능적 문법의 입장에 대해서는 García(1979)를 참고하라.

당성요구를 신고할 때에는 무엇을 오히려 뒤로 밀어야 되는지를 분명히 하는 것이기 때문이다(제시하기, 초점화하기, 주제화시키기…). 또한 의사소통 행위란 여러 개개의 타당성요구를 하나의 '화제'로, 예를 들어 시간적으로, 인과적으로, 계속적으로, 연상적으로 분류해서 서로서로 연관시킬 수 있어서 청자는 '화제-연속'을 인식할 수 있다는 것이기 때문이고 또한 반대의 경우에는 관점을 변경하여 언어적 수단을 전달할 수 있는 것이기 때문이다.

의사소통 행위란 또한 타당성요구를 신고하면서 사회관계를 고려하고 이런 연관을 함께 표현한다는 것을 말하는 것이다. 왜냐하면 이런 관계에 타당성요구의 구속력이 달려 있기 때문이다. 또한 행위의 공동의 공급원에, 즉 화자와 청자의 공동의 지식에 소급할 수 있다는 것이다. ―이 지식이란 그들이 관련이 되는 '세계'에 대한 지식, 우리가 무엇인가를 말할 때 직접적으로 말하지 않으면서 의미할 수 있는 것에 대한 상호행위적 지식을 말한다(화용론적 내포).

3. 3. 다차원적 의미론의 사고

복잡한 의사소통 행위의 이 모든 관점에 대한 분석이 '기능적 문법', '인지적 언어처리' 그리고 담화분석과 텍스트문법 영역에서 이루어졌다. 이것으로 해서 문법의 경우 형식과 의미를 설명하는 과제는 '다차원적 의미론'을 받아들임으로써 해결될 수 있는 복잡한 귀속문제라는 것이 드러난다. 하지만 의미론의 다차원성이라는 것은 아마도 각각 다양한 차원에 소속되어 있는 구성성분으로 분리시킨다는 것이 아닐 것이다. 구성성분을 구축한다는 사고로부터의 전향은 계획된 문법의 구상단계에서 점점 분명하게 반영되었다. 이 발전단계를 간략하게 다루는 것이 가치 있는 것으로 여겨진다.

이 점에 대한 문법 연구 그룹의 초기의 고찰은 1984년에 '상세한

계획'이라는 글에 다음과 같이 요약되어 있다.:

문법에서 통사론적 형식과 의사소통 기능 그리고 그것의 취급에 대한 사태에 대해서 최근에 다음과 같은 이의가 제기되어 있다.: KOMA-의미론의 합성적 부분과 초-합성적 부분이 구별된다. 합성적인 부분은 최소 단위의 의미로부터 그리고 표현의 조합적인 구조를 근거로 해서 혼자서 규정될 수 있는 부분이다. 의미의 이 부분은 일반적으로 표현의 서술적인 의미이다. KOMA의 기술적인 의미가 그들의 진실조건 내지는 성취조건을 통해서 주어진다는 것이 받아들여지고 있다. KOMA의 기술적 의미 부분은 (예를 들어 구와 단어들에 의한) 이런 가정과 합성성이라는 가정으로부터 재구성된다.: KOMA 부분의 기술적 의미는 KOMA 부분이 KOMA의 기술적인 의미에 기능적으로 기여하는 바로 그것인 것이다. 하지만 모든 KOMA 유형들에서 기술적인 의미가 합성적으로 규정되는 것은 아니다. KOMA로 기능하는 관용적 사용에서도 그렇지 않다.

KOMA의 의사소통 기능의 다른 부분은 합성적으로 규정될 수 없다. 이것은 KOMA-의미론의 초합성적 부분이다. 그래서 KOMA의 언표수행적 잠재력은 (예 질문, 지시, 주장) 단지 이 부분의 경우에만 전체로서 주어진다. 그럼에도 불구하고 의미론의 초합성적 부분, 예를 들어 문장형태로 된 KOMA의 언표수행적 잠재력이 규정될 수 있는 근거가 되는 문장유형들의 소속성은(의문문, 명령문, 서술문) 일정한 어순 그리고/또는 문장억양을 통해서 확정될 수 있으면서 형식에 관련되는 것이다. 의미의 초-합성적 부분은 일반적으로 KOMA의 화용론적 의미이다. 이것은 맥락이론적 그리고 행위이론적으로 설명될 수 있다.

합성적으로 설명할 수 있는 부분을 KOMA의 표현면과 내용면으로 소속되는 것으로 기술하는 이러한 문법적 구성성분은 **합성적 구성성분**으로 불린다. 다른 모든 비-합성적 귀속규칙은 **초합성적 구성성분**에 속한다.

합성적 구성성분과 초합성적 구성성분을 이렇게 구분하는 것은 통사론, 의미론 그리고 화용론을 전통적으로 구분하는 것과 상반되어 있다. 이 구분은 방법론상의 구분으로서 문법의 상이한 규칙유형들을 목표로 삼는다. 그리고 두 구성 요소 중 어느 것에도 중점을 두지 않는다. 그런 한 물론 합성적 구성성분의 대상이 그들이 관련되어 있는 또는 그것을 근거로 세워진, 다른 의사소통의 부분기능보다 우선적으로 관찰된다.

이런 고찰의 상당 부분이 오늘날에도 여전히 주장될 수 있다. 나는 이 논문에서 '기술적 의미'라는 것을, KOMA의 타당성요구가 무엇과 관련을 맺으며, 어디에 있으며, 무엇을 위해 타당성요구가 제기되는지를 기술할 때, 우리가 기술하게 되는 그러한 의미부분으로서 설명할 것이다. 물론 이제 나는 구성성분이라는 말을 그 당시보다 훨씬 덜 다행스럽게 여기고 있다. 그것은 '합성적 토대'와 '초-합성적 작문' 간에 '새로운' 자율권을 암시하고 있는 것이다. 이제 나는 오히려 —무엇보다도 비정동사형 KOMA와 어느 정도 격렬한 논쟁을 근거로 해서 (또한 인용에서 관용어에 대한 지시도 참고하라)— 사태가 더 세분화되었다고 보고 있다.:

- 단지 '이상적인 경우'에나 최대한 탈맥락화 가능한 원형적 KOMA, 즉 전조응화처럼 맥락에 민감한 특징이 없는 동사문장으로부터 기술적 의미에서 엄밀하게 합성적인 의미를 생산해 내는 것이 가능하다. 여기서 실제로 합성적으로 생산된 기술적 의미는 초

합성적 해석을 위한 토대를 제공한다. 초합성적 해석은 그 외에도 서법, 억양구조, 문장유형학 등과 같은 언어수단에 의지한다. 문제가 되는 다른 경우들(범위 문제들) 외에 무엇보다도 전조응화의 담화-역동적 측면은 최소한 그 당시에는 단지 기술적 의미를 생산하는 데 있어서의 초합성적 '개입'으로서만 생각할 수 있다.(이에 대해 예를 들어 파르티(Partee) 1984를 참고하라).

- 원형적인 비정동사형 KOMA에서 전체적인 초합성적 특성은 — 원형적인 경우에서와는 달리— 합성적 특성을 위해 일종의 '투영하는' 효과를 가지는 것처럼 보여진다. 그래서 *Montag nachmittags geschlossen.(월요일 오후 휴업)* 같은 KOMA에서는 초합성적 의미는 —여기서 언표수행 유형은 '서술적'(konstativ)이고, 직접적인 상황맥락으로 삽입된 것— 일종의 합성적 결속이다. 이것은 *geschlossen(닫혔다)*이 조동사를 표현측면적으로 실현시키지 않는, 한 자리의 '수동형' 서술어로서 해석될 수 있고, 결여된 논항을 위한 지시대상을 상황맥락에서 직접적으로 얻을 수 있다는 것을 규정한다. 더 나아가 이것은 이 명제에서 서술어 *geschlossen*으로부터, 상황에 맞게 얻어지는 지시대상 실재와 타당성 간격에서 진실조건이 (좁은 의미에서) — 성취 조건은 아니다— 연상된다는 것을 규정한다. 나는 여기서 기술적 의미를 생산할 때의 합성적 (부분의 의미) 그리고 초합성적 특징들이 강하게 상호행위한다는 것으로부터 출발한다.
- 내가 원형적 KOMA로서 (내지 KOMA-부분으로서) 분류하지 않는 관용어에서는 그 반대로 기술적 의미가 합성적 방식으로 생산되는 것이 아니라는 데서 출발하겠다. 어떤 절차가 (예 은유화, 유추 형성 등등) 여기서 역할을 하는지는 해명하지 않겠다. 마찬가지로 여기서는 기술적 그리고 비기술적인 의미 사이의 관

계도 해명하지 않겠다.

다차원적 의미론의 구조에 대한 이러한 사고를 다음의 도표로 요약한다.:

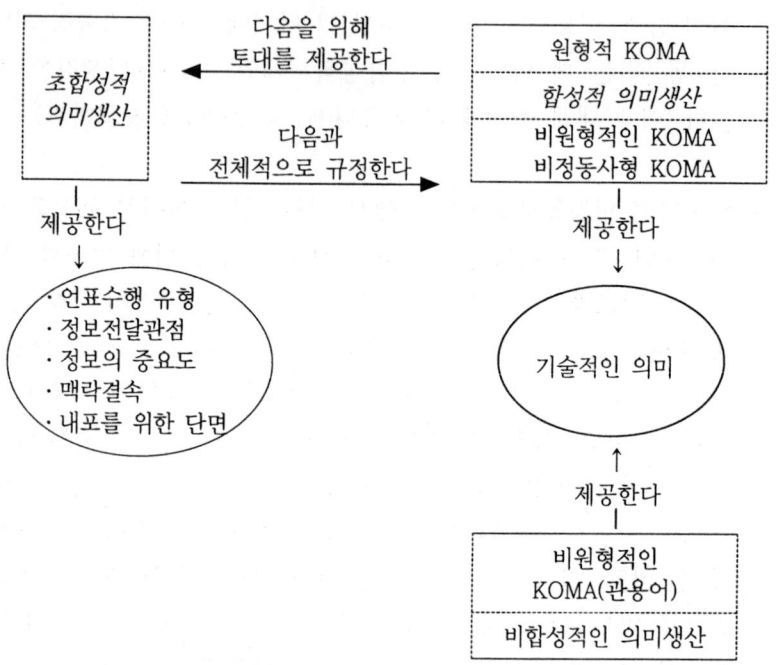

이 때 사각형 그림은 의미생산의 종류에 관련된다. 즉 그것은 방법론적이거나 절차적인 층위에 자리잡을 수 있는 것들이다. 이에 반해 타원형은 의미 자체의 종류에 관계된다. 즉 그것은 내용적 층위에 자리잡을 수 있다.

이러한 고찰은 오히려 모듈적인 구상으로부터 "동질적인"(하니쉬/파머 1984, 257쪽) 내지는 "기능적인"(라이스(Reis) 1986) 방향으로 점차적으로 전향하는 추세로 이끌게 된다. 이러한 발전은 '패러다임 교체'로 추진된 것이 아니라, 현상 자체를 정확히 봄으로써 이루어진 것이다.

제 2 장의 차례

제 2 장 · 의사소통의 최소단위와 문장
-문법의 중심 단위의 정의에 대하여-

0. 들어가는 말

이 논문은 문장개념을 역사적으로 기술하는 데에 기여하는 것이 아니다.(이에 대해서는 리즈(1931), 자이델(Seidel)(1935), 최근에 또한 뮐러(Müller)(1985)를 참고하라). 그렇다고 문장정의에 대한 것도 아니고, 상당히 겸손한 시도로서, 즉 다음에 관한 것이다.

　　오늘날 쓰여지게 되는 독어 문법의 중심 단위를 상술하되 이것
　　으로 작업할 수 있을 정도로 상세히 하는 것.

이러한 문법의 이런 중심 단위와 관련하여 나는 아래에서는 KOMA(의사소통의 최소단위)라는 말을 사용하겠다. 왜냐하면 토론도 하기 전에 이미 통용되고 있는 문장개념들 중 하나에 소속되지 않기 위하여 *문장*이라고 하려 하지 않기 때문에 우리는[20] KOMA라고 말하려 하는 것이다. 즉 우리에게 KOMA는 *문장*의 대체 개념, 즉 *문장* 대신에 쓰이는 잠정적인 작업 개념이기 때문에, 문장을 정의하려는 모든 시도는 이에 해당하는 본보기도 되고 반대되는 본보기도 되는 것이다.[21]

---

20) 우리는 〈독어 연구소〉(IdS) 문법 분야의 동료들을 말한다.
21) 이것으로 아직은 두 용어 *KOMA*와 *문장*의 궁극적인 관계에 대한 어떤 선결도 내려진 것이 아니다. 이들은 아마도 −상응하는 해명에 의해서− (부분적으로) 동의어 또는 하위개념(문장이 *KOMA*의 하위개념으로 있다)의 관계에 놓여 있을 것이다. 이런 관점에서 나는 짜바도브스키(Zawadowski)(1975)의 처리방식에 동의한다.: 그는 통용되는 문장정의를 토대로 해서 직관적 문장개념에 상응하는 요구를 모두 충족시키지 않는, 그리고 그가 당연한 귀결로서 괄호 안에 있

논쟁으로 들어가는 말에서 나는 '문장정의는 필수적이고 의미가 있다' 대 '문장정의는 이러한 것이 아니다'라는 대립 논쟁에서 나의 입장을 밝히겠다. 문장정의의 의미성과 필수성에 반박하는 다음의 논거들은 부분적으로 중첩되고 부분적으로 모순된다는 데에 유의해야 한다.

- 지속적인 문장정의는 결코 성공하지 않았으며 결코 성공할 수도 없는 것이다.

여기서는 직관적인 일상개념으로서의 *문장*과 이론적 개념이 일치하지 않는다는 것이 출발점이 되고 있다. 즉 상세히 파악해 보면 이 논거는 다음과 같은 내용을 담고 있다.: *문장*을 문법 이론 내에서 이론적 개념으로 파악하는 것은 물론 성공할 수 있는 것이다. 하지만 이론화되기 이전의 불분명한 문장개념을 이론적으로 재구성하는 것은 성공할 수 없다.(예를 들어 헤거(Heger) 1976에서 그렇다). 왜냐하면 극단적으로 이론내재적인 개념으로서의 문장개념은 유보없이 직관적인 사전이해와 화자간의 사전이해에서 이론과 패러다임이 교체돼 버리기 때문에 지속성에 대해서 또는 더욱이 진보에 대해서는 생각조차 할 수 없는 것이다.

이러한 비관적인 결론에서 좀더 낙관적으로 생각할 수 있는 것은 일반적 언어이론에 희망을 두는 것일 것이다. 이것은 —그렇다고 믿어지고 있다— 더 이상 문제시되는 패러다임 교체에 빠지기 쉬운 것

는 것과 같은 인조용어(상호통괄하여(INTEERPAUSAL), 비통사적(ASYNTACT), 근본적으로 비통사적(FUNDAMENTAL ASYNTACT)으로 명칭한 유사한 문법적 단위의 전체 층위에 이르게 된다. 이런 층위 내에서 비로소 그는 문장의 현 위치를 밝혀 내고자 한다. 용어의 제안에 대해서는 6장을 참고하라. 나는 'KOMA'라는 단어를 다음과 같이 사용한다.: 성은 여성이고, 격이나 수에 따른 형태가 없는 것으로 사용한다.

이 아니라 문장개념을 결정적으로 진척시킬 수 있는 상태에 있는 것이다.(이에 대해 야콥스 1982, 74쪽을 참고하라).

- 문장개념의 정체성이 문법기술의 전통을 통하여 보증되기 때문에 *문장*의 정의는 불필요한 것이다.

여기서 바로 사람들은 문법 연구 작업에서 문장으로서 기술된 것 그 자체가 바로 문장이라고 믿고 있다.: 문법에서 모든 예문들은 모아 놓으면 일종의 문장 개념의 사실상의 정의가 된다는 것이다. 새로운 세대는 모두 다 그들에게 전수된 문법책으로부터 문장이란 무엇인지를 배우기 때문에, 숙고하면서 그리고 정의내리면서 이러한 주어진 지식에서 벗어날 필요가 없다는 것이다.

이 입장은 명시적이고 응집력이 있는 문장정의를 아무런 노력 없이 떠맡고 있기 때문에, 최근에까지 걸쳐 더욱 새로워진 독어 문법기술의 입장이었던 것 같다.(뮐러 1985, 30쪽을 참고하라. 또한 Duden 문법 신판에서의 진보에 대한 그의 각주도 참고하라).

- 형식적으로 철자를 처음부터 끝까지 대는 문법의 틀에서는 문장이 무엇인지 회귀적으로 정의내려지기 때문에, 내포적 정의 또는 명사적 단어의 의미만 제시하는 정의는 ―옛 정의학에 따라서― 필요하지 않다.

야콥스(1982, 74쪽)에서 따온 다음의 인용을 보자.:
> 이론화 이전에 단어개념을 설명하려는 시도와 마찬가지로 (Ⅰ의 1장을 참고하라) 이러한 문장정의도 그것이 언어이론에 삽입되어 있지 않다면 정의에서 사용된 개념들과 함께 어중간하게 된다. 그 밖에도 적합하고 보편적인 문장기준이 실제로 없다는 것

은 여전히 그 어떠한 통사론자도 각각의 관찰한 언어 L에서 도대체 어떠한 단어 연속체가 문장인지를 연구해 낸 적이 없다는 것을 의미한다. 오히려 "문장"이라는 개념은 지금까지 일반적인 언어이론에서 구축되지 않은 그러한 연구 실습실에서 설명되지 않고도 충분히 '예리한' 개념으로서 전제되어졌다. L의 어떠한 단위 연속체가 이 개념을 충족시키고 있으며 이 사실은 어떻게 최대한 이론적으로 파악될 수 있는가 하는 질문에 모든 주의가 기울여졌다(II의 2장을 참고하라).

이 입장에서 얻을 수 있는 결론은 —무엇보다도 생성 문법론의 입장에서— 자연어에서 문장으로 간주되는 것은 기술문법모델의 발전 상태 의존적으로 이루어지게 된다는 것이다. 이론에만 연관시켜 보면 이 입장은 시종일관한 것이고 또한 형편없는 것도 아니다.: 문장이라고 '결정내리지' 못하는, —이것은 수학적 통사론의 언어사용이다. 야콥스(1982, 75쪽을 참고하라)— 통사론(!) 모델이 파악할 수 없는 언어 연속체는 그러면 비문법적인 것이 되거나, 좀더 편안한 모델에서는 일정한 방식으로 그리고 일정한 정도로 '벗어난 것으로 되거나' 또는 덜 잘 구성된 것이 된다. 그렇다, 이론에만 연관시켜 보면 예를 들어 하나의 범주인 문장 대신에, 범주인 '통사론적으로 잘 형성된 문장', '의미론적으로 잘 형성된 문장', 그리고 '의미론적으로 이탈하는 문장' 등을 갖게 된다는 데에 대해서는 아무런 반박도 하지 않을 것이다. 이 때 이러한 용어들의 의미는 각각 통사론과 의미론 사이의 이론내에서의 작업분담에 의존되어 있고, 이 구성성분들의 성취 능력에 의존되어 있다.

이 때 문제는, "직관적으로 불분명한 문장개념" 또는 "충분히 분명한" 통상의 문장개념과 이론내재적 크기를 위한 규격화된 결정 규칙들 사이의 상관 관계가 비교적 임의적이라는 데에 있다. 이렇게 이론화된 것들을 위한 직관적인 문장개념이 단지 다음의 이유 때문만으로 충분히 분명한 것이 아니지 않은가? 즉 그 개념이 이 개념의 초안을 잡는 통사이론에 모순되지 않다는 데에 충분하기 때문이라는 점. 혹시 위와는 다르게 그리고 내 생각으로는 보다 더 적절하게, 충분히 분명하고 직관적인 문장개념이란 말이 자연어 문장의 '명백한 경우'를 그러한 것으로서 밝혀 내기에 충분하고, 그럼에도 불구하고 문장개념의 불분명함에서도 또한 특정한 어떤 자연적인 언어 현상의 비은밀성도 충분하게 참작하고 있다고 이해할 수는 없는 것인가?

지적한 세밀한 설명 시도에서는 예를 들어 생성 문법론에서는 이에 반해서 문장이론가의 과제가 다음과 같이 왜곡되어 해석될 수 있는 위험이 도사리고 있다.:

'문장개념의 불분명함에서 충분하게 분명한 직관적인 문장개념을 재구성할 수 있게 당신의 수단을 첨예화시키시오.'

'당신의 수단으로 문장개념을 설명하기 위한 경계에 도달하는지를 설명하고, 이 경계를 통해서 그러한 개념에서 이론적 재구성을 하는 데 있어서 이론화하기 이전의 개념형성의 결점으로서 그 어떤 것도 찾을 수 없는 불분명함을 제거하시오'

문장개념을 설명할 때 따르게 되는 목표 설정에 있어서 이러한 과도기를 피하기 위해서는 실제 정의를, 생성적 또는 인지적 유형들의 형식적 문법에서 제시된 것처럼 열거하는 절차 내지는 결정하는 절차를 통해서 최소한 나중에라도 명사적 정의로 추상화시키거나 내포시키는 것이 바람직하다고 하겠다. 예를 들어 생성적 유형들의 생산 규칙에서 추상화되는 이러한 문장정의가 다음과 같다면:

문장은 명사구와 동사구로 나누어질 수 있는 단어연속체이다. 이때 의미 기준은 아무런 역할을 하지 않으며 이어서 설명하게 되는 명사구와 동사구의 정의는 문장정의 부분과 함께 전체를 통튼 후속 정의인 것이다.

이렇게 정의적으로 명백히 파악한 것에서 이론과 관련된 문장개념이 직관적인 개념에 —내 생각으로는 결국에는 재구성할 수 있는 것으로 간주되는데— 부합되는지 그리고 어느 정도 그렇게 되는지 더욱 분명하게 보여 주게 되는 것이다.

명백한 문장정의의 의의와 유용성에 대한 반박들 모두를 개별적으로 평가하지는 않으면서 다음을 확실히 해 두겠다.: 나는 만족할 만한 문장정의가 결코 성공할 수 없다고 말하는 사람들의 회의나 모든 것이 —무엇보다도 또한 문장개념도— 설명될 수 있는 보편적인 언어이론을 고대하는 사람들의 목적론적 낙관주의에 동조하지는 않고 있다. 내 생각으로 문장개념은 오히려 그 때마다 한 시대에 언어학의 상황에 상응하고 규율 내에서 유동적인 질문제기에 상응해서 새로이 검증되거나 필요한 경우에는 수정되어야만 한다는 의견이다. 문장개념은 한번에 설명될 수 있는 성질의 것이 아니라 언제나 다시 새롭게 —예전의 접근방식을 망각하지 않으면서— 전형적으로 사회학적인 대상으로 숙고되어야만 하는 것이다. 이러한 사실은 우리가 "이것이 (독어) 문장이다"라고 말하면서 그 때 우리가 의미하는 것과 이론적으로 재구성되는 문장개념이 각각 너무 거리가 먼 것이어서는 안 된다는 것과 모순되지는 않는다. 그렇지만 "그러나 당신이 여기서 문장이라고 말하는 것은 하지만 독어에서는 문장이 아니다" 내지는 "그러나 당신이 여기서 비-문장으로서 분류하는 것은 하지만 독어에서는 문장이다."라고 하는 어리석고 사실적으로 여겨지는 반박이 지금까지 제안된 문장정의 및 문장설명에 대한 반박으로서는 여전히 가장 진지하게 여겨지고 있다는 사실이다.

새로운 문법이론의 이론가들과는 달리 그리고 문법기술의 실무자들과는 달리 나는 충분하게 설명된 문장개념이 개별 언어 문법의 토대로서 필요하다고 여기고 있다. 이 점에서 문장개념은 그러한 설명 없이는 "도기로 된 받침대 위의 거대한 입상"(1985, 37쪽)이라는 뮐러의 견해와 같은 생각이다. 확실히 문장 정의 없이도 훌륭한 문법이 쓰여질 수도 있을 것이다. 아마도 게다가 문장정의가 있는 것보다도 훨씬 더 훌륭한 것일 수도 있을 것이다. 그러나 중심 단위를 설명함으로써 우리가 노력하는 것의 전문분야가 더욱 명확하게 경계지어지고, 그리고 동시에 우리는 특정한 가정으로서 우리가 정의한 것들을 가지고 우리 자신을 입증할 의무가 있는 것이다.

1. 문장정의를 위한 정의공간의 문제점

1. 1. 빠롤 단위로서의 문장 대 랑그 단위로서의 문장: 의심스러운 양자택일로부터의 결별

뮐러는(1985) 랑그(언어)의 단위로서의 문장과 빠롤(말)의 단위로서의 문장으로 정의하는 시도를 지난 세기의 발전에 대해 역사적으로 개괄하면서 구별하고 있다. 나는 이것이 발견적으로 유용한 구분이라고 여기고 있지만 무엇보다도 랑그 개념에 관한 한 언제나 문제가 많은 분류라 본다. 물론 한 가지 점에 있어서는 이미 분명한 것처럼 보인다.: 외양상 *문장*이란 말로 언제나 또는 적어도 일반적으로 말 단위로 의미되고 있는 —이론화하는 것보다 규범적으로 취급하는 것이 실체화하는 경향이 적기 때문에 단순히 그렇게 여기고 있는 것이다— 자연적인 언어사용에서와는 달리 언어학적 정의시도는 빠롤 단위의 설명이라 할지라도 빠롤을 —이 용어에 동조한다면— 넘어서는, 규칙적이고 체계적인 특성을 또는 바로 랑그 특성을 겨냥하고 있는 것이다.

부연 설명: 말과 관련된 가드너의 문장정의

이러한 문장정의는 뷜러(Bühler)(1934)를 계승한 업적과 관련된 정의에서와 마찬가지로 블룸필드(1933)를 계승한 구조주의적인 정의에서도 보여지고 있다.(이에 대해 뮐러 1985를 참고하라). 나는 내 주장을 가드너(Gardiner)의 문장개념을[22] 대변하면서 변호하고자 한다. 뮐러는 가드너를 '말 단위로서의 문장'이라는 입장을 극단적으로 대변하는 것으로 보고 있다(뮐러 1985, 26쪽). 가드너가 "the Theory of Speech and Langauge"("말과 언어 이론")(1932)에서 "말"의 단위로서의 문장을 "언어"의 단위로서의 단어와 대립시키는 것에 지칠 줄 모르기 때문에 마땅히 그렇다고 해야 할 것이다.:

> 우리들의 토론에서 나타나게 될 적잖이 중요한 결론은 '단어'가 언어의 단위인 데 반해서, '문장'이 말의 단위라는 것이다. (62/63쪽)
> 문장은 말의 단위이고 단어는 언어의 단위이다.(88쪽)

뮐러는 가드너가 문장을 말의 단위로서 파악하는 것과 문장을 성과단위로 파악하는 것 사이에 직접적 연관 관계를 세우고 있다고 정확하게 인용하고 있다.:

> *문장은 인식가능한 목적에 노출되어 있는 하나의 단어 혹은 일련의 단어들이다.*

---

22) 내가 여기서 가드너를 선택한 것은 그가 말 단위로서의 문장을 아주 단호하게 주장한 사람이기 때문이고, 또한 예를 들어 뷜러와 비교해 볼 때 주목을 덜 받았기 때문이기도 하고, 내가 그의 박식하고 일목요연하고 그리고 소박한 논증방식을 높이 평가하고 있기 때문이기도 하다.

그리고 표현측면적인 제한기준을 덧붙이고 있다.:

> 문장은 휴지(쉼)로 인해서 따라오게 되는 그리고 인식가능한 목
> 적에 노출되어 있는 하나의 단어 혹은 일련의 단어들이다.

(98쪽)

이렇게 '인식가능한 목적'은 발화된 단어를 통해서 또는 실제적인 언어행위에서 화자로부터 의도된 '의미된 것'으로서 발화된 단어만을 통해서 청자에게 노출되게 된다.:

> 어떠한 발화에 의해서든 의미된 것은 화자가 청자로 하여금 그
> 것으로부터 이해되도록 의도한 것이다.(82쪽)

"의미된 것"에 대해 자연주의적으로 해석하는 것에 반하여 유의하고 유보하면서 보면,

> 첫 장에서 명확히 언급된 원칙은 '상황'과 '의미된 것' 사이에
> 예리한 구분을 지을 수 있게 해 줄 것이다. 의미된 것이 '사물'
> 인 한에 있어서는 그 다음에 이어지는 어떤 사고가 이 사물과 함
> 께 결합하게 되는 다른 사물의 수에는 한계가 없게 된다. 이러한
> 첨가된 사물들의 일부는 더욱 근접해 있는 것이고, 일부는 더욱
> 멀리 떨어져 있는 것이다. 근접해 있는 것들 모두는 함께 모아져
> 서 '상황'을 구성하게 된다. 그러나 이 상황 내에서 그리고 화자
> 의 '의도의 깊이'(§ 17)에 의해서 엄격하게 제한되어서 실제적
> 으로 '의미되'는 것이 되는 것이다. '의미되'는 것이 이러한 것
> 인만큼 의미된 것은 단지 의지적으로 분명히 되는 상황의 일부
> 분, 즉 화자가 청자의 의식에 들어가도록 의도했던 것의 일부분
> 인 것이다.(82쪽)

여기서 이미 의도적으로 근거를 댄 언어행위이론의 조짐을 인식할 수 있게 된다.

의도, 목적, 그리고 의사소통 성과 등을 —그의 용어는 "의사소통 목적"이다— 가드너는 개인적 상황에 있는 개인에게 위임하고 있다.: 이들은 그에게는 집단화할 수 없는 것이고 언어-특징으로 바꿔서 해석할 수 없는 것들이다. 가드너는 그의 '의사소통 목적'의 사고를 상황과 관련된 '문장'인 *rain!(비!)*을 해석하면서 상세하게 그리고 납득할 수 있게 —이는 의도한 산책을 하지 말라고 하기 위해서 발화된 것이라고, 즉 바로 이러한 의사소통 목적과 연관된 것이라고— 설명한다. 그래서 랑그와 관련된 정의를 내리는 길은 폐쇄된 것처럼 보여진다.

그럼에도 불구하고 —그리고 나는 이 점이 뮐러에게서는 간과되었다고 보고 있다— 가드너는 언어의 역할, 말을 위한 그리고 이것과 함께 문장의 사용을 위한 언어체계의 역할을 과소 평가하고 있는 것은 아니다. 오히려 그는 도표로 개념적인 다리를 어렵게 구성해서 성취할 수 있는 것보다 더욱 인상적으로 묘사하고 있는 것이다.

> 그러나 이제 언어는 모든 문장의 이면에서, 모든 완성된 발화라는 생산품 이면에서 희미하게 나타나는 것이 보이기 시작한다. 언어는 집단적인 용어이다. 그리고 화자가 단어-상징들을 효율적으로 사용할 수 있도록 하는 지식의 이러한 모든 사항들을 언어는 그 자신의 범위 안에서 받아들이고 있다. 그러나 그 지식이란 지식의 주요 요인들이 초기 유년시절로 되돌아가기 때문에 오늘이나 어제의 것은 아닌 것이다. 우리의 어휘는 지속적으로 풍요로워지고 있고, 특정한 어휘에 속하는 의미의 영역도 지속적으로 넓혀지고 있다. 언어의 가장 중요한 구성요소인 단어를 언어의 구성단위로 간주하는 것이 공정할 것이다. 비록 단어들을 결합하는 규칙(통사론적 규칙으로 불린다)과 단어를 발음하는 데 사용된 억양의 특정한 유형들도 마찬가지로 언어의 구성요소라는 것을 명심해야 하지만 말이다.(88쪽)

이론적으로 가드너는 언어가 말에 끼치는 영향을 '형식'과 '기능'을 구별함으로써 파악하고자 한다.

이 때 형식은 결코 "외적인 형식"이 아니라, 일종의 외적인 형식과 내용(의미)의 원형적인 형성물인 것이다. 가드너의 형식 구상의 발전단계에 대해 약간 상세하게 다루겠다. 왜냐하면 그의 '형상-내용'과 관련된 형식-개념이 내가 KOMA-정의에서 사용하게 될 원형-개념과 몇 가지 점에서 관계가 있다는 인상을 받고 있기 때문이다.(이에 대해 아래, 또한 논문 Ⅲ을 참고하라).

가드너는 형식이 구체적 대상의 물리적으로 볼 수 있는 특성으로 이해되고 있는 구어의 형식-개념에서 출발하고 있다.(꽃병을 떠올리면 된다). 그리고 나서 계속해서 다음과 같이 설명하고 있다.:

> 자연적인 외연에서 단어 '형식'은 눈에 보일 수 있는 것과는 다르게, *음악적 형식, 정부의 민주주의적 형식* 따위에서처럼 구성요소적 특성으로 사용된다. 이제 '형식'이 표면상으로 단일 사물의 성격을 언급함에도 불구하고 실제로 문제의 사물이 유사한 대상 부류 중의 하나일 때만 단어가 사용되는 것이다. 그래서 *수정의 육각형 형식* 또는 *육각형*의는 육각형 대상 부류가 경험에 의해서 분리되기 때문에 그렇게 불리는 것이다. 우리가 *정부의 민주주의적 형식*이라는 말을 하는 것은 정부들 중에서 일부는 다른 정부와 비교되어서 민주주의로서 인식되기 때문에 그렇게 말하는 것이다.(132쪽)

그리고 나서 그는 좁은 의미의 형태론적 형식, 어형변화형식에서의 언어 형식-개념으로 넘어가고 있다. 형태론적 형식이 우선 외적인 표현의 동일함에서 확실시될 수 있다 할지라도 (예 *rosam, casam dominam*) 의미와 관련해 보면, 내지는 문법적 의미부류와 관련해 보면 이러한 형식은 언제나 외형적인 정체이기 때문에, 가드너는 다음과 같이 추론하고 있다.:

rosam, casam 그리고 *dominam*은 대격의 형식을 지니고 있음을 나타내는 것이다. 혹은 더 간단하게 말하자면 대격 형식이라는 것이다. 왜냐하면 그것들이 대격이 사용되는 이런저런 방법들, 즉 동사의 직접 목적어로 쓰이거나 특정한 전치사의 뒤에서 쓰이거나 하는 등등으로 쓰일 수 있기 때문이다. 이들이 이러해서, 표면적으로는 다르지만 의미론적으로 동일한 단어그룹으로 '형식'이라는 용어를 확장시키는 데에 이의가 없을 것이다. 이처럼 *rosam*과 *casam*만이 형식에 있어서 대격인 것이 아니라 *dominum, ignem* 그리고 *mare*도 그러한 것이다.(132쪽)

그리고 나서 가드너는 "감지된 특성"에 대해 언급을 한다. 이것은 예를 들어 단어들을 특정한 품사로 지정하는 것을 가능하게 해 준다. 즉 예를 들어 *give*는 "형식에 있어서" 동사이고, *table*은 "형식에 있어서" 명사이다 라고 따위와 같이 말할 수 있게 해 주는 것이다.

공동의 특징, 즉 공동의 의미나 기능 하에서, 상이한 외적인 형상의 표현을 합일시키는 이런 종류의 형식-기준, 즉 '감지된 특성'은 가드너에 따르면 또한 문장으로 옮겨질 수 있다.:

그래서 그러한 '문장-형식' 같은 것이 있는 것이다. 그리고 모든 다른 언어 형식처럼 이것은 언어의 실제이지 말의 실제가 아닌 것이다. 예를 들어 *he is well.*은 문장-형식을 띠고 있다. '내적인' 면에서는 진술의 문장-형식이지만 표면적으로는 주어와 서술어가 있음으로 해서 명시되는 것이다.(184쪽)

이렇게 되는 한에서 문장은 말의 단위로서 그들의 문장-형식을 넘어서서 언어에 관여한다.

적어도 가드너는 말과 관련된 문장정의를 옹호하는 사람의 하나로서, 또한 문장은 언어 또는 랑그에 근거된 특징이 있는, 말 단위라는 생각을 철저히 대변하고 있다. 단지 그는 이것이 문장의 "구성적인"

특징일 것이라는 주장을 그렇게 성급하게 하고 있지는 않은 것이다. (이에 대해 뮐러 1985, 20쪽을 참고하라). 오히려 그는 바로 전에 인용했던 부분을 조심스럽게 계속하는 것이다.

> 만약 단어들이 어떤 맥락에서 분리되어서 고려된다면 그들은 위에서 언급된 어떤 사람이 건강하다고 진술하는 것처럼 여겨진다. 어떤 사람이 건강하다라는 정보를 전하려는 화자의 목적을 더욱 충분하게 구현하는 것처럼 보인다. 이것들은 분명히 외적인 문장 -형식의(주어 'he'+서술어 'is well') 도움에 의해서 문장인 것이 아니라, 주어진 말의 상황에서 그들이 실제적으로 말해진 욕망이나 목적을 나타내게 한다면 문장이 되는 것이다. 이것은 기능인 것이지 일련의 단어들로 문장을 만드는 형식이 아닌 것이다.(184쪽)

즉 가드너는 '문장-기능'을 —이것은 그에게는 문장의 구성적 특징이다— 단어기능과 함께 "내적인 단어 형식"에 결합시키는 것과 유사한 방식으로 '문장-기능'을 내적인 문장형식에 다시 결합시키는 점에 있어서 주춤하고 있는 것이다.:

> '단어-형식'과 '단어-기능'에 대한 나의 토론의 출발점은 모든 단어들이 동등한 토대 위에 있는지 없는지, 그들이 서로서로 본래의 가치와 기능적 힘에 있어서 유사한지 그렇지 않은지를 조사하는 것이었다(§ 40). 외적인 단어 형식을 모두 숙고하는 것은 별도로 하고, 단어는 우리에게 '내적인 단어 형식'으로서 알려진, 어떤 변화시키고 있는 의미를 벗어나고 있는 이유에 의해서, 그들 사이에서 아주 다르게 작용하고 있다는 것이 그 결과로 나타났다. 그러나 단어 기능이 정확하게 또는 적합하게 사용될 때면 언제나, 내적인 단어 형식은 단어에 의해서 의미되어진 것에 있는, 어떤 특성의 단순한 예시인 것들에 영구히 덧붙여져 있는, 단어의 특성으로 이루어진다는 것이 밝혀지게 되었

다.(153/154쪽)

부연 설명-끝

내가 보기에는 이런 부연 설명의 최종결론으로서 말과 관련된 문장정의와 언어와 관련된 문장정의 사이의 골이 —최소한 가드너가 미리 제시한 노선을 따라서는— 그렇게 깊지는 않다는 것이다. 의사소통 기능이나 성과의 기준이 전면에 서 있는 정의의 경우에 있어서는 랑그-분류와 빠롤-분류 사이에서 결정하는 데 있어서 점차적으로 고려하는 것이 오히려 결정적인 영향을 미치는 것처럼 여겨진다. 즉

a) 문장-기능이 스스로 언어학의 진정한 구상으로서, 다시 말해서 여분의 언어학적인 것이나 또는 순수 화용론적인 것이 아닌 것으로서 파악되는 정도

b) 형식-특성이(가드너의 의미에서) 문장 단위의 기능으로서 규정되면서 고려되는 정도

두 가지 점에서 가드너는 문장을 언어의 단위로서 등급을 매기는 정도를 확실히 너무 과소 평가하고 있다. 이 두 가지 점은 나의 고유한 KOMA-정의에 있어 중요하기 때문에, 나중에 이러한 질문의 내용적 측면으로 다시 되돌아올 것이다. 여기서는 랑그-빠롤-논쟁을 오히려 형식적 관점에서 순수 정의논리적이거나 논증논리적인 것으로부터 언급한 측면 a)와 b)에서 랑그-분류를 시사하는 '비판적인 점'을 표시하면서 끝을 내겠다.

a′) 문장-기능의 개념을 (이런 종류의) 문장기능이 개별적 발화맥락에 의존되어 있지 않다는 것으로 파악하는 것이 성공한다면 (내지는 더 광범위한 구상에서 문장기능의 더욱 축소된 상응하는 구상을 분리시키는 것이 성공한다면):

그리고

b′) 발화를 문장이 되게 만드는 것이 가드너의 의미에서 '형식-특
　　성'을 통해서 완전히 규정된다는 것을 보여 주는 것이 성공한
　　다면, 다시 말해서 예를 들어 개개인의 목소리의 진행 관계,
　　음성높이 그리고 음색 등등에 관한 것인, 발화의 각각의 개별
　　적인 형상가능성이 발화를 문장답게 하는 것에 있어서 매우
　　중요하다면,

문장이 언어의 단위로서 정의내려지는 것인지 또는 말의 단위로서
정의내려지는 것인지는 결국에는 시종일관된 것이 아니거나 현실성
이 있는 목적에 달려 있게 되는 것이다. 이것은 어느 한 해결책이 다
른 것보다 방법론적으로 더 공정하지 않다는 것을 의미하는 것은 아
닌 것이다.

X에 대해서 자체가 아니라 문법에서처럼 X를 문장으로 만드는 (형
식-)특성에 대한 관심에 집중해 보면, 문장이라는 개념은 이러한 연
관관계에서 여전히 설명이 필요한 방식으로 말의 층위에서 벗어나는
것이 바람직하다 하겠다.

하지만 우리가 문장을 말로부터 떼어 놓는 것을 입증된 원형에 따
라서

　　　(랑그-) 문장들과 (말에서의) 문장 사용

이들을 짝을 짓는 방식으로 해결한다면, 책장에서 책을 꺼내서 사
용하고 그리고 다시 꽂아 두는 것과 유사하게 언제나 다시 새롭게 사
용되는 랑그-문장의 완성된 저장물이 어디엔가 있는 것인지 하는 의
심이 들 것이 분명한 것이다.(이에 대해 브링커(Brinker) 1972, 36쪽
을 참고하라).

여기서는 생성문법론적 통사론의 시각이 도움을 줄 수 있다.: 이
통사론은 언어 층위 또는 언어능력 층위에 있는 문장을 그렇게 아주
완성된 산물, 즉 외연적인 형상으로서가 아니라 오히려 규칙의 질서

정연한 다수, 즉 형상의 기저에 놓여 있는 조건화의 그물망으로서 관찰하라고 가르치고 있다.

세 가지 구상 '문장/문장-형성규정을 위한 규칙, 문장, 문장사용'을 연관시키면 다음의 도표로 표시된다.:

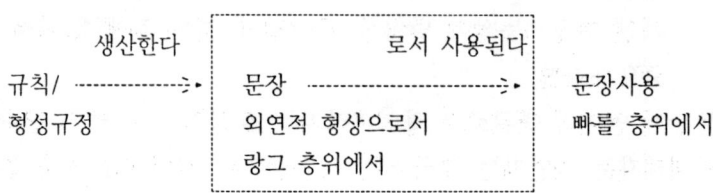

이 도표에서 —어쨌든 위의 b′)에서 특성지은 것처럼 완전한 개념규정에 관해서라면— 가운데에 있는 것은(줄친 사각형 안의) 불필요한 것이다. 이 때 물론 나는 규칙이란 말을 문법가들이 문법 규칙이라는 표제어 하에 쓰고 있는 생성문법론적 생산기구라고 이해하고 있는 것은 아니다. 이 문법 '규칙'은(문법가들의 규칙) —내가 보기에는 기껏 해야 규칙을 구성하는 것이다— 실제로 여분의 의사소통적 형상의 지위를 지닌 출력으로서의 문장을 생산해 내고 있다. 이것은 놀라운 일이 아니다. 왜냐하면 '기계, 자동기계' 따위와 비교될 수 없는, 규칙을 구성하는 기계장치는 언제나 멈춰질 수 있기 때문이다. 예를 들어 NP⌒VP처럼 일단 '경계에 앞서는 사슬'을 생산해 내면 그렇게 멈추게 되는 것이다. 그렇게 해서 그들의 최종생산물 '문장'도(체계층위에서) 이러한 출력의 '실제적 존재'에 대해서 말하지 못하는 것이다.

규칙이란 나에게는 이렇게 규칙을 구성하는 것을 통하여 재구성된 것이다. 이 때 나는 이러한 재구성된 것을 생성문법과는 달리 개인적인 언어능력으로서가 아니라 사회적으로 타당한 규격화의 잠재력 그리고 행위의 잠재력으로 보고 있다.(이에 대해 눈문 Ⅲ을 참고하라).

말에서 의사소통 단위(문장)를 만들고 사용하는 규칙들 또한 이러한
규칙에 속하는 것이다.

이러한 모델에서 랑그-문장을 '생산하는' 데 있어서 불필요한 처
리단계를 실감나게 체험하고자 한다면, 이것은 여분의 의사소통 공
간에서 규칙을 실행하는 것과, 규칙을 따르지 않으면서 규칙을 실현
하는 것과 즉 문제의 핵심이 없는 것과 동일한 것이 될 것이다. 다시
말해서 체계층위에서의 문장은 방법론적인 구성인 것이다.

문법의 추상화된 화법에서 이제 방법론적인 구성에의 욕구는 물론
현실적인 말 단위의 건너편에 있다. 하지만 이 욕구는 내가 보기에는
타입-토큰-구분을 통하여 더 잘, 그리고 존재론적으로 명백하게 충
족되고 있다. 그러한 구별 내에서 타입 '문장'은 동형의 발화들(토큰
들)의 부류로서 이해되고 있다. 이 때 서술어 *gleichgestalt(동형의)*
는 이미 각각 그 즉시 관찰된 것을 위한 기준, 즉 우리의 시각으로
보면 규칙개념 또는 원형개념으로 돌아가라고 지시하고 있다. 타입-
토큰-구별에서 타입이란 것은 더 높은 등급의 구성으로서 다수의 토
큰들을 대표하는 것이 아니고 각각 부속된 토큰들의 임의의 개별적
인 토큰들을 대표한다는 점을 유의해야 한다. 다음의 예가 이러한 점
을 보여 주고 있다.:

> "문장 *Es regnet.(비가 온다)* 는 많은 경우에는 참이 되고 많은
> 경우에는 거짓이 된다."

여기서 *문장으로* 전체로서의 부류나 '종류'[23])가 지시될 수는 없

---

23) 생성직 사용 내에서는 아이젠베르크(1986, 156쪽)로 두 가지의 사용방식을 구
분할 수 있을 것이다. -a) 전체로서의 종류에의 관계 (내가 여기서 더 높은
구성이라고 한 것. 예: *Das Fahrrad wurde um 1850 erfunden.(자전거는*
1850년경에 발명되었다.)) 그리고 b) 임의적이고 개별적 요소 또는 그 종류의
부분부류에의 관계(*Das Fahrrad/Fahrräder hat/haben heute in der*
Regel eine Gangschaltung.(자전거(자전거들)는 오늘날 일반적으로 변속장

다. 그리고 *Es regnet*는 더 높은 유형들의 그러한 구성을 위한 명칭으로 사용되지 않는다. 오히려 이 예는 다음과 같이 해석된다:

> '모든 Es-regnet-토큰들의 등가부류들에서 많은 것이 거짓이고 많은 것은 참이다.'

이것은 우리가 타입에 대해서 말한다면 언제나 그들의 '동일함'의 관점 하에서 개별적인 임의의 토큰들에 대해서 종속적으로 말하게 된다는 것을 의미하는 것이다. 종속적 사용에 관한 나의 명제는 아마도 규정적인 언어사용에서의 다음의 대비로서 입증될 것이다.:

> *인간은 이미 이상한 존재이다. 때로는 부드럽고 때로는 잔인하다.*

특성표시의 종속적 사용은 언제나 한정된 단수적인 것과 짝을 이루게 된다.: *der Mensch(인간)*로 나는 일반적인 인간과 마찬가지로 특정한 개별적 인간을 의미할 수 있는 것이다. 이것으로 두 개의 특성표시인 *문장 X*와 *KOMA X*도 이중적으로 사용할 수 있다는 결론을 내리게 된다. 하나는 특정한 개별적 발화(말 단위)에 관련된 것으로 그리고 다른 하나는 모든 동일하게 형성된 토큰들의 등가부류에 종속적으로 관련된 것이라고. 마찬가지로 *문장* 및 KOMA의 (언급된 명칭 X없이) 특성표시도 개인적인 것으로 (특정한 말 단위와 관련해서) 그리고 문장답다는 관점 하에서 동일한 모든 토큰들의 등가부류와 관련해서 종속적으로 사용될 수도 있는 것이다. 그러면 원래의 정의방법에서 늘 나중에 언급한 종속적 사용에 관한 것이 될 것이다.

치를 가지고 있다)). 나는 **문장 X**의 종류를 표시하는 사용 a)는 문법적 진술에서는 나타나지 않으며, 그리고 **문장**의 종류를 표시하는 사용(따라오는 문장 명칭이 없는)은 '문장은 문법의 중심 단위이다'라는 메타문법적 진술에 한정되어 있다고 추측하고 있다. 즉 일반적으로 문법적 진술에서 **문장 X**는 b)의 의미에서 사용된다는 것이다.

이렇게 해서 우리는 언어를 규정하는 점과 만나게 되었다. 문장답다는 것 내지는 KOMA답다는 것 자체는 랑그-빠롤-대립처럼 방법론적으로 없는 것이라고 지시될 수 없는 것이다. 이것은 우리가 정의 내리려고 노력하고 있는 원래의 대상이고 그리고 우리는 이것을 규칙개념 내지는 원형개념에서 확고히 하고자 하는 것이다.

우리의 목적을 위해 다음을 확고히 해 두겠다.:

> 우리가 문법적인 연관관계에서 *문장*을 정의하고 사용한다면 우리는 언어층위를 염두에 두고 있는 것이다. 우리가 정의내릴 수 있는 것은 각각의 발화, 즉 말의 단위를 문장으로 만드는 언어와 관련되거나 체계와 관련된 규칙/원형인 것이다. 언어층위에서의 규칙적인/원형적인 특성과 개인적 발화의 문장특성 간의 관계는 명확하다. 즉 우리가 하나의 발화를 문장이라고 간주한다면 우리가 오로지 이 발화가 다른 발화들과 나누는 특성들에, 규칙적이고 관습적인 특성들에 의존해서 이러한 서술어를 부여하는 것이라는 것이다.: '발화/말의 단위'가 문장을 위한 구성적인 규칙/원형을 실현시킨 것이라면 바로 그 때 '발화/말의 단위'는 문장이 되는 것이다.

물론 우리는 문법에서 우리에게 흥미로운 원형을 그 원형이 실현되어 있는 생산물에서 —즉 문장에서— 보여 주어야만 할 것이다. 그러면 이 문장들은 그것들이 '추가로 의사소통적'으로 예문으로서 사용된다 해도 문장은 빠롤의 단위, 더 정확히 말하자면 규범적 사용조건이 나타나는 것이 아니라, 중단되는 것으로서, 특정적이고 그리고 비전형적인 빠롤의 단위가 되는 것이다. 그러나 바로 이렇게 규범적인 사용 규칙을 지양하는 것은 인용한 형상이 의도한 대상이 아니라 다음과 같은 것을 대표한다는 사실을 나타내는 것이다.

- 그와 같은 원형을 모두 실현시키는 것을
- 원형/규칙 자체를

 문장의 양면성 ―말의 단위라는 것과, 바로 이것이 체계답다는 것을 실현시키기 때문에만 말의 단위라는 것― 이것이 바로 문장을 속시원히 정의내리려는 수많은 시도를 좌초시키는 이유 중의 하나인 것이다. 이 역설은 단지 정의 내에서만 받아들여지는 것이다.
 그 밖에 내가 문장의 야누스적인 얼굴에 대해 말한 것은 KOMA에도 해당하는 것이다.

1. 2. 개별언어 내재 단위로서의 문장 대 개별언어를 초월하는 단위로서의 문장

 만약 우리가 이제 문법적인 문장정의를 내리는 데 있어서 항상 말 단위와는 다른 어떤 것, 즉 체계적이고 규칙적인 특성을 겨냥하게 된다면 이것은 '문장다운 것'이 각각 개별 언어와 관련해서만 정의내려질 수 있다는 것을 의미하는 것인가? 뮐러가 이 입장을 대변하고 있는 듯 보인다. 그는 '정말로 언어학적인'(21쪽) 정의를 요구하고 있는데 **정말로 언어학적**이라는 말은 다음과 같은 정도의 의미가 있는 듯이 보인다.: 문장은 소쉬르적 의미에서 복합적인 기호, '특별한 기표와 이에 상응하는 기의'(38쪽)가 있는 기호, 즉 랑그의 기호인 것이다. 이 때 그는 고전적인 국어 외에 방언, 은어 등도 각각 "완전한 가치가 있는 랑그"라고 간주하고 있다.(207쪽) (문장을 위한 설명인 '기호'의 문제점에 관한 토론에 대해서는 이 책의 첫 번째 논문을 참고하라)
 나는 완전히 개별언어적, 즉 개별언어 내재적 문장정의에 대해서는 의혹을 품고 있다. 이러한 문장정의는 임의성의 요인 또는 순환성

의 요인을 포함하게 되는 것이 불가피하다고 생각한다.:

우선 임의성에 대해서:
언어 단위가 그들의 형식과 내용에 따라서 단지 개별언어적 체계 내에서만 정의내려져야 한다면, 아마도 일정한 배열의 사슬들을 — 여기서는 즉 문장— 그들에게 즉흥적으로 원하는 특수지위를 부여하기 위해서는, 다른 사슬들보다 먼저 표시하는 것이 성공해야만 할 것이다. 하지만 이것은 어려운 일이다. (개별-) 언어(들)-내재적으로는 받아들일 수 있는 모든 연결체 또는 형식들이 통사론적으로 동등한 것으로 나타나게 된다. 마찬가지로 예를 들어 단어의 의미 또는 구의 의미 따위의 다른 의미종류들로부터 예를 들어 '문장의 의미'의 종 같은 일정한 의미종류를 구별해 내는 언어 관련의 근거들이 적은 것이다. 문장의 특수지위는 임의적으로 배열하는 것의 성격을 지니고 있다. 물론 '독립성'(블룸필드-프리즈(Fries)-알러톤(Allerton)-전통)의 기준을 넘어서 문장을 소위 언어내재적으로 정의하려는 수많은 시도가 있었다. 그러나 이러한 시도는 —나의 KOMA 정의를 포함해서 다른 조리있는 문장정의를 위해 또한 아주 중요한 것이다— 결국에는 개별언어에 의존하지 않는 의사소통 기준의 규격화된 합리화를 보여 주고 있다.(이에 대해 아래를 참고하라). 블룸필드 식의 정의에 서 있을 수도 있는 모든 순환성을 피하려는 의도에서 다음의 잠정적인 정의에 이르게 되는 알러톤(1969)의 이해에서 이 점이 특히 분명해진다.:
> 우리의 일차적인 관심이 구어의 단위에 있으므로 우선적으로 이 러한 잠정적인 정의를 받아들이도록 하자.:
> (i) 담화(DISCOURSE): 상당한 침묵의 시기에 의해서 또는 모든 참 가자들의 도착과 출발에 의해서, 양측에 결합된 한 사람의 화자 혹은 여러 화자를 포함하고 있는 대화나 텍스트. 이것이 우리들

의 최고의 단위이기 때문에 이것의 정의에 포함되어 있는 모호함은 아마도 변호할 수 있는 것일 것이다.

(ii) 발화(UTTERANCE): 한 화자에 의한 담화에의 기여, 화자가 교체되는 것에 의해서나 또는 담화가 시작되거나 끝나는 것에 의해서 양측이 결합되고 있는 기여(해리스(Harris) 1961:14쪽). 그래서 어떤 독백들은 단독 발화를 이루고 있는 담화이기도 하다.

위의 용어 정의에서 우리는 일시적으로 문장을 '구조적으로 자립적인 발화의 최소 구성성분'으로서 정의내릴 수 있을 것이다. 그러나 이 구조적인 자립의 속성이란 무엇이란 말인가?

블룸필드(1934:170쪽)는 '자립적인 언어학적 형식'에 대해 말하면서, 발화를 만들어 내는 언어학적 형식들이 '어떤 의미 있고 관습적이고 문법적인 배열에 의해서(즉, 어떤 구성에 의해서) 더 큰 언어형식으로 합쳐지지 않을 때, 그 발화는 하나 이상의 문장으로 이루어진다고 말하고 있다. 그래서 블룸필드에게 있어서, 문제의 언어학적 형식의 자립성을 검사한다는 것은 그 형식들이 어떤 구성에 의해서 합쳐지는가의 여부이다. 이것은 연루된 발화를 문법적으로 분석하지 않고서는 적용될 수 없는 아직까지는 어려운 검사이다.(30쪽)

이러한 '구조적 자립성'의 기준은 개별언어를 초월하는 —그렇다, 분류학적인 전형적인 단어 "구조주의적"이라는 것에도 불구하고 보편화용론적인— 기준인 것처럼 여겨진다. 이 때 모든 개별언어에서 당연히 구조적으로 자립적인 연속체가 상이하게 구성된다는 사실이 중요한 것이 아니고 —그렇지 않으면 정말로 각각 상이한 개별언어에 관한 것이 될 것이다— 연속체가 각각 문장으로 파악되는 관점 그 자체가 개별언어적이 아니라는 사실이 중요한 것이다. 이러한 점은 독어나 인도게르만어에 있는 문장을 정동사가 있다는 것으로 또는 주어와 정동사의 일치로 정의내리고자 하는 실제적으로 개별언어와 관련된, 또는 개별언어집단과 관련된 시도들과 비교해 보면 극명하게 드러난다.

문장정의의 순환성에 대해서:

문장을 그 자체로서 바로 문장에서 떨어져 나와서 또는 문장에서 정의내려져야만 하는 다른 개념을 규정하는 개념들로 설명하려는 모든 언어내적 문장정의는 순환적인 것처럼 보인다. 이것은 무엇보다도 내부의 문장구조에서 부각되는, 그리고 알러톤이 다음과 같이 특징짓는 분류학적 문장정의의 경우 타당한 것이다.:

> 분명히 문장을 전적으로 내부의 구조에 관한 것으로 정의내리는 것이 가능할 수 있을 것이다. 그러나 이것은 순환성의 요인을 포함할 것이다. 만약 우리가 문장이라는 단위를 정의하기를 원한다면, 그리고 문장의 어떠한 상이한 부류가 구별될 가치가 있는 것인지 결정하기를 원한다면, 우리는 작업하고 있는 단위의 구조에 관한 것으로 그렇게 해야 하는 것이다(우리의 경우에는 발화) (Halliday, 1961:261-2쪽). 그렇지 않으면 우리는 단어나 형태소 부류를 문장 안에서의 그들의 역할과 부합하여 그리고 동시에 문장을 형태소-부류의 어떤 구조 유형으로서 정의내려야만 할 것이다. 다른 말로 하자면 우리는 분석적 정의나 분류보다는 차라리 종합적인 것을 요구하는 것이다.(하스(Haas) 1954:68f)
>
> (알러톤 1969, 29쪽)

알러톤은 이미 블룸필드식 정의에 있어서 문장내재적인 (의미-) 구조의 순환적 순간에 대해 비판하고 있다. 그러나 또한 알러톤이 제안한 것처럼, 문장이 텍스트, 담화 그리고 발화에서 정의내려지게 되는, 외적인 문장정의도(이에 대해서 위의 인용을 보라) 순환성 문제에 있어서 끄떡없지는 않다. 거기에 순환적 순간이 숨겨져서 외적인 정의의 수량, 텍스트에서 인식될 수 있는 것이다. 즉 텍스트를 두 개의 책 표지 사이에 나타나는 것 같은 것으로 또는 종이에 조판되는 것으로 또는 표제어와 줄 간격으로 제한하는 것 같은, 순전히 물리적인 특징으로 규정하고자 하지 않는다면, 텍스트는 문장의 연속체로서 함축적으로 (피정의항(definiendum): (*옮긴이 주) 정의되어야 할 대상)!!) 파악되게 되는 것이다. 특별한 개별 언어 문법적 구성 양식에서 두드러지는 정의들이 이러한 구성 양식에 의존하지 않는 그 어떠한 문장 기준도 포함하고 있지 않다면 언제나 순환적이 된다고 일반적으로 간주되고 있는데, 이 점을 뮐러(1985, 23쪽)는 정확하게 보고 있다.:

> 문장이 단지 문장의 구성 양식으로만 정의내려진다면 개별언어
> 문법가들은 문장을 위한 특정한 구성 양식으로서의 문법적 형식
> 을 어떻게 식별할 수 있단 말인가?
> (여기서 '*식별하다*'는 '재인식하다'나 '무엇의 정체를 확인하
> 다'라는 의미에서가 아니라, '무엇으로서 형성된다'는 의미에서
> 의 '식별하다'이다.)

그러나 이렇게 되면 이러한 자립적 문장기준은 뮐러가 요구한 것처럼 개별언어적 랑그와 관련된 것일 수가 전혀 없는 것이다. 왜냐하면 소쉬르식의 랑그-개념은 바로 시니피에 즉, 내용 측면과 분리할 수 없는 시니피앙 즉, 표현 측면과 결합하기 때문이고, 이렇게 해서 각각 실현되는 형식에 결합되기 때문이다. 형식 의존적 문장기준은 소쉬르 식의 기호이론에 따르자면 불합리한 것이다. 그러므로 문장 정의 시도에서 일반적으로 개별언어적 틀을 떠나서 그리고 (부분적으로) 인접학문에서의 기준, 특히 논리학 또는 철학 그리고 심리학의 기준을 관련시키는 것은 그럴 만한 이유가 있는 것이다.

하지만 언어학은, 통틀어서 그리고 무엇보다도 최근에 이러한 학문경계를 넘어서는 정의시도에 대해 조심성 있게 행동하고 있다. 한

편 '문장은 판단이다'라고 하는 강력히 논리 철학적인 전통에 대항하여 항의하는 것도 정당하고, 또한 문장이 심리주의자적으로 표상복합체의 합명제 또는 분석에 규정적으로 맞물려 있다고 하는 데에서도 정당한 것이다. 내가 보기에 언어학이 논리학과 심리학에서 넘겨받은 불충분한 피설명항(Explicanda: (*옮긴이 주) 설명되어야 할 대상)에 강력히 항의하는 것은 당연한 일이라고 보고 있다. 하지만 언어내재적 정의에 관한 것이 아니라는 사실이 정의시도의 좌절에 책임이 있다고 하는 점은 부당하다고 보고 있다.

임의적이고 또한 순환적인 문장정의의 위험은 개별언어를 초월하는 정의의 매개변수 그리고 개별언어적 정의의 매개변수가 하나의 문장정의에 통합될 때에야 비로소 피해갈 수 있는 것이다. 보편문법적인 이론적 발단이 개별언어를 초월하는 문장개념이라는 주제에 별로 중요하지 않은 한, 언어학의 경계를 넘어서서 적합한 인접학문에서 정의를 차용하는 것이 바람직하다고 하겠다.

내가 생각하기에 단지 사회학적인 입장에 선 행위이론만이, 특히 하버마스가 '보편화용론' 또는 '의사소통 행위의 이론'으로 표현한 부문만이 문장정의를 위한 초개별언어적 메타 변수의 제공자로서 고려의 대상이 된다고 보고 있다. 이 전제에서 다른 모든 것들이 따라오게 될 다음의 전제를 근거로 해서 이러한 판단에 이르게 된다.:

나는 언어를 우선적으로 우리가 마음대로 사용할 수 있는 가장 중요한 의사소통 수단으로 내지는 의사소통 행위의 가장 중요한 도구로 보고 있다. 모든 다른 가능한 언어를 위한 규정들은 ─예를 들어 선천적 언어능력으로서, 논리적인 종결가능성의 행위서법으로서 따위─ 부차적인 것으로 보고 있다.

내가 내린 결론과 아래에서 상세히 설명하게 될 결론은 다음과 같다.:

- 보편화용론, 의사소통 행위 이론에서 나는 중심 단위를 정의하는 데 있어서 개별언어를 초월하는 단편적 정의를 기대한다.
- 이것은 앞으로 정의내리고자 하는 단위의 **의사소통 기능**과 관련되어 있다.
- 그러므로 나는 보편화용론에서 언어 단위('문장', KOMA)와 상관 관계에 있는 보편화용론적 단위의 충분한 개념을 기대하고 있다.
- 보편화용론적 단위와 언어 단위 사이의 상관 관계가 의심의 여지가 없을 것이라는 것은 기대할 수 없다.

2. KOMA와 언어행위: KOMA 정의에의 첫 번째와 두 번째 접근

나는 언어행위이론의 의미에서의, 특히 하버마스의 (1976)년과 (1981)년의 견해에서의 언어행위를 문장과의 상관 관계를 위한 바로 조금 전에 언급한 전제들을 충족시키는 화용론적 단위로서 고찰하겠다. 언어행위 또는 **의사소통 행위**[24]는 하버마스의 (1981)년에 따르자면, 화자가 주어진 상황에서 이 발화를 수단으로 해서 무엇인가를 이해하게 될 때에야 비로소 발화가 되는 것이다. 우리가 언어행위에서 성취하게 되는 이해의 성과는 단어이해와 언어이해로서 해석되는 것이 아니라, 이해의 구상에서 언어행위의 전체적인 행위의 잠재력을 포함시켜서 말하는 것이다.:

---

24) 나는 여기서 하버마스(1981)가 구별하고 있는 것을 고려하지 않고 *언어행위* (Sprechhandlung)와 *의사소통 행위*(kommunikative Handlung)를 동의어로서 사용하겠다. 렇지만 다음을 주의해야 한다. 즉 서술어 'X로 의사소통적으로 행위하다(할 수 있다)'가 '개별적인' 또는 '최소한의' X에 제한되어 있는 것이 아니라는 사실을 알아야 한다.(텍스트분할규정에 5.3장을 보라).

의사소통 행위를 통해서 화자와 청자는 각각 특수한 상호개인간의 관계를 맺게 된다. 그들은 그들간의 연결점을 만들어 내고 그들의 행위를 조정시키기 위해서 그들의 언어행위를 투입하게 된다. 이해는 청자가, 화자에 의해 제기된 언어행위제안을 수락하고, 이렇게 해서 청자에 의해 신고된 타당성요구가 인정되고, 그리고 청자 측에서는 그를 위해 생기게 되는 연결점을 넘겨받게 되면 비로소 완성되는 것이다. 나는 이 책의 다른 부분에서 하버마스식의 타당성요구 구상과 세 가지의 서로 다른 세계관련성을 근거로 해서 이 구상을 세분한 것에 대해 다루었다.(논문 Ⅰ에 1.2.1장) 이러한 맥락에서 언어행위와 '문장, KOMA'의 관계는 전면에 서게 된다.

내가 여기서 한 간략한 설명에서 하버마스에서의 언어행위는 ─ "의미론적"으로 조성된(하버마스 1976, 386쪽을 참고하라) 썰의 언어행위이론보다 훨씬 더 심하게─ 전적으로 현실적인 의사소통 행위의 층위에서 말이라는 매체에 정착되어 있다는 것이 분명하게 드러난다. 언어행위는 오로지 상호간의 의무와 인정의 행위로서만으로 성취되는 것이다. 그래서 하버마스가 보편화용론의 말과 대상의 단위로서의 언어행위와 언어학의 언어와 대상의 단위로서의 문장을 비교적 예리하게 절단한 것을 이해할 수 있는 것이다. 그래서 나는 이렇게 우회해서 내지는 이렇게 계속되는 논증에서 문장정의를 고려해서 말과 언어의 관계로 되돌아가게 되는 것이다. 하버마스가 한계를 지으려고 하는 것을 따라가 보겠다.:

> 문법적 문장, 대략 언어학자들을 위한 예문을 들기 위해서 능력 있는 화자는 오로지 이해가능성의 요구만 충족시키면 된다. 그는 상응하는 문법적 규칙체계를 마음대로 구사할 수 있어야만 한다. ─그리고 이것을 우리는 언어학적으로 분석할 수 있는 화자의 언어능력이라 부른다. 이것과는 좀 다른 것이 의사소통능력인데 이는 단지 화용론적 분석에서나 접할 수 있는 것이다. 의사소통능

력이라는 말을 나는 이해시킬 준비가 되어 있는 화자가 잘 형성된 문장을 실제의 관계에 편입시키는 능력이라고 이해하고 있다. 즉:

- 진술내용을 그것이 경험 또는 사실을 재현시키거나 (특정한 진실전제를 충족시키면서) 언급하도록 선택한다.(그래서 청자가 화자의 지식을 공유할 수 있게 한다).
- 그의 의도를 언어 표현이 그가 뜻한 바를 재현시키도록 발화한다.(그래서 청자가 화자를 신뢰할 수 있도록 하는 것이다.):
- 언어행위를 실행하되, 이것이 인정된 관습을 충족시키는 것 및 이미 수용된 자화상에 상응하도록 실행한다.(그래서 청자가 화자와 이러한 가치들에 있어서 의견이 일치할 수 있게 한다).

(하버마스 1976, 390쪽)

문장을 발화하기 위해서 화자는 일반적인 의사소통전제를 충족시켜야만 한다. 만약에 그가 사용된 문장과 함께 이미 주어진 구조에 맞게 이러한 전제조건들을 충족시키게만 되면, 동시에 말 특유의 전제조건들을 충족시키지 않고도 화자는 문장 자체를 잘 만들 수 있다. 이 점은 모든 문장이 발화행위와 더불어 비로소 편입되는 현실관계에서 분명히 드러난다. 문장이 (a) 감지될 수 있는 것의 외적인 실제에의 관계 속으로, (b) 화자가 그의 의도로서 표현하고자 하는 내적인 실제에의 관계 속으로, 그리고 마지막으로 (c) 사회적 그리고 문화적으로 인정되는 것의 규범적 실제에의 관계 속으로 들어감으로써, 이렇게 발화된 문장에 타당성요구가 제기되게 되는데, 이것을 그는 비상황적 문장으로서 즉, 순수한 문법적 형상으로서 충족시킬 필요가 없고 충족시킬 수도 없는 것이다.

(하버마스 1976, 388/389쪽)

물론 하버마스도 문장과 발화, 문장과 언어행위, 문장의미론과 화

용론 간의 관계를 언제나 다시 강조하고 있다.:

> a)에 덧붙여서: 나는, 화자가 잘 형성된 문장을, 이해시킬 목적
> 지향적인 행위의 상태로 바꿈으로써 문장구조와 관련되어 있는
> 것을 단지 실현시키는 주장에 일정한 조건을 두고서 동의할 것
> 이다.
>
> (하버마스 1976, 388쪽)

> 당연히, 무엇인가를 묘사하고, 의도를 표현하고 그리고 개인간의
> 관계를 형성하는, 이러한 세 가지 일반적인 화용론적 기능들을
> 위하여 특별한 의미를 지니는 특징들이 단어의 표층구조에서 확
> 인된다.: 명제적 내용의 문장들은, 경험이나 사태를 묘사하기 위
> 해서 (또는 스스로 그것들에 간접적으로 관계하기 위해서) 그러
> 한 것에 사용된다. 의도적 표현, 서법적 형태 등등은 화자의 의
> 도를 표현하기 위해서 사용되고, 수행적 문장은 화자와 청자 상
> 호간의 관계를 세우기 위해서 사용된다. 말의 일반적인 구조는
> 또한 문장구조의 층위에서 묘사된다. 그러나 우리가 문장을 문법
> 적 형성물로서, 즉 발화될 수 있는 말의 상황과 무관한 것으로서
> 보는 한에는, 이러한 일반적 화용론적 기능은 아직 "자리를 차지
> 하고 있지" 않은 것이다.
>
> (하버마스 1976, 388/389쪽)

> 일반적으로 말 구조에 대한 분석은 일반적인 문장구조로부터 시
> 작될 수 있다. 그러나 단지 말의 요소로서, 다시 말해서 묘사기
> 능, 표현기능 그리고 전달기능을 위해서 문장을 사용하는 가능성
> 의 측면에서만 문장의 형식적인 특성에 맞추고 있는 것이다.
>
> (하버마스 1976, 393쪽)

정확히 '문장', '언어행위', '발화'라는 개념들 사이에는 긴장부

분과 관계부분을 만들어 내는 규정들 즉, '형성되어 있다', '무엇하기 위해서 그것에 사용된다', '아직 점령되지 않다', '현실화되다' 따위의 규정들로 문장을 언어행위 측면에서, 말과 언어 없이, 의미론과 화용론 없이, 허용될 수 없게 섞으면서 정의내릴 수 있는 가능성이 주어진다고 생각하고 있다.[25]

이제 KOMA-정의를 위한 첫 번째 접근에 대해 알아보자.

KOMA-정의, 첫 번째 접근:

KOMA는, 그 단위들에, 말의 요소로서 언어행위를 실행하는 데에 **사용될 수 있는** 특성이 수반되어 있는, 그런 언어 단위들이다.

이러한 첫 번째 접근에서 두 가지 규정이 수정되거나 좀 더 분명하게 표현되어야 한다.: 나는 단위 KOMA의 방법론적인 위상을 고찰하는 것을 고려해야만 한다. 이 고찰은 체계층위에서 특히 언어로 실현된 것이 각각 KOMA(발화로서)인, 규칙적인 **원형**에서 눈을 떼지 말아야 된다는 결과로 이끈다. 그래서: 나는 "무엇으로서 사용될 수

---

[25] 이에 대해 또한 하버마스(1981 I장 423쪽 이하)를 참고하라. 여기서 하버마스는 문장의 적법성의 의미론적 구상을 타당성요구를 이행하는 화용론의 구상에다가 추가로 분류하기 위해서 논증을 하고 있다.: 이러한 논쟁에서는 지역경계나 명목상의 정의에 관한 문제가 아니라, 문장의 타당성의 구상이 이러한 문장의 발화로 제기된 타당성요구의 이행 구상과 무관하게 설명될 수 있는지에 관한 것이다. 나는 이것이 가능하지 않다는 명제를 옹호하는 입장이다. 기술적인, 표현적인 그리고 규범적인 문장들의 의미론적으로 접근된 연구가 시종일관하게 충분히 수행된다면 분석적 층위의 교체가 필요하다. 문장의 적법성을 위한 조건의 분석은 상응하는 타당성요구의 상호간의 인정을 위한 조건의 분석으로 스스로 몰고 나아가게 된다.(424쪽) 그러나 이것은 문장의 의미가 —언어 내적인 구상으로서— 이 문장으로 완성되는 언어행위의 의사소통 기능에 관계될 수 있다는 것을 의미하는 것이다.

있다"로 표현된 잠재성의 요소를 분명히 설명해야만 한다.

나는 우선 첫 번째 것을 하고 나서 두 번째 접근으로 돌아오겠다.

KOMA-정의, 두 번째 접근:

사전 설명: 정확히, 발화가 의사소통 단위들(KOMA-원형들)을 위한 원형의 언어실현이라면 발화는 KOMA(토큰)이다.

KOMA-원형들은 KOMA-원형이 언어로 실현된 것인 발화를 언어행위를 실행하기에 적합하게 만드는 언어층위에 정착된 그런 원형이다.

정확히, 발화로 의사소통적으로 행위가 이루어지면, 즉 언어행위가 실제로 실행되면, 발화는 언어행위이다.

중심 부분(타입으로서의 KOMA):

의사소통의 최소단위(KOMA)는 —발화를 실현시키는 원형을 근거로 해서— 발화로 의사소통 행위를 실행하기에 적합한 단위이다.

이러한 접근의 사전 설명은 다음의 모든 것에도 유효하다.

도입된 용어들 사이의 결합을 도표가 분명히 해 주어야 한다. 이 결합은 '언어로 실현되기'와 '부류형성' 그리고 마찬가지로 처리관련서술어(Dispositionsprädikat)인 '적합성'을 통해서 만들어지게 된다.:

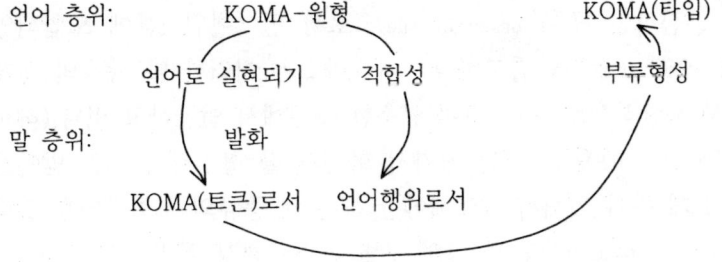

언어 층위:　　　　KOMA-원형　　　　　　　　　　　　　KOMA(타입)

　　　　　언어로 실현되기　　적합성　　　　　　부류형성

말 층위:　　　　　　　발화

　　　　　KOMA(토큰)로서　　언어행위로서

a) KOMA로서의 발화와 b) 언어행위로서의 발화 사이의 구별은 동시에 언어에 관련된 원형의 개념을 해명하는 것이기도 한데 우선 이 점을 다시 한번 하버마스의 논거로 부각시키고자 한다.: 위에서 인용한 첫 번째 절이 생각난다.: "문장을 발화하기 위해서 화자는 일반적인 의사소통 전제를 충족시켜야만 한다. 만약에 그가, 사용된 문장과 함께 이미 주어진 구조에 맞게 이러한 전제조건들을 충족시키게만 되면, 동시에 말 특유의 전제조건들을 충족시키지 않고도, 문장을 아주 잘 형성할 수 있는 것이다."(하버마스 1976, 388쪽)

이것을 내 방식대로 옮겨 적어 보겠다.:

'문장/의사소통 단위'를 발화하기 위해서 화자는 일반적인 의사소통전제들을 충족시켜야만 한다. 그가, 사용된 KOMA-원형으로 미리 주어진 이 전제들을 충족시킨다면 비로소 그는, 말 특유의 전제조건들을 충족시키지 않으면서도 KOMA-원형을 언어로 실현시키면서 '문장/의사소통 단위'를 아주 잘 형성할 수 있다. 그는 문장으로 언어적으로 행위하지 않으면서(위에서 의미한 뜻에서) 문장을 발화할 수 있다. —비록(그리고 이것은 작은 모순이다) 발화된 문장의 핵심은 우리가 문장으로 언어행위를 실행하는 것으로 이루어진다 할지라도 말이다.

수락가능성과 언어행위의 성공을 위한 말 특유의 전제는 썰에 의해서 "준비성 규칙"(preparatory rules), "성실성 규칙"(sincertiy rule) 그리고 "본질적인 규칙"(essential rule)으로서 언어행위이론에 도입되었다.(썰 1969, 63쪽을 참고하라). 하버마스는 이러한 말 특유의 전제를 우선 일반적으로 이미 위에 인용한 구절에서 언급하고 있다.(하버마스 1976, 390쪽) —그는 거기서 화자가 잘 형성된 문장을 받아들일 수 있게 하기 위해서 삽입해야만 하는 세 종류의 실현관계를 말하고 있다— 그리고 나서 썰 식의 구별과 연관해서 설명하고 있다.:

⑵ 언어행위의 수용가능성은 특히 두 가지 화용론적 전제가 충
족되느냐에 달려 있다.:
- 언어행위전형적으로 제한된 맥락의 존립(준비성 규칙: preparatory
  rule).
- 일정한 언어행위전형적인 의무에 관심을 보이는, 인식할 수 있
  을 정도의 화자의 개입(본질 규칙, 성실성 규칙: essential rule,
  sincerity rule).

(하버마스 1976, 435쪽)

여기서, a) 잘 형성된 문장으로서의 발화와 b) 수용가능한 언어행
위로서의 발화 사이의 구별이 어떤 경우에 영향을 미치게 되는지 분
명해지게 된다. 발화는 KOMA-원형들의 언어실현으로서 이해될 수
있는데 그럼에도 불구하고 말 특유의 전제를 위배할 수 있는 것이다.
많은 예들이 문학에서 언급되고 있다. 나는 여기서 그리고 오늘날,
더욱이 평균적으로 교육받은 중부유럽인에 의해서 발화되고 그리고
예문으로서가 아닌, *Der gegenwärtige König von Frankreich ist
kahl.(현재의 프랑스 왕은 대머리이다)*과 같은 문장의 발화를 살펴보
겠다. 이러한 발화는 ―화자가 이 발화로 이러한 진술로 일반적으로
'표준조건 하에서' 하는 바로 그것을 하고자 한다는 것을 최소한 전
제한다면― 화자가 자신의 (잘 형성된) 문장을 언어로 실현시키는 관
계에 삽입시키는 노력을 해야만 한다는 일반적인 전제를 위배하고
있다.

다른 예는 *Ich verspreche dir, morgen zu kommen.(나는 너에
게 내일 오겠다고 약속한다)*와 같이 내가 이미 오늘 오후 하와이로
가기로 결정한 맥락에 있는 문장의 발화이다. 여기에는 정직성 규칙
이 위반되었다. 동일한 발화로, 화자가 다음날 청자에게 가는 것이
어쨌든 간에 강요된다면, "준비성 규칙"에 반하게 된다. 여기서는 약

속이란 것이 핵심이 없는 것이고 그렇다면 발화는 약속으로서 받아들여질 수 없게 된다.

수용불가능성 또는 말 특유의 일정한 전제조건들이 존재하지 않는다는 것에 대한 이러한 판단은 모든 것을 유보한다 해도 이해될 수 있다는 것이 자명한 일일 것이다.: 발화를 일정한 언어행위로 받아들일 수 없다는 것이 이러한 발화가 다른 어떤 것으로 받아들여지게 된다는 것을 배제하는 것은 아니다. 예를 들어 마지막으로 언급한 예의 경우 청자는 화자가 어쨌든 간에 와야만 한다는 것은 알지마는, 동시에 그가 —청자— 이것을 안다는 것을 화자가 알지 못한다는 것을 알고 있기 때문이다. 이런 경우에 발화는 청자에게는 아마도 약속으로 여겨지지는 않을 것이다. 그러나 어쨌든 기대되는 행위를 위한 확인으로서는 여겨질 것이다.

KOMA-토큰과 언어행위 간의 구별은 또한 언어학적인 예문처럼 기능하는 문장을 이해하는 데 있어서도 매우 중요하다. 예문은 —이렇게 말할 수 있으리라— 언어행위의 전면에 서 있게 된다. 이러한 예문은 a)의 의미에서 발화, 즉 문장인 것이지 b)의 의미에서의 발화, 즉 언어행위는 아니다. 그들은, "화용론적 특성의 실행"에 관한 잠재성의 순간이 여전히 포함된 상태에 있는 한, 상응하는 KOMA-원형을 실현시킨다. 예문은 그것으로 상응하는 언어행위가 실행될 수 있는 문장이기는 하지만 실제상으로는 실행되지 않는 것이다.

3. KOMA-정의를 위한 언어와 관련된 규정들: KOMA-정의에의 세 번째 접근

KOMA-개념의 보편화용론적 규정은 단지 동전의 한 면일 수 있다. 마찬가지로 —그리고 개별-언어-학문들의 경우 더 더욱 중요한— 각각의 언어 관련 규정들을 특성화하는 것이 중요하다.

여기서 나는 두 번째 접근에 대한 사전 설명에 포함된 규정에서 시작하겠다.:

'원형들을 실현시키는 발화를 언어행위를 수행하기에 적합한 것으로 만드는 원형'.

나의 원형-개념(이에 대해 논문 Ⅲ을 참고하라)에 따라 다음과 같은 규칙의 핵심에 포함되어 있는 언어수단의 배열이 각각 다루어져야만 한다.:

규칙: | 유형 X의 언어행위 |를 실행하기 위해서,

사용하라

| Z라는 형상의 표현들을 | !

|_____| : 규칙핵

원형 : 〈〈언어수단의 배열: Z라는 형상의 표현들〉

〈의사소통의 성과: X라는 언어행위를 실행하기에, 적합한 것〉〉

(Z가 언어수단의 배열인 곳에서)

규칙-예: '확인하기 위해서, 서술문을 사용하라!'

원형-예: 〈〈언어수단의 배열: 서술문〉

〈의사소통의 성과: 확인하기에 적합한 것〉〉

원형-단축형 : 〈〈서술문〉〈확인하기에 적합한 것〉〉

그러면 원형-예를 실현시킨다는 것은 화자가 독어의 적용 규칙에 맞게 서술문으로 만든 발화, 즉 첫 부분에 의문사가 자리잡지 않은, 정동사가 두 번째에 있는 문장이 되는 것이다. 이렇게 원형을 실현시킴으로써 화자는, 발화가 그렇게 하는 데에 적합하다는 확인을 할 수 있는 것이다. 어쨌든 원형을 언어로 실현시키는 것은 그것이 적용 규칙에 따라 이루어진다면, 확인을 하는 데에 적합한 독어문장으로 결과가 나오게 된다. —이 때 반드시 언어행위로서 확인하는 것이 필연적이지는 않다.

원형-예는 물론 최소한 두 가지 관점에서 불충분한 것이다.:
 - 언어수단의 관점에서: 언어수단의 배열은 '서술문으로 형성된 것'에 편입되는 의사소통 성과의 규정에 있어서, 즉 '확인' 규정에 있어서:
 - 의사소통 성과의 관점에서: 여기서 의사소통 성과인 '확인하기'에 편입되는 언어수단의 범위에서, 즉 '서술문으로 형성된 것' 규정에 있어서.26)

다시 말해서 원형-예는 원형이 수행하는 것이 무엇인지를 기술하는 점에 있어서, 그리고 무엇을 수행하는지, 어떻게 수행하는지에 대해 규정함에 있어서 불충분하다는 것이다.

이 두 가지 측면은 연구하는 데 있어서 진정 논쟁의 여지가 있는 것으로 보인다. 나는 여기서 특히 첫 번째 측면을 ('어떻게'에 대해서는 5장 2절을 참고하라) 다루겠다. 무엇이 의사소통 단위가 되는지를 규정하기 위해서는 한편으로 우리가 발화에 의해서 만들 수 있는 가능한 모든 사용이 동원될 것이다. 이러한 시각은, 언어행위이론에서 언표수행적 '효과'와 언표성취적 '효과' 사이를 또는 직접 언

---

26) 서술문형태 규정의 결함
  1. '문장들'만이 '확인하는 것'을 하기에 적합한 것이 아니라, 일정한 '비-정동사형-KOMA-유형'을 가지고도 '확인할' 수 있다(4장을 보라).
  2. *서술문형태*는 지금까지 수용된 것보다 더 많은 것을 말해야만 한다.: '정동사가 두 번째에 있는'(W-단어 즉 의문사가 없는) 것과 같이 기준이 단순한 것이 아니다. 일련의 언어관련 특징들(배열 특성, 특정한 품사로 원형을 채우기, 동사형태론, 억양)이 고려될 수 있는 것이다. 이에 대해 알트만(1984)을 참고하라.

어행위와 간접 언어행위 사이 등등을 종종 불분명하게 구별함으로써, 의사소통 단위의 가능한 사용방식들의 다수가 너무 약하게 —최소한 문법적 기술의 목적을 위해서는 너무 약하게— 구성되어 있다는 점과 절충하는 것이다. 예를 들어 일정하게 멀리 떨어진 언표성취적 효과가 획득되어야 하면서, 또는 발화를 역설적이거나 '비본질적인' 사용으로 만들면서, 모든 의사소통 단위에는 거의 임의적인 것으로 여겨지는, 각각 상상할 수 있는 맥락이 있기 때문에 '무엇인가'를 편입시키는 것은 임의적이 될 수 있다. 선택적인 범주가 획득되어야만 하는데, 이 범주는 다수의 후보들로부터 (—모든 언어행위범주 + 가능한 언표성취적 효과의 범주 + 비본질적인 사용방식의 범주 + ⋯ + —) 특수한 다수, 바로 의사소통 단위가 적합한 의사소통 행위의 다수를 고르는 것이다.

이러한 임의성을 제한하기 위한 시도는 세 가지 방향으로 진행된다.:

- 표준조건을 언급하는 것에 대해서
- '모든 경우에 말해진 것'이거나 일견 확실한 해석을 제한하는 것에 대해서(이에 대해 슈트레커(Strecker) 1986, 86쪽을 참고하라)
- 각각 언어수단배열에서 '무엇하기에 적합한' 관계에 있는 등가 부류에서 의사소통 행위의 다수를 분류하는 것에 대해서

하버마스는 표준조건에 대한 언어학적 의미와 화용론적 의미를 서로서로 결합시키자고 제안하고 있다.:

> 비록 문장이 빈번하게 화용론적 의미가 다른 맥락에서 그리고 상이한 의도로 사용된다 하더라도 문장의 언어학적 의미는 달라져서는 안 되는 것이다.: 예를 들어 명령을 부탁의 형식으로 발화하라는 일정한 사회적 임무가 지정된다면 그러하다. 발화(명령으로서)의 화용론적 의미는 사용된 문장(부탁으로서의)의 언어학

적 의미에서 아무 것도 변경시키지 않는다. 이것이 표준조건을 부각시키는 다른 이유인 것이다. 이 표준조건 하에서는 명확한 언어행위의 화용론적 의미가 이 언어행위에서 사용된 문장의 언어학적 의미와 일치한다.

(하버마스 1976, 411쪽)

이것에 의하면 언어 표현은(즉 의사소통 단위는) 표준조건 하에서 행위를 위한 언어행위에 편입되게 된다. 다시 말해서 우리는 우리의 원형-예를 수정하면서 다음과 같이 만들 수 있으리라는 것이다.:

원형-예:

《〈언어수단의 배열: 서술문〉

〈의사소통의 성과: 표준조건 하에서 확인하기에 적합한 것〉》

내가 보기에 이렇게 시작함으로써 나타나는 문제는 표준조건을 소급하게 되는 직접적인 결과에 있는 것이다.

표준조건은 추상적인 화용론적 구상이다. 이것을 경험적 내용으로 채우고자 한다면 모든 임의의 발화맥락을 결정하기 위해서 이 발화가 표준맥락인지 아닌지 그리고 어느 정도로 그러한지를 허용하는 표준기준을 규정해야만 할 것이다.

무엇을 위한 표준맥락이란 말인가? 한편으로 예를 들어 명령하기, 질문하기 등의 의사소통 행위를 위한 표준맥락을 규정하는 것은 생각할 수 있는 것이다. 그러면 명령하기를 위한 표준맥락에서 예를 들어 명령을 내리는 자가 명령 수령자에게 세력지위와 권위지위 따위에서 실제적이라는 조건도 충족되어 있는 것이리라. 다른 한편으로 표준맥락을 언어적 의사소통단위를 고려해서 규정하는 것을 생각할 수 있을 것이다. 즉 명령문, 서술문 등등의 사용을 위한 표준조건.

하지만 —하버마스에게서 일어난 것처럼— 의사소통 단위와 의사소통 행위로 이루어진 쌍을 위한 표준조건이 규정된다면 구상은 그것의 가능한 경험적 내용을 상실하게 되는 것이다. 이것이 여분의 제삼자가 되는 것이다. 그러면 다음이 유효하기 때문에 그렇게 된다.:

의사소통 단위가 그것이 의미하는 것을 말한다면 표준조건이 제시되어 있는 것이다.

대략 다음과 같은 것은 아니다.:

이런 또는 저런 조건이 제시된다면 의사소통 단위가 그것이 의미하는 것을 말하는 것이다.

그 어떤 것도 설명하는 것이 아니라, 설명될 수 없는 상호 관계를 명명하는 표준조건의 어법은 대략 다음의 *극단적인 날씨 상태*라는 예에서 사용하고 있는 것에 상응한다.:

기온이 밤에는 영하로 내려가고 낮에는 27도를 넘는다면 *극단적인 날씨 상태*가 되는 것이다.

그러므로 표준조건은 일정하게 표시된 언어수단들 간의, 아마도 전통적인 문장종류들 간의, 그리고 여기서 직접적으로 추론할 수 있는 '표준언어행위들' 간의 진부한 일 대 일 편입에서 일종의 알리바이 기능을 지니게 된다.

그러면 표준조건 하에서 서술문은 진술하기에, 의문문은 질문하기에 그리고 명령문은 명령하기에 적합한 것이 된다. 이런 식으로 해서 경험적 화용론적 조건의 일반화에 대한 질문으로서 대두된 것으로 보이는 표준조건에 대한 질문은 단지 의사소통 기능을 표시하려는 전통적인 문법적 범주를 화용론적으로 적당히 얼버무려서 기능을 변경시키는 것으로 귀결되는 것이다. 이것은 의사소통 단위와 의사소통 기능에 관해 가능한 한 광범위하지만 언어수단과 관련하여 참인

것을 증명할 수 있는 표결에 있어서 원하는 방향으로 한 걸음도 다가
서지 못했다는 것을 의미한다. 오히려 이러한 방법은, 즉 이렇게 이
해된 표준조건을 경유하는 방법은 양면을, 언어와 관련된 면과 언어
행위와 관련된 면을 불필요하게 한정적으로 다루기를 지나치게 권고
하는 것이다.

– 그러면 언어수단의 측면에서 문장종류가 의사소통 기능을 담당
  하는 구조라는 전통적인 제한이 계속되게 된다.
– 그러면 화용론적 측면에서 다수의 상이한 언어행위는 간단하게
  서서히 없어지게 된다.

슈트레커(1986)가 제안한, 각각 말해진 것에 집중하는 방식에서
큰 기대를 할 수 있는 것처럼 여겨진다. 그러면 각각 말해진 것은 청
자에게 의사소통 단위에서 즉시 행해지는 일견 확실한 해석으로서
이해된다. 이것을 바탕으로 해서 청자는 예를 들어 특수한 상황지식,
백과사전적이고 사회적 지식을 연관시키면서 계속되는 모든 해석을
구성하게 된다. 그리고 나서 방법론적으로 이렇게 말해진 것은 사용
된 의사소통 단위를 지시하는 모든 것의 배후로 갈 수 없는 마지막
점이 된다. 예를 들어 *indem*-관계의 망을 넘어서 이르게 되는 것이
다.

예:
A가 발화한다.: *Du hast schon wieder mein Papier benutzt.*
  (너 또 내 종이 썼구나.)
해석: A는 B가 A의 종이를 쓴 것에 그가/그녀가 B가 A
  의 종이를 사용한 것을 확인함으로써 불만을 표시
  한다.
A가 발화한다.: *Meine Schuhe sind viel schicker als deine!*
  (내 신발이 네 것보다 훨씬 멋져!)

해석:　　　　　　A는 그가/그녀가 그의/그녀의 신발이 B의 신발보
다 훨씬 멋있다는 것을 확인하면서 자랑한다.

이러한 시작에서 이제 우리는 다음을 확실히 할 수 있을 것이다.:
KOMA-원형은 일견 확실한 해석의 의미에서, 각각 말해진 것에
상응하는 언어행위에 적합한 발화를 만든다.

표준조건을 소급하는 방식에 반해서 이러한 방식의 장점은 우리가
여기서 규범적 의미가 (표준조건 하에) 다수의 실제 조건 하에서 실
제적 사용을 넘어서 떨어져 나와 부유하고 있으리라고 가정하는 실
수를 결코 범하지 않게 된다는 점에 있다. 오히려 이러한 행동 양식
은 바로 의미와 맥락특유의 의견 사이를 연결하는 선을 보여 준다.
　이러한 처리의 단점은 동질의 말해진 것에서 ─즉 직관적으로 동
일한 일견 확실한 해석을 한 언어행위─ 또한 동질의 관계를 취할 수
있는 반드시 그것이어야만 한다는 언어행위 동사가 전혀 없다는 것
이다. *확인하다*(feststellen)와 *보고하다*(mitteilen) 같은 일반적인 언어행
위 동사조차도 각각 의미에 부가적인 가치를 가지게 된다. 이 부가적
인 가치가 이 동사들을 전적으로 교체되는 언어행위 의미의 항상성
의 표시로서 투입하는 것을 금지하는 것이다. 그래서 *확인하다*와 *보고
하다*에서 명실공히 시간요소 내지는 '작가서술시점'(auktorialer) 요소가
중요한 역할을 한다.: 단지 사정이 어떠하고 내지는 어떠했는지는 확
인할 수 있지만 사정이 어떻게 될 것인지는 확인할 수 없는 것이다.
그 밖에 다음의 경우도 타당하게 보인다.:
　　"'*확인되는 것*'은 일반적으로 청자에게 인식가능한 통찰력이 화
자에 의해 실제적인 판정으로 (또한 진술된 증거에 의해서) 동시
에 내지는 그 후에 일어나는 사태인 것이다. (예를 들어 의사가
사고를 당한 자의 죽음을 *확인한다*고 하면 그는 '주장하는' 것

이 아니라 '*확인하는*' 것이다.)"

(오스너(Ossner) 1985, 97쪽)

'*보고되는 것*'은 보고하는 자 스스로에게 일종의 우선권이 주어진 접근가능한 것만이, 즉 스스로 경험한 것, 스스로 탐색한 것만이 보고될 수 있는 것이다. 오스너의 인용이 보여 주다시피 *주장하다* (behaupten) 또한 상시적인 언어행위동사에 전혀 적합하지 않다.

내가 보기에는 해결점으로 이끌게 되고, 방금 묘사한 두 번째 처리방식과도 일치하는 것으로서 내가 호소하려고 하는 세 번째 대안은 규정의 두 번째 논거로서 각각 개별적인 언어행위에 그렇다는 것이 아니라, 언어행위의 부류에 '적합하게 만든다/적합하다'는 것을 고찰하는 것에 있다. 하나의 KOMA가 언어수단배열을 근거로 해서 적합한 이러한 언어행위의 부류를 나는 언어행위의 **언표수행적 잠재력**이라고 표시한다.:

> KOMA의 언표수행적 잠재력은 KOMA가 언어수단배열을 근거로 해서 적합한 언어행위의 등가부류이다. 다시 말해서 이러한 뷰류여서 두 개의 임의적인 요소 a와 b의 경우에 유효하다.: 이 KOMA는 언어행위 a에 언어행위 b와 마찬가지로 아주 적합한 것이다.

이렇게 해서 문장정의의 세 번째 접근에 이르게 된다. 여기서 나의 두 번째 정의-접근의 중심부분을 수정한다.:

> KOMA는 —KOMA를 실현시키는 원형을 근거로 해서— 이 원형과 언어행위의 등가부류에 있는 언어행위를 실행하기에 적합한 단위이다.

이렇게 해서 문법에는, 의사소통의 성과가 바로 이와 같은 언어행

136 의사소통 단위와 문장

위의 등가부류를 통하여 주어지게 되는, 각각의 KOMA-원형을 기술하라는 과제가 생기게 된다.

언표수행적 잠재력의 개념이 충분히 엄격하게 분리될 수 있다면, 즉 KOMA-원형의 언표수행적 잠재력인 언어행위의 등가부류가 가능한 모든 언어행위의 부류와 함께 결코 공동으로 외연적이 되지 않는다는 사실이 보증된다면, 그러면 언표수행적 잠재력의 개념은 규정의 단편으로서의 그의 기능을 KOMA-정의에서 충족시킬 수 있는 것이다.

비교적 특정한 언어수단배열에다가 엄격하게 분리된 언표수행적 잠재력을 규정하는 경험적 과제를 나는 이러한 개념규정의 틀 안에서는 해결할 수 없다. 개별언어적 언어수단배열이 모든 언어행위의 다수에 각각 특수하게 **투영되는 것**을 묘사하는 것을 증명하는 것이 성공한다면, 언표수행적 잠재력은 KOMA-정의의 개별언어특유의 규정의 단편으로서 적합하다는 것이 입증된다.

4. 문장의미와 '하위 경계'로서의 그의 기능에 대하여: KOMA-정의에의 네 번째 접근

KOMA의 언표수행적 잠재력, 즉 KOMA가 적합한 언어행위의 등가부류는 지금까지의 사고 과정에서 KOMA의 의사소통 성과로 표시되었다. 그리고 그럼에도 불구하고 —또는 오히려 바로 그 때문에— 이러한 의사소통적 구상을 의미론적인 것으로 견고히 하는 데 모든 노력을 기울이게 되었다. 이점은 언표수행적 잠재력이 아래와 같이 특성지어진다는 데서 나타났다.

　　– 언어수단배열의 기능으로서
　　– 발화맥락과 무관하게

– 언어행위의 성공과 무관하게

다시 말해서 다음의 명제에 도달하게 된다는 것이다.:
　　KOMA는 KOMA의 언표수행적 잠재력을 뜻한다.

우리가 훌륭한 전통에 따라 의미를, 표현의 의미는 항상 그리고 전적으로 표현 자체로부터 '의미되어야'만 한다는 것으로 이해한다면 다음이 유효하다.:
　　KOMA의 언표수행적 잠재력은 KOMA-부분들의 의미로부터, 내지는 KOMA-부분들의 상호행위를 근거로 해서, 일정한 언어수단배열에서 '예측할 수 있어야' 하는 것이다. 즉, 언표수행적 잠재력에 대한 일종의 확대된 프레게-원칙이 타당해야만 하는 것이다.

언표수행적 잠재력을 재구성하는 데 있어서의 문제점은 그것의 비합성성 또는 '초과 총괄성'에 근거한다. 왜냐하면 언표수행적 의미는 표현 전체 의미의 '초석'도 아니고 (—오히려 아마도 반석일 것이다—) 언표수행적 의미가 의미되어지는 것이 표현 전체의 초석도 아니기 때문이다.(이에 대해 논문 Ⅰ의 3.3장을 참고하라).

내가 여기서 다른 곳에서 입증한 것처럼 (이에 대해 논문 Ⅰ의 3.3장을 참고하라) 일정한 '의미몫', KOMA의 기술적인 의미, 즉 KOMA의 명제적 실체가 최소한 원형적인 방식으로 합성적이라는 것에서, 즉 통사론적 구조에 따라서 부분의 의미에서부터 나타난다는 것에서 출발하면, 언표수행적 의미와 기술적 의미의 관계는 연출지침서와 '스토리'의 관계와 같은 것이 될 것이다. 명제적 실체를 연출하는 방법을, 우리가 이 스토리로 무엇을 시작해야 할지, 명제적 실체의 '스토리'가 보여 주어야만 하는 것이 무엇인지를 말함으로써 함께 규정하는 것이다. 명제적 실체는 단지 무엇인가가 그 경우가 될 수 있고/있어야 하고/있을 수 있다는 것만을 말할 뿐이고, 이러한 '사태'가 어떤 역할을 수행하는지/무엇을 위해서 이 사태가 어떠한 타당성을 지녀야만 하는지에 대해서는 아무것도 말하고 있지 않다.

하버마스 (1976)과 (1981)의 어법을 빌어서 지금은 언표수행적 잠재력이 각각 **명제적 수행에 일정한 타당성요구**를 상술한다는 것만을 말하고, 여기서는 타당성요구와 명제적 수행과의 관계를 단지 매우 총괄적으로 개략해 보겠다.:

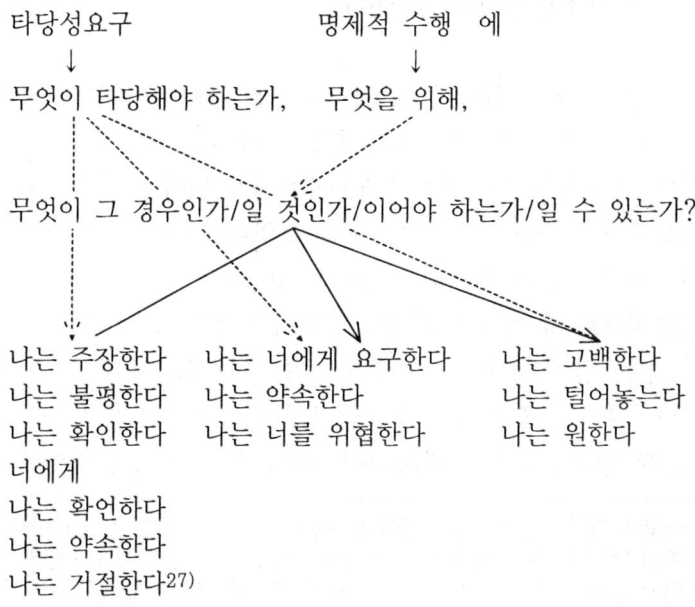

27) 내가 타당성요구를 세 부류로 일괄적으로 나눈 것은 언어행위에서 진술적인, 규정적인 그리고 표명적인 유형으로 구분하는 하버마스의 구분에 따른 것이다.(이에 대해서는 첫 번째 논문을 참고하라). 이렇게 해서 다른 일차적인 배열원칙에 따라서 —대략 상대방에게 및 화자관련성(이에 대해 폴렌쯔(v. Polenz) 1985, 엥엘 1987을 참고하라)— 다른 언어행위분류들이 배제되는 것은 물론 아니다.

나는 'KOMA-의미'에 관한 논증에서 너무 깊이 들어갔다.: 내가 잠정적으로 언표수행적 잠재력의 확장한 프레게-원칙이라 명칭하고자 하는 것을 어느 정도 명확히 할 수 있기 위해서, 기술적인 의미의 개념, 명제적 실체의 개념을 끌어들였다. 하지만 이것으로 '언표수행적 잠재력'과 마찬가지로 '명제적 실체'가 KOMA를 위한 (의미론적인) 규정의 단편이라는 것을 전혀 입증하지 못했다. 나의 논증은 지금까지는 다음과 같은 식이었다.:

      KOMA에 명제적 실체가 있다면 KOMA의 언표수행적 잠재력은 —그것이 명백히 있어야만 한다— 그 안에서 그리고 그 방식으로 명제적 실체에 연관된다.

'명제적 실체가 있다면'이라는 조건이 KOMA-위상을 위한 필수적인 전제인가, 즉 이것이 항상 충족되는가? 달리 말하자면: KOMA-위상이 언표수행적 잠재력으로 장비되어 있다고 하면 (즉 타당성요구를 상술한다면) 이는 또한 무엇을 위해서 타당성요구가 신고되는지도 상술한다는 것을 말하는 것인가?

일반적으로 무엇 때문인지를 상술하지 않고 요구를 한다는 것은 의미 없는 일이다.28) 즉 *타당성요구*는 의무적으로 두 가지 가치를 지닌다.: *누군가에 의해서 무엇인가를 위한/무엇인가가 타당한 그것을 위한 타당성요구.* 이렇게 해서 타당성요구는 일반적으로 명제적

---

28) 이렇게 해서 *타당성요구*의 경우에 보증의 경우와 동일한 것이 타당하게 된다. 투겐트하트(1976, 255쪽)는 주장하는 사고를 다음과 같이 보증행위에서 설명하고 있다.: "보증을 하는 자는 항상 두 가지를 해야만 한다." 1) 그가 보증하는 것이 존재한다는 조건을 댄다. 그리고 2) 그는 그것이 존재한다는 것을 보증한다. 보증을 하는 자는 둘 다를 한다. 하지만 그가 이 두 가지를 한 번에 하지 않는다면 그것은 보증행위가 아닐 것이다. 보증이 주어지는 자는 보증을 이제 마찬가지로 둘 다를 이해할 때에야 비로소 그 편에서 보증을 이해하게 된다. 그러나 그가 이 두 가지를 —무엇을 *위해서* 보증되는가 하는 것, 그리고 *보증되는 것*— 별도로 이해하지 않는다면 그는 보증을 보증으로서 이해할 수 없으리라.

으로 세분화된다.(하버마스 1981 II장의 41쪽 et pass). 이제 명제적 세분화가 결핍된다는 것이 KOMA-위상을 고려하는 단위에서, 영향을 미쳐서 일종의 타당성요구 자체가, 즉 그 단위가 적합한 언표수행 행위의 등가부류가 더 이상 인식될 수 없다고 한다면, 결정은 분명한 것이리라.: 그러한 단위는 KOMA-위상을 지닐 수 없다.

하지만 사태는 이제 조금도 분명하지가 않다.: 감탄사(*Au, Oh, Oje 따위*)는 명제적 실체를 전혀 포함하고 있지 않다. 그러나 이것들은 어떤 무엇인가에 대해서 단순히 알리는 것 이상의 것을 가능하게 한다. *Au*로 우리는 우리가 통증을 느낀다고 말하지는 않지만, 우리가 그것을 표현하거나 알리거나, 또는 ―하버마스식으로 말하자면― 우리는 타당성요구를 주관적 진실성에 신고한다. 물론 대부분의 감탄사는 *Au*보다 훨씬 의미가 확고하지는 않다. *Oh*로 놀라움, 경이로움, 무서움, 경악, 경탄 따위를 표현할 수 있다. 이제 *Oh* 같은 감탄사가 놀라움처럼 무서움을, 경악처럼 기쁨을 알릴 수 있는 것에 마찬가지로 적합하다면, 그렇다면 우리는 감탄사가 감정의 등가부류를 표현할 수 있는 KOMA라고 말할 수 있을 것이다. 그러면 감탄사의 경우 감탄사가 분명하게 경계가 그어진 언표수행적 잠재력을 마음대로 다룰 수 있다는 것, 즉 '감정의 등가부류에서 어떠한 감정에 표현을 부여하는' 것이 충족되는 것이다. 명제적 실체의 지위는 화자가 이러한 단위로 표현할 수 있는 감정의 등가부류를 통해서 자리잡게 되는 것이다.

이러한 구조가 너무 모험적이라고 여겨질 수도 있을 것이다. 나 스스로도 이 구조에 결코 큰 비중을 두지는 않는다.: 감탄사는 의사소통 단위의 특수한 경우이다. 여기서는 아무것도 또한 KOMA-정의의 질도 입증되지 않는다. 문법적으로 중요한 것은 명제적으로 세분화된 KOMA인 것이다.

나는 이미 논문 I 에서 명제적 세분성이라는 것이 엄격한 것이 아니라 모호한 기술칭호라는 것을 보여 주었다. 거기서(2. 3장을 참고하라) '확고한' 명제를 지닌 원형적인 KOMA로부터 맥락적으로 바뀌는 상호지시적 표현(직시적 대명사와 부사 따위)이 있는 KOMA, 그리고 단지 관습화된 원형을 상호지시체를 얻는 데에 마음대로 사용할 수 있는 KOMA에다가, 행위의 틀을 근거로 해서 서술어를 획득하기 위해서 다소간 관습화된 원형만이 결합되어 있는 KOMA(?)에 이르기까지 그 등급을 주의깊게 관찰했다. 여기서 나는 이 등급에 각각 한 두 개의 예를 첨부해서, 각각 상이하게 세분화된 명제적 실체가 어떻게 형식적으로 재구성되어야 하는지 지적해 보고자 한다.:

(1) 명제적 실체가 확고하다.

　　예: *Ronald Reagan ist der 40. Präsident der USA.* (로날드 레이건은 미합중국의 40대 대통령이다.)

　　형식적인 재구성의 사고:

　　　　좁은 의미에서 '명제'로서, 모든 상황과 모든 시간에 지속적인 진실성조건과 결합되어 있는 표현으로서 재구성될 수 있음

(2) 명제적 실체가 원형으로서 확고하다.

　　예: *Der jetzige Präsident der USA traf sich im vergangenen Herbst mit dem sowjetischen Parteichef.* (미합중국의 현 대통령이 지난 가을 러시아 당수와 만났다)

　　형식적인 재구성의 사고:

　　　　'명제적 기능'으로서, 즉 진실성가치 면에서 시간적/상황적인 항목들의 기능으로서 재구성될 수 있음

(3) 명제적 실체는 서술어적인 단편인데, 상호지시체를 획득하기 위해 원형과 결합한다.

　　예: *Heute geschlossen.*(금일 휴업)

Gut.(좋아.)

Heute schon geliebt, gelacht?(너희들, 오늘 벌써 사랑했고 웃었다?)

형식적인 재구성의 사고:

아래의 쌍으로 재구성될 수 있음

> (a) 복구된 명제: 여기서는 실제로 존재하는 완결된 명제적 기능

그리고

> (b) 다수의 절차: 여기서는 실제로 존재하는 결합된 변수를 상황적으로 증명하려는 절차

그러면 이 예의 경우 아마도 재구성은 대략 다음과 같을 것이다.:

복구된 명제: X가 존재하고, 그래서 X는 오늘 휴업이다.

절차: X는 KOMA가 상황적으로 가장 직접적으로 연관될 수 있는 대상/장치 따위를, 즉 예를 들어 KOMA가 '지니고 있는' 따위의 정보가 달려 있는 장치를 통해서 증명될 수 있다.

(4) 명제적 실체는 비서술어적인 단편인데, 주어진 행위의 틀을 근거로 하여 서술어를 획득하기 위해 관습화된 원형과 결합한다.

> 예: *Zwei Stück Zucker?*(설탕 두 조각?) *Wein oder Bier?* (포도주 아니면 맥주?) *Den Stiefel!* (장화!)(*옮긴이 주: 맥주잔을 말하는 것으로 이걸 주문하는 말임)

형식적인 재구성의 사고:

다음의 쌍으로 재구성할 수 있음

> (a) 술부의 π 부류를 행위의 틀을 조정하는 규정으로 하기 위한 다수의 절차

> (b) 복구된 명제, 여기서는 π 의 요소를 넘어서 실존적으로 양으로 나타내어지는 실제로 존재하는 완결된 명제

첫 번째 예의 경우 재구성은 이렇게 이루어질 것이다.:

절차: 주어진 행위틀 내에서 비교적 도달한 상황적 상태로 표현이 유의미적일 수 있는 그러한 특징들을 규정하라. 특성기술적인 서술어의 부류 π 즉, 가능한 특징들을 기술하는 것에 매우 적합한 서술어의 부류를 확인하라.

복구된 명제: π 중에 서술어 P가 있는데, 이 복구된 명제 'P zwei Stück Zucker'('P 설탕 두 조각)가 '질문'이 언어행위의 등가 부류의 요소로서 포함되어 있는 언표수행적 잠재력의 명제적 실체이다.

이러한 네 가지-유형-계층 내에서 나는 문법과 관련하여 여기서 '문법적으로 충분하게 명제적으로 세분화된 표현/단위'를 다른 것과 분리시키는 절단을 하고자 한다. 이러한 절단은 유형 (3)에 의한 것이다. 즉 유형 (4)의 단위들과 경우에 따라 '상황에서 완전한 맥락발화'로서 나타낼 수 있을 다른 유형들의 단위들은 KOMA로서 해석되지는 않는다. 물론 이러한 절단은 어느 정도 임의성과 결합되어 있다. 이것은 모든 비-독립적인 특성들에서, 즉 언어적인 연속성에서 그러하다. 그러므로 이 절단은 실질적인 이유에서 정당화될 수 있다. 이 때 *실질적*이란 여기서 '문법적 수단으로 조작할 수 있는 것'을 말한다. 절단을 (2)에 따라서가 아니라 (3)에 따라 하려는 나의 결정은 다음의 고찰에 의해 이루어지게 되었다.: 지시적인 절차 내에서 언어적으로 조정되는 현상이 최소한 하나라도 있다면, 즉 '맥락/언어적 환경'에 반하여 절차를 작동시키고 조정하기 위해서, 언어적 발화가 충분히 지시적 잠재력에 포함되는 현상이 있다면, 그러면 언어와 맥락 및 언어와 인식 따위가 서로서로 얽혀 있는 현상은 문법적 수단으로 조작할 수 있는 것이다.(은유적 표현을 이해해 주기 바란다!). 나는 이 특성을 '탈맥락화 가능성'이라 부르겠다.

이것은 —이런 나의 결정— 서술어를 붙이면서 해석되는 성분을 포함하고 있는 발화에서 그럴 것이다. 그래서 나는 (3)의 경우에 관계대상(들)의 선발이 언어적으로 조정된다는 것에서 출발하겠다. 즉 의사소통 표현이 의미있게 사용될 수 있는 가능한 상황의 다수가 그 표현 자체를 통해서 대부분 사전에 구성되어 있다는 것이다. 이에 반해서 (4)의 경우에는 의사소통 표현의 해석이 상황의 틀과 행위의 틀 조작적이라는 것이다.

다시 한번 분명히 하기 위해서:

(3)에서는 제시된 상황에서 언어적으로 형성된 서술어가 타당해야만 한다. 즉 화자/청자의 경우 서술어를 결합시킨 행위/상태/과정 따위와 가장 직접적인 관계에 있는 적합한 관계대상을 선택하라.

(4)에서는 제시된 상황이 제시된 행위틀과 관련하여 의미있는 것이어야 한다. 즉: 언어 표현을 작동자로서 사용하라. 행위 도식의 현실적인 상태와 제시된 행위틀을 결정하라. 언어적으로 확인되는 '대상들'이 어떠한 적합한 특징에서 유의미적인 역할을 할 것인지 검사하라(!) 특성기술적인 서술어의 등가부류를 결정하라. 발화를 등가부류 중의 (최소한 하나의) 서술어와 관련한 논거로 해석하라!29)

우리가 이제 이러한 절단을 (4) **이전에** 받아들인다면, 이 절단이 (3) **이전에** 이미 놓여 있으면 안 된다는 것을 어떻게 정당화시킬 것인가. 즉 무엇이 유형 (3)에 있어서 여전히 본질적인 언어성을 위하여 타당하게 만들어질 수 있을 것인가? 이 논증은 언어수단 이면에서

---

29) 주의: 최소한 (!)에서부터 나는 행위의 틀을 조정하는 해석을 가능한 한 매우 '동사적'으로 지시했다. 이것은 ─아주 잠정적인 사고를 하도록 하는 자극으로서─ 이들 중의 한 부분이 언어적인 발화가 된다면 이와 같은 인지적인 절차들을 언어화하는 것이 필요한 것인가? 혼합된 처리는 어떻게 보여야만 할 것인가?

이루어져야만 한다.:

    (3)에 의하자면 서술어를 결합시키는 기능을 넘겨받은 그러한 의미를 지닌 단위만이 KOMA일 가능성이 있다.

독어에는 확실히 (3)의 의미에서 서술어를 결합시키는 기능을 넘겨받을 수 있는 관습화된 비정동사형 구성들의 부류가 있다.

(확장된) 분사 Ⅱ:	*Stillgestanden!* (차려!)
	Verstanden? (알아들었니?)
	Drei Einbrecher festgemommen.
	(세 명의 강도 체포되다.)
(확장된) 현재부정형 :	*Hände hochnemen.* (손을 들다.)
	Eine Messerspitze Zimt zugeben.
	(칼 끝만큼의 계피를 첨가하다.)
평가 기능의 형용사:	*Gut!* (훌륭해!)
	Phantastisch! (환상적이야!)
	Prima, das Persil.(와 정말 좋다 페르질.)
	(*옮긴이 주)30)
명사적 평가서술어:	*Scheiße!* (젠장!)
	Spitze! (최고야!)
장소격 그리고 행동 지침을 내리는 서술어와 결합하는 부사:	
	Hierher! (이리로!)
	Ab ins Bett! (침대로 가!)
	Her mit dem Ding! (그거 내놔!)
	Fort mit dem Ding! (그것 갖고 꺼져!)31)

---

30) (*옮긴이 주) '페르질'은 특정 회사의 세탁비누 이름임.
31) 뮐러(1985a)에서 이런 식의 표현은 문장으로 등급되지 않는다. 그는 *Fort mit*

*ihm!*의 예에서 대체기준으로 논증한다.: *Mit*는 이러한 표현에서 표현 전체가 '언표수행적 구속력, 즉 문장위상을 상실하지 않고서는 형태통사론적으로 대등한 전치사 *zu, bei, wegen* 등등의 그 어떠한 것을 통해서도 교체될 수 없다는 것이다. 이 때 교체성의 기준은 뮐러 식의 문장정의에서는 "복합적 구조를 통해서" 정의의 단편을 규격화하는 것으로 타당한 것이다.: "문장은 문장의 시니피앙이 문장의 복합적 구조를 통해서 구속력을 알리는 기호이다"(143쪽). 이 때 다음과 같이 규격화 조항이 주어지게 된다. "언표수행적 구속력을 나타내는 복합적으로 구성된 기호 K가 '언표수행적 구속력이 있는'의 의미를 상실하지 않으면서 모든 부분연속체에서 각각 임의적이고 형태통사론적으로 등가인 부분연속체로 대치될 수 있다면 K는 문장이다."(128쪽) 나는 이에 반증한다.: 형태통사론적 교환가능성의 기준은 스스로 불합리한 것으로 이끌게 된다. 왜냐하면 그것이 —문장의미론적인 교환성과 일치하는 곳에서만 의미있게 적용할 수 있고, 그런 한 도입된 기준이— 여기서는 옛 구조주의 추종자들의 양식에 의하자면 의미구조에 상반되게 투입되기 때문이다. 다음과 같이 분절된다.

> *Hans verzichtet auf Alkohol.(한스는 술을 끊는다.)*
> *|Hans | verzichtet | auf | Alkohol (한스가 끊는다 술을)*

*auf*를 *gegen, mit, zu, für* 등과 바꿔 보면 확실히 문장이 안 된다. 단지 동사와 전치사 사이의 밀접한 선택적 관계를 고려해서 분절하고 교환하면 문장이 되게 된다.

> *Hans | verzichtet   auf | Alkohol.*
> *   steht   auf*
> *   haßt*

비교되게도 *Fort mit ihm!*에서는 의미를 왜곡하는 방식으로 분절하는 것이 바람직하지 않다.:

> *Fort | mit | ihm !*

그 대신에: *Fort mit | ihm !*
*Fort mit*를 교체할 수 있는 통사체로

> *Her mit*
> *In den Orkus mit*

유사하게: *Ab in | die Wüste !*

> *Rein in | 's Bett !*
> *|die Kartoffeln !*

동사에서 하듯이 부사적 통사체에(부사를 포함해서) 그의 기능 중 하나에서, 즉 전치사에 술부를 결합시키는 선택적인 결합에 위임하는 것이 익숙한 사고 습관에 위배된다는 사실은 그러한 것으로서 이러한 분석에 반대하지는 않는다. 물론 이 분석은 분류학적 처리방식과는 다르게 '구조층위를 넘어서는' 사고를 전제로 하고 있다.: 술어를 결합시키는 기능뿐만이 아니라 KOMA-기능도 이러한 분석에서 선취되어야만 한다.

다른 표현들도 예를 들어 부정 명사구는 술부를 결합시키는 기능에서 자율적으로 사용될 수 있다.

예: *Ein Buntspecht!* (청딱다구리!)

복구된 명제: *Da ist etwas, das ein Bundtspecht ist!*
  (저기 무언가가 있고, 그것이 청딱다구리다!)

이러한 표현에서 술부를 결합시키는 기능은 하지만 문법적으로 중요한 정도로 '맥락과 무관하게' 관습화되는 것은 아니다. 여기에는 어느 정도 구별된 지위가 맥락의존적인 지시의 전체 양 내에서 수반된다. 그러므로 아마도 오히려 상황 및 맥락에서 완전한 발화에 관한 것이 되는 것이다.

비-정동사형-동사적 구성에서 술어를 결합시키는 기능을 맡는 능력이 있는 언어수단을 남김없이 셀 수도 없는 것이고, 언어수단이 이러한 형식에서 충분히 안전하지도 않은 것이다. 여기서 중요한 것은 독어의 언어수단의 다수와 관련해 술부를 결합시키는 기능을 맡게 되는 능력의 기준이 바로 선택적이라는 것을 암시하는 것이었다. 다시 말해서 KOMA-원형들의 부류를(언어수단 배열 ―의사소통의 성과) 표시하기 위해서, 충분히 적절하다는 것이 입증된다는 것이다.: 이러한 원형에 의해 만들어진 단위를 나는 비-정동사형-KOMA라 하겠다.

나는 우리에게 규정단편을 '명제적으로 (적어도 최소로) 세분화시켜' 제시한 이러한 설명에 따라 KOMA-정의의 층위로 되돌아가겠다.

KOMA-정의, 네 번째 접근:

KOMA는 ―KOMA를 실현시키는 원형을 근거로 해서― 명제적으로 (최소로) 세분화되고 탈맥락화 가능한 언표수행적 잠재력을 지닌 그러한 단위이다.

또는

KOMA는 —KOMA를 실현시키는 원형을 근거로 해서— 맥락과 언어적 환경(Ko-Text)에 대해 비교적 자율적으로, 의사소통 행위의 등가부류로부터 완전한 의사소통 행위를 수행하는 데에 적합한 그러한 단위이다.

나는 —점점 복잡해지기 때문에— 정의의 용어화된 부분과 덜 용어화된 부분을 이번에는 또한 통사론적으로 서로 분리시켰다. 용어화된 정의부분과 용어화되기 이전의 상응에는 다음과 같은 관계가 있다.:

명제적으로 (최소로) 세분화된 : 완전한
탈맥락화 가능한 : 맥락과 언어적 환경(Ko-Text)에 대해 비교적 자율적인
언표수행적 잠재력: 의사소통 행위의 등가부류

4. 1. 명제적 세분성과 탈맥락화 가능성

두 개의 규정 조각 '명제적으로 (최소로) 세분화된' 그리고 '탈맥락화 가능성'은 일련의 정의와 규정을 추가해서 계속해서 설명할 수 있는 것이다.

<u>명제적으로 (최소로) 세분화된 것:</u>

KOMA-원형은 그 강도와 상황고정성에 있어서 상이하게 명제적으로 세분화되어 있다. '강도'(세기)와 마찬가지로 '상황고정성'의 경우에도 문법은 개별언어적으로 동기부여된 한계치를 확정한다. 이것의 도움으로 원형적으로 강하게 세분된 KOMA-원형과 원형적으로 상황고정적인 KOMA-원형뿐만 아니라 또한 덜 원형적인 것과 정해진 한계치까지도 파악할 수 있다.

'상황고정성'을 위한 한계치:

상호지시체를 획득하기 위해, 결합된 절차를 지닌, 실존적으로 완결된 명제적 기능으로 해석될 수 있는 표현(위의 유형 (3)을 참고하라)

다음의 등급화가 나타난다.:

상황고정적인 원형적 KOMA 〉 원형으로서 고정된 명제적 기능 〉 실존적으로 (개체를 초월하는) 완결된 명제의 단편[32]

'강도'를 위한 한계치:

술부결합이 가능한 표현

여기서는 다음의 등급화가 나타난다.:

원형적 정동사 서술어 〉 비정동사형 서술어 (부정사, 분사) 〉 비동사형 술부결합 가능한 표현

결국에 가서 두 한계치는 한 기준의 두 가지 상이한 관점이 된다. 이는 이것들이 유형 (3)의 표현에서 합쳐진다는 사실로 알 수 있다.:

최소로 강한 것, 즉 실존적으로 추론가능한 명제적 기능으로서 해석될 수 있고, 이 때 이것이 다시금 일정한 언표수행적 잠재력의 보유자 역할을 하는, 술부결합이 가능한 표현.

탈맥락화 가능성:

우리는 지금까지 이 특성을 단지 두 개의 실현 형식 중 하나에서만 알게 되었다. 또는 오히려 부정적으로 유형 (4)에서 추측할 수 있

---

32) 기본(1984)이 이러한 스칼라를 사용하고 있다. 이 스칼라에서 각각 "접근하는 방식의 계층"은 ("접근하는 방식의 계층" 기본 1984, 169쪽) 일정한 양식의 표현에서 일정한 문법적 범주로 기호화된다. 이 때 A〉 B〉 C에서 C 종류의 표현보다 B 종류의 표현이 "더 그럴법한" 접근 방식, 그리고 A는 B보다 더 그럴 법한, 즉 이 경우에는 전형적으로 접근하는 방식을 지니게 된다. 여기서 중요한 문법적 범주는 'KOMA답다는 것'이다.

을 것이다. 여기서 특정한 상태와 관련하여 행위틀 안에서 완전히 의사소통적으로 행위될 수 있는 특정한 발화유형이 서술어적-언표수행적 잠재력을 상실하지 않고서는 이러한 맥락에서 분리될 수 없다는 것을 보여 주었다. 달리 그리고 예를 들어 말하자면:

일정한 맥락부류를 통해서 제공되는 특성기술적인 서술어들의 등가부류 없이는 *Bier oder Wein?(맥주 아니면 포도주?)*는 거의 임의의 지시적 잠재력을 지닌 발화가 될 것이다.:

Wurde Bier oder Wein gepanscht? (맥주 아니면 포도주가 변조되었다고?)

Hast du Bier oder Wein zum Verfeinern der Soße verwendet? (소스를 향기롭게 하는 데에 맥주를 사용했니 아니면 포도주를 사용했니?)

우리가 이러한 탈맥락화 불가능한 발화를 사정에 따라서 선호하며 일정한 맥락부류 전체에, 즉 여기서 예를 들어 식당주인/주인/ ⋯ 등이 고객/손님/⋯ 등에게 원하는 것을 묻는 상태에 있는 행위틀의 부류에 관련짓는 것은 언어적 선택 사안이 아니라, 사회적 행위의 회귀성과 관습성의 사안인 것이다. *Bier oder Wein?*이 원형적으로 지시하는 것은 —여기서는 두말할 것 없이 언어적으로 유발된 것은 어휘적으로, 일차적으로 문법적으로 진행되는 것이 아니다— 언어외적 규칙성, 원형 그리고 관습에 근거를 두고 있고 이렇게 해서 문법을 넘어서는 영역에 속하는 것이다.

상황적으로 동기부여된 탈맥락화 불가능성의 이러한 형식은 **텍스트적**으로 동기부여된 것과 상반된다. 텍스트적으로 탈맥락화 불가능한 발화는 전통적으로 생략으로 파악되고 있다. '절약'이라는 표시가(Duden 문법 1984, 114쪽) 정당하게 붙게 되고, 또한 대화경제적 관점에서(그라이스 식의 격률) 바로 언어적 맥락이 이미 제공하고 있는 것을 절약하는, 각각의 맥락에서 의사소통적으로 완전한 부류를 모든 생략된 발화의 부류에 표시하는 것을 특별하게 유의하지 않았다. 이러한 생략을 나는 '텍스트에서 완전한 맥락발화'라고 표시한다.

이러한 '텍스트에서 완전한 맥락발화'의 특성은 다음과 같다.:

탈맥락화 불가능하고, 의사소통적으로 완전하고, 텍스트적인 맥락을 근거로 해서 완전히 명제적으로 세분화된 대응물은 언어적으로 (직시적이고 문장서법과 관련된 적응) 복구될 수 있다.

텍스트에서 완전한 맥락발화:

Ich habe mich verletzt. (다쳤어.)

Schlimm? (많이?)

Na, ja, mit dem Küchenmesser an der Hand. (글쎄, 부엌칼로 손을.)

대응물:

Ich habe mich verletzt. (다쳤어.)

Hast du dich schlim verletzt? (많이 다쳤니?)

(직시적이고 문장서법과 관련한 대응)

Na, ja, ich habe mich mit dem Küchermesser an der Hand verletzt. (글쎄, 부엌칼로 손을 다쳤어.)

이것과 대비해서 유형 (4)에 의한 발화를 '상황에서 완전한 맥락발화'라고 표시한다.

여기서는 다음의 특성이 타당하게 된다.:

탈맥락화 불가능하고, 의사소통적으로 완전하고, 순전히 언어적 맥락을 근거로 해서 완전히 명제적으로 세분화된 그 어떤 대응물도 언어적으로 복구시킬 수 없고, 단지 행위틀/상황을 소급하여 대응물의 등가부류만을 복구할 수 있다

상황에서 완전한 맥락발화:

    한 단골 손님이 술집에 들어와서 카운터에 앉는다. 주인은 다음
    과 같이 말하며 그를 맞이한다.:

        Einen Halben? (맥주 반 조끼?)

대응물의 등가부류[33]:

        Du mimmst doch einen Halben? (맥주 반 조끼 할 거지요?)
        Soll ich dir einen Halben bringen! (맥주 반 조끼 갖다 줄까!)
        Darfs einen Halben sein? (맥주 반 조끼로 할까요?)

    텍스트와 상황에서 완전한 맥락발화들의 특성의 이러한 대비는 원
칙적으로는 같은 것(클라인(Klein) 1981을 참고하라)에 관한 것이라는
공준이 단지 부분적으로만 정당화될 수 있다는 것을 보여 주고 있다.
텍스트적으로 완전한 맥락발화는 훨씬 더 분명하고 상세하게 구성될
수 있는 규칙들로 (예를 들어 클라인이 기술하는 바로 그런 종류의
규칙) 맥락에서 유도해 낼 수 있고, 그것에다가 지시할 수 있다고 가
정하고 있다. 다음의 일련의 예를 들어보자.:

        Hans hat die Tür zugemacht. (한스가 문을 닫았다.)
        ° *Zu oder auf?* (닫았어 열었어?)
        ° *Ich dachte, Fritz.* (난 후리쯔인줄 알았어.)
        ° *Absichtlich oder aus Versehen?* (고의적으로 아니면 실수
          로?)
        ° *Die zum Hof?* (뜰로 난 문?)

    첫 번째 발화에서 언어적으로 완전히 복구할 수 있는 해석을 하게
하는, 텍스트에서 완전한 네 가지 맥락발화 중 어떤 것의 경우에도

---

33) 나는 내가 대응물의 등가부류로 이렇게 언어화하는 것을 여기서는 이해시키는
   것이 단지 부분적으로만 언어적으로 진행된다는 것을 보여 주기 위해 방법론
   적인 목적으로만 사용한다는 것을 다시 한번 지적해 둔다.

분명한 언어적인 규칙으로 관련시킬 수 있을 비-언어적 상황틀은 생각할 수 없다.

맥락발화의 두 유형 사이에는 과도기적 현상이 있다는 것이 이 명제를 반박하지는 않는다. 어쨌든 순수한 유형들이, 한편으로 텍스트에서 완전한 맥락발화가 글말 텍스트에서, 다른 한편으로 상황에서 완전한 맥락발화가 이전에 순전히 구두로 하지 않은 상호행위 내에서 첫발화로서 입증된다.

탈맥락화 불가능한 발화에 대한 이러한 부연설명의 결과를 내가 그것으로부터 문법을 위해 끌어내게 되는 결론과 더불어 다음의 도표에서 요약해 보겠다.:

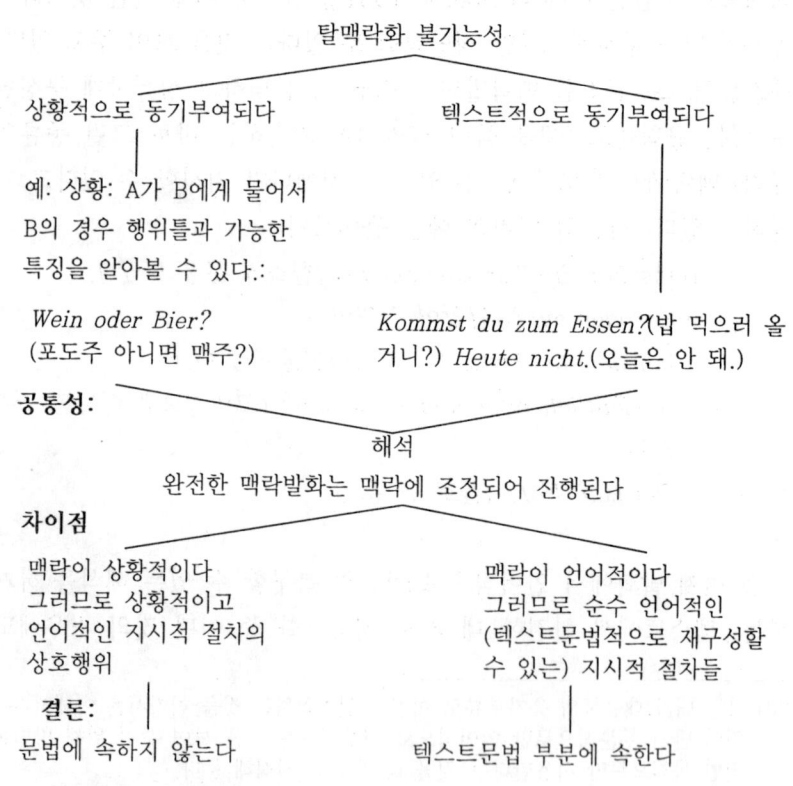

탈맥락화 불가능성

상황적으로 동기부여되다   텍스트적으로 동기부여되다

예: 상황: A가 B에게 물어서
B의 경우 행위틀과 가능한
특징을 알아볼 수 있다.:

Wein oder Bier?   *Kommst du zum Essen?*(밥 먹으러 올
(포도주 아니면 맥주?)   거니?) *Heute nicht.*(오늘은 안 돼.)

공통성:

해석
완전한 맥락발화는 맥락에 조정되어 진행된다

차이점

맥락이 상황적이다   맥락이 언어적이다
그러므로 상황적이고   그러므로 순수 언어적인
언어적인 지시적 절차의   (텍스트문법적으로 재구성할
상호행위   수 있는) 지시적 절차들

결론:
문법에 속하지 않는다   텍스트문법 부분에 속한다

4. 2. 동사가 마지막 자리에 있는 KOMA

비-정동사형-KOMA가 유일하게 표현면에 있어서 덜 원형적인 KOMA는 아니다. 여기서는 그 형식이 접속법으로 도입된 "부문장"을 지니지만, 지금까지 고찰된 KOMA 정의의 의미에서 볼 때 KOMA로서 사용될 수 있는 의사소통 단위를 두 번째 종류로 들어보겠다.

알트만(Altmann)(1984)이 보여 준 것처럼 이렇게 '동사가 마지막 자리에 있는 문장'34)을 통해서도 넓은 언표수행적 스펙트럼이 —단지 서술적인 유형이 없는 것처럼 보여지는— 충족된다. 알트만에 전적으로 기대어 그의 용어를 빌어 개괄해 보겠다.:

(1) 동사가 마지막 자리에 있는 문장단위의 질문-문장: *Ob wir uns (wohl/mal) wiedersehen?* {우리가 (아마도/또) 다시 만나게 될지?}

(2) 동사가 마지막 자리에 있는 단어단위의 질문-문장: *Wer das (wohl) eingekauft hat?* {누가 이것을 (정말) 사 온 거야?}

(3) 동사가 마지막 자리에 있는 소원-문장: *Daß er (doch) käme!* (그가 (꼭) 오기만 한다면!)

(4) 동사가 마지막 자리에 있는 명령-문장: *Daß du mir (bloß/ja) rechtzeitig zurückkommst!* (네가 나에게 (단지/정말) 시간에 맞추어 오기를!)

(5) 동사가 마지막 자리에 있는 문장단위의 감탄-문장: *Daß ich das erleben muß!* (내가 그것을 겪어야 하다니!)

(6) 동사가 마지막 자리에 있는 W의문사-감탄-문장: *Wie schön (doch) deine Beine sind!* {네 다리는 어찌나 (정말) 아름다운

---

34) '동사가 마지막 자리에 있는 것'은 '동사복합체의 정동사형 부분이 괄호 안에서 마지막 요소다'라는 의미에서 이해될 수 있다.

지!)

이러한 유형들은 각각 톤원형(Tonmuster)도 또한 일정한 역할을 하는 언어수단배열에서 분명히 인식되는 KOMA-원형을 나타낸다.

5. 상위 경계를 확실히 하기 위해서: KOMA-정의에의 마지막 접근

5. 1. 문제제기와 해결시도

지금까지의 정의에 따르면 —점차적으로 강력해짐에도 불구하고— 아래의 문장들에 대해서

A   *Ich hoffe, du kommst heute. (나는 네가 오늘 오기를 바라고 있어.)*

Kommst du, ist gut, kommst du nicht, ist auch gut. (네가 와도 좋고 안 와도 좋아.)

B   *Er kam zur Tür herein, sie stand am Fenster, und sie sanken sich in die Arme. (그는 문으로 들어왔다. 그녀는 창가에 서 있었다. 그리고 그들은 포옹했다.)*

Unter die Dusche und dann ins Bett. (샤워를 하고 그리고 나서는 침대로.)

이것들이 각각 하나 또는 여러 개의 KOMA를 구성하고 있는지 그렇지 않은지를 결정할 수가 없다. 상위 경계를 확실히 하는 것 또는 최소한 KOMA를 위한 한계치를 제시하는 것은 문법에 있어서 포기할 수 없는 것이다.:

상위경계를 포기하는 것은 텍스트/담화 그리고 기본적인 문장들을 동일한 권리의 의사소통 단위로서 취급하게 만들고 이렇게 해서 인간의 말에서 회귀성의 근본적인 특징, 즉 텍스트에서 기본적인 원형들이 담화에 적응해서 다시 돌아오게 되는 특징을 고려하지 못하게 될 것이다.[35]

상위경계를 전적으로 포기하는 것에 다른 극단으로서 상위와 하위 경계를 동일화하는 것이 대립되어 있다. 이런 경우에 위의 유형 (1)부터 (3)까지의 명제가 하나뿐인 단위는(문법적으로 의미있는) KOMA-유형이다. 그리고 그 외 다른 것은 KOMA가 아니다.

간단히 말하자면 상위와 하위 경계의 동일화는 이중조건을 넘어서는 것이다.:

정확히 명제가 제시된다면 정확히 의사소통 행위의 등가부류에서 의사소통 행위가 제시되는 것이다

그리고

정확히 의사소통 행위의 등가부류에서 의사소통 행위가 제시되면 정확히 명제가 제시된다.

명제적으로 세분화되어 있기는 하지만, 자율적으로 그리고 완전히 의사소통적으로 행위하기에 분명히 적합하지 않은 언어수단배열이 그렇지만 매우 많이 있다. (전통적으로) 도입된 부문장으로서 (*als, weil, daß, wenn* 같은 접속사로) 표시되는 것들을 생각해 보라. 이러한 방향에서 다음의 논리적 관계가 올바르지 않다면, 즉 맞지 않는다면:

정확히 명제가 **하나**라면,

정확히 의사소통 행위도 **하나**이다

---

35) '담화에 적응해서'라는 말은 : S⌒S ---→S가 아니라 텍스트 연결로의 원형을 고려한다는 것이다.(I 장을 참고하라)

이것은 또한 역으로도 올바르지 않을 수 있다. 왜냐하면 정확히 하나의 의사소통 행위에 정확히 하나의 명제가 부속되어 있을 것이라 해도, 자명하게 그 어떠한 의사소통 행위에도 부속되지 않은 명제가 아주 많이 있다면 바로 이러한 명제는 '비언표수행적인 허공'에 매달려 있을 것이다. 이렇게 될 수도 없고 되어서도 안 된다. 이렇게 해서는 문법적 이론이 정립될 수 없게 되는 것이다.

그래서 우리는, 명제와 언표수행 간에는 다수 대 일의 관계가 있을 수 있고, KOMA는(적어도 또는 최대한?) 단일-언표수행적이 될 수 있고 (이에 대해 아래를 참고하라), 그러나 모든 경우에 있어서 '다-명제적'이 될 수 있다는 결론을 이끌어내야만 할 것이다.

5. 2. 사례 구분

다음에서는 사례 구분의 틀 내에서 주제를 다루겠다.

사례 A에서는 **하나의** KOMA의 위상을 시사하는 의사소통의 성과가 있는 표현에서부터 시작하겠다. 여기서, 이렇듯 이론의 여지 없이 단일-언표수행적 단위의 사례에서 당연히 하나의 KOMA로서 간주되어야만 된다면 언어수단배열이 어떠해야만 하는가가 토론될 수 있을 것이다.

사례 B에서는 이론의 여지가 있는 단일-언표수행적 단위에서 출발해서 다음과 같은 질문을 하게 된다,
　　(a) 여기에 수정된 언표수행적 지시를 암시하는 언어수단배열이 있는지.
그리고
　　(b) 이러한 수정된 언표수행적 지시가 확고한 것이고 문법적으로 의미있는 것으로 만들어질 수 있는지.

이러한 토론에서 일련의 광범위한 사례구별을 행해야 하므로 도식적인 제시형식으로 넘어가겠다.:

A	
사례 1:	단일-언표수행적 단위가 '주문장'[36]과 임의의 부문장, 예를 들어 접속사에 의해 도입되는 부문장으로 이루어지다.: *Ich arbeitete im Garten,(나는 정원에서 일했다)* *als mein Freund kam.(내 친구가 왔을 때)* *weil ich mich entspannen wollte.(긴장을 풀려고 했기 때문에)* *wenn ich Zeit hatte.(시간이 있었을 때.)* • 문제상황: '주문장'은 **단독으로** KOMA로서 등급되어서는 안 된다. 그렇지 않으면 부문장-명제는 언표수행이 없는 허공에 떠 있게 된다. • 해결전략 (구조주의적): 다른 표현들이 종속되어 있는 표현들은 —그 맥락에서— 문장이 아니다.(수동적 의존성의 기준).
사례 2:	해결전략(내가 추구하는): 단독으로 KOMA일 수 있는 표현 모두가 모든 맥락에서 단독으로 KOMA인 것은 아니다. 단일-언표수행적 단위들이 '주문장'과 유도되지 않은 '부문장'으로 이루어지다.: (a) 1. *Ich hoffe, du kommst morgen.* *(나는 네가 내일 오기를 바란다.)* 2. *Öffnet man die Tür, so steht man direkt vor einem riesigen Bett. (문을 열면, 곧바로 거대한 침대 앞에 서 있게 된다)* (b) *Sie verwahrte sich gegen den Vorwurf.(그녀는 비난에 항의했다)* 1. . Sie habe 2. , sie *nur an ihre Kinder gedacht.* *(단지 그녀의 아이들만 생각했다.)* • 문제상황: '부문장'은 자율적인 KOMA로 등급되어서는 안 된다. 이것은 언표수행적 잠재력으로 장비되어 있는 것이 아니라, 입장을 알리는 것(희망, 비난)에 종속된 명제 내지는 조건부화하는 것(= (a) 2.)을 표현하는 것이다. 사례 (b)에서 "비난"이라는 입장을 알리는 범위 내에서 명제로서의 사용이고(= (b) 2.) 자율적인 KOMA로서의 (= (b) 1.) 사용과 구별되어야 한다.[37] • 해결전략(구조주의적): 다른 표현들에 종속되어 있는 표현들은 —이러한 맥락에서— 문장이 아니다.(능동적 의존성의 기준).

사례 1과 2에서 공통적인 것은 분류된 예에서 실현시킨 언어수단들이 —개념을 가장 좁은 의미에서 파악한다면— 문제가 되는 단위의 비-KOMA-위상을 증명하기 위해서 충분하지 않은 것처럼 보인다는 것이다. 문장배어법과 형태론적인 수단으로부터 —즉 이론의 여지가 없는 유일한 언어수단— 홀로 서 있는 주문장으로서의 *Ich arbeitet im Garten.*과 위에서처럼 종속적 부문장을 지닌 주문장으로서의 그것과 서로서로 구별되지도 않고, 또한 홀로 서 있는 주문장 *Du kommst morgen*은 위의 예에서 사용되었듯이 종속적인 목적절로부터 구별되지 않는다. 언어수단개념을 확장해야지만 계속해서 논의할 수 있다.

사례 A에서 다음이 —대안적으로— 고려가 된다

- 언어수단으로서의 문장억양
- 물질적 층위를 넘어서서 '통사론적 관계'로 언어수단개념을 연장시키는 것

두 가지 가능성은 언어학자들에게서 상이한 평가를 받고 있다. 바로 문장정의의 역사에서 문장억양은 한편으론 전반적으로 문장을 위한 기준이 되는 언어수단으로 설명되고 있고(레얼히(Lerch) 1983, 분더리히 1979), 다른 한편으로는 문장정의적 특징으로서의 기능에 있어서 전적으로 비판되었다.[38]

---

36) *부문장*과 *주문장*은 여기서는 아직 6장에서의 정의의 의미에서 사용되지 않는다.
37) 말을 재현하는 KOMA(간접적인 말)는 특수경우를 보여 주는 것이다. 이 문제점은 여기서 제외한다.
38) 뮐러(1985a)는 억양을 언어체계적 수단의 조합에서 추방하기까지 하며 '체계 부정 언어학'(101쪽)이라는 고유한 영역에 넣고 있다. —추구된 언어체계 관련의 문장정의에 아무런 기여도 하지 않는 영역.

어쨌든 새로운 문법연구의 경향은(『독어문법원론』와 아이젠베르크 1986을 참고하라) 문장억양을 ─기술적으로 다루기에 무척 어려움에도 불구하고─ 순수한 언어수단으로 평가하는 쪽으로 가고 있다.

두 번째 대안에서는 통사론적 관계를 재수용한다는 점을 누구보다도 구조주의자들이 지지하고 있다.(위의 사례설명도를 참고하라): 예를 들어 알러톤(1962, 32쪽)은 블룸필드(1933)와 프리즈(1952)를 인용해서 '다른 요소에 종속되지 않는' 그리고 '다른 요소에 의해서 종속되지 않는' 이중공식을 문장-기준으로서 부각시켰다. 이런 식으로 해서 A의 두 경우는 종속성의 추상적 통사론적 관계를 경유함으로써 설명되게 된다.

그러나 이제 통사론적 종속성은 ─두말할 것 없이 언어 단위의 출현 관계를 넘어서는 길에서 단지 외견상 경험적으로 고정시키기 위해(이에 대해 헤링어(Heringer)/슈트레커/빔머(Wimmer) 1980, 170쪽을 참고하라)─ 바로 A의 2 (b)와 같은 사례에서 의미론적 종속성을 위해 추가된 시험으로서 입증된다.: 우리가 이미 지시 2로 결정했다면 *Sie habe nur an ihre Kinder gedacht.*는 예를 들어 *daß sie nur an ihre Kinder gedacht habe,*와 대체할 수 있다. 나는 여기서 능동적 그리고/또는 수동적 종속성의 통사론적 관계가 언어수단배열에 있어서 단독으로는 KOMA-위상을 확정하는 역할을 떠맡을 수 없다는 결론을 내린다. 다시 말해서 우리는 다음과 같이 그 어떤 원형도 확정할 수 없다는 것이다.(핵심 '문장'이라고 사용된 용어에 대해서는 6장의 부분망-결합 Ⅲ을 참고하라):

A의 경우 사례 1
　〈〈서법: 직설법,　위치: 동사 둘째 자리,　종속성: 수동적〉,
　　〈단독적으로는 언표수행적 잠재력이 아님, 언표수행작용소의 의미 범위가 폐쇄되지 않았기 때문이다.〉〉

'상위문장으로서의 주문장'을 위한 원형

<u>A의 경우 사례 2</u>

    (a) 1, (b) 2
〈 〈서법: 직설법/접속법 I식,
    위치: 동사 둘째 자리,   종속성: 능동적〉,
〈언표수행적 잠재력이 없음〉 〉
    '하위문장(종속적 주문장) I 로서의 주문장'을 위한 원형

    (a) 2
〈 〈서법: 직설법/접속법 II식,
    위치: 동사 첫째 자리,   종속성: 능동적〉,
〈언표수행적 잠재력이 없음〉〉
    '하위문장(종속적 주문장) II로서의 주문장'을 위한 원형

<u>그리고 최종결론으로서</u>

〈 〈서법: 직설법/접속법 I식,
    위치: 동사 둘째 자리, 종속성: 없음〉,
〈서술적인 언표수행적 잠재력을 지님〉 〉
    단순한 완전문(KOMA-기능을 지닌 문장)을 위한 원형

나는 이 원형을 다음과 같은 고찰에 의해서 포기하게 된다.:
해석에 의거해서

        언어수단배열, 의사소통의 성과에
             \   ↗
            적합하다

원형들은 능동적/수동적 종속성의 언어수단(?)기준이 여기서 언표
수행적 잠재력을 넘어서 그래서 자율적인(비의미론적인) 기준으로서
결정된 것인 것처럼 해석될 것이다.

그 대신에 우리는 종속성 기준을 포기하고 예를 들어 다음의 ―의
사소통 기능과 관련하여― 모호한 원형을 만들어 내야만 할 것이다.

[원형]
──────────────────────────────────────
〈〈서법: 〈직설법/접속법 Ⅰ식,
　　　　　위치: 동사 둘째 자리〉

단독으로 언표수행적 잠재력이 아닌	→상위문장으로서의 주문장을 위한 원형 (i)
언표수행적 잠재력이 없음	〉〉→하위문장으로서의 주문장을 위한 원형 (ii)
서술적인 언표수행적 잠재력	→단순한 완전문을 위한 원형 (iii)

또한 동사가 첫째 자리에 있는 원형도 형성될 수 있을 것이다.

그렇지만 이것은 우리가, 언어수단배열은 의사소통의 성과를 낮추
어 규정하는 것, 자세히 말해서 직관적으로 해당하는 것보다 훨씬 더
강하게 그렇게 한다는 것을 받아들인다는 것을 의미하게 될 것이리
라. 우리의 일련의 예에서 직관적으로 모호한 유일한 사례는 A의 사
례 2 (b) 뿐이다. 이러한 직관적인 것에 반하는 모호성이 제거되기를
기대하고 있는데 위에 개략한 두 가지 대안 중에서 우리는 하나를 ―
최소한 지금까지 설명한 견해에서― 즉 '통사론적인 종속성'을 고려
하지 않는다.

우선 문장억양에 머무르자. 나는 문장억양이 ―최소한 지금까지
설명한 상위문장/하위문장 구조에 관한 것― KOMA와 KOMA 부분
사이를 구별하는 데에 있어서 분명한 기능을 갖고 있다는 의견에 동

조한다.:

> 상·하위문장 사이를 이어 주는 곳에서 어조원형, 어조의 높이 진행 그리고 휴지관계와 관련하여, 영역의 비완결성이 언표수행 작용소를 시사하는 분명히 '비완료적인' 억양 관련의 부분-원형 이 나타나게 된다.

5. 3. 맥락관계의 기준과 정의 형성

하지만 억양 이외에도 KOMA-원형의 모호성을 제한하는 다른 가능성이 있다.:

> 사례 A에서 내적으로 다명제성을 지닌 단일-언표수행적 단위에 관한 것이 문제가 된다면, KOMA-위상을 개별명제들 간의 맥락 의미론적인 관계에서 전개시키는 것이 적절하다.

이것은 다시금, 근본적으로 KOMA를 정의할 때, 정의내리려는 단위의 영역을 넘어서는 곳까지 바라봐야만 한다는 것을 의미한다. 정의내리려는 단위의 영역을 넘어서는 곳까지 바라보는 이 방법은 오래된 전통이다. 구조주의자들이 처음이 아니고 이미 리즈(1931, 61쪽)가 상위경계를 확정하기 위하여 이러한 기준을 소급시키고 있는 것이다.:

> "개별문장으로 표시되는 조각으로서의 말은 광범위한 구조체를 비교적 독립적이고 스스로 전체를 형성하는 부분들로, 간단히 **더 작은 단위로** 나눔으로써 문법적 고찰로부터 얻어진다. 그래서 어디까지 이렇게 나누는 것이 계속되어야만 하는지 그리고 어디서 중단해야만 하는지를 언급하면서 개별문장의 경계를 알게 하는 특징들이 필요한 것이다. 이는 어렵지 않게 눈에 띤다.: 말의 남아있는 부분은 한편으로 **개별** 문장이어야 한다. 다시 말해서 **단지 하나의** '말전체'이어야만 한다. 그러나 다른 한편으

로 자기 방식대로는 하나의 **전체**이다. 즉 나누는 것이 나머지 조각이 **더 이상 동일하게 나누어질 수 없을 때까지** 그런 정도로 계속되어서, 그의 부분들의 한 부분 또는 모든 것이 스스로 다시 문장이 된다는 것이다. 그러나 나누는 것이 더 이상 계속되어서는 안 되고, 문장내부에까지 계속되어서는 안 된다. 그렇지 않으면 우리는 문장부분들 또는 문장성분들을 얻게 되지 '말조각들'은 얻을 수 없는 것이다. (…)"

그러나 여기서 이러한 기준은 이미 규격화된 것으로 들어서고 있고, 그렇게 해서 말-관련 기준으로 들어가게 되는 것이다.: 기대했던 **맥락-관계-기준** 대신에 우리는 **텍스트를 분절하는 규정**을 얻게 되는 것이다. 그래서 이것은 <u>그렇게는</u> KOMA-정의에 사용할 수 없다. 그러면 이것은, 단지 리즈 식의 파악으로부터 규격화된 정교함 내에서 구별되는 결정적인 정의 매개 변수(분류학자들의)의 경우에도 그렇게 된다. 이것은 앞서서 알러톤(1969)에서 보여 주고 있다.

텍스트 분할에 있어서 말 관련 기준에서 출발해서

"각각의 발화는 남김없이 문장으로 분석될 수 있다. 다시 말해서 남아있는 것은 아무것도 없게 된다. 전적으로 자립적인 모든 요소는 남아있는 것(하나가 있다면)의 발화 위상에 영향을 미치지 않으면서 생략되어야만 한다는 것을 강력히 주장해야만 할 것이다."(32쪽)

알러톤은 우선 잠재적인 문장들에 대해서 말과 분리된 층위에서 언급하고 있다.

"그래서 동일한 문법적 형식{즉, (주어진 배열에서) 형태소의 동일한 연속체}은 한 맥락 안에서 문장을 형성할 것이고 그리고 다른 맥락 안에서 문장의 부분을 형성할 수 있을 것이다. 이를테면 잠재적인 문장인 이러한 형식을 우리는 자유 형식 또는 자유 연

속체라고 부를 수 있을 것이다."(31/32쪽)

여기서부터 다시 규격화된, 다시 말해서 코퍼스와 토큰 관련 층위
의 문장정의로 돌아가기 위해서:
"문장적인 가치를 위한 우리의 기준들을 요약하는 것이 이제 가
능한 것처럼 보인다.:
(1) 문제의 분절은 완전한 발화로서 어딘가에 나타나야만 한다.:
(a) 동일한 형식과 함께(예를 들어 악센트적 패턴의 변화 없이)
(b) 의미 변화없이 (그 자체에서, 그의 이웃에서 또는 그들의 관
계에서)
(2) 문장 후보는 비-문장을 남기지 않으면서 생략될 수 있어야만
한다. 즉 발화는 남김없이 문장으로 분석될 수 있어야 한다.

그러므로 문장은 '주어진 운율 패턴과 함께 주어진 배열에서 최
소의 구조적으로 자립된 형태소의 연속체'로서, 위에 제시된 기
준을 유의하면서 이해된 구조적으로 자립되어 있는 최소 구로서
정의내려질 수 있을 것이다."

(42쪽)

부류형성(잠재적 문장에서)을 우회하는 이러한 명백한 코퍼스 관
련성이 우리의 목적일 수는 없다. 오히려 우리는 동시에 (우리가 미
리 규정한 것에 맞게. 위의 논증을 참고하라) 토큰들의 부류에 **종속
적으로** 타당한 타입으로서의 단위를 위한 맥락과 관련된 기준을 찾
고 있는 것이다. *문장에 이중으로 관련되어 있는 것이 바로 이러한
규정조각에서 부각되는 점으로서 입증된다.
이것은 다음을 의미한다.:
(a) 구조주의적인 맥락-관계-기준의 기계적인 남김-없는-규정은
여기서 제안된 정의의 필적에 상응하듯이 의사소통의 의미에서

제공되어야만 할 것이다.

(b) 본래의 텍스트분할 규정은 —일관되게 또한 이러한 의사소통의 의미에서 부분적으로 변화시켜야만 하는— 단지 필연적인 결론으로서 원래의 정의에 덧붙일 수 있다. 왜냐하면 그들이 바로 문장의 **하나의** 해석, 즉 순수히 토큰 관련 해석에 직접적으로 들어맞기 때문이다.

그럼에도 불구하고 나는 우선 과제설정 (b)에 주의를 돌리겠다. 왜냐하면 (a)는 (b)를 일반화하는 것으로서 얻어져야만 하기 때문이다.

내가 '부수적인 결과물'(Korollar)을 —간단한 알고리즘적인 초안을 잡아가면서— 전개시키게 될 사고는 다음과 같다.:

완전하게 이야기된 것과 완전한 텍스트에 서술어가 '의사소통적으로 행위하기 위해서 사용될 수 있다'. 서술어로 '의사소통적으로 행위한다'는 것은 서술어로 '케익을 먹는다'에서와 같은 것이다. 케익을 전부를 먹는다고 한다면 이는 또한 케익의 절반 또는 삼분의 일 또는 한 조각을 먹는 것이기도 하다. 이것을 텍스트에 적용하면: 텍스트를 형성하는 텍스트부분들과도 또한 완전하게 의사소통적으로 행위할 수 있다는 것이다. 하지만 케익을 먹는다는 것에서와는 달리 여기에는 '아래 방향으로' 서술어가 더 이상 타당하지 않은 경계가 있는 것이다.: '의사소통적으로 행위하기에 적합한'이란 서술어가 여전히 타당하지만, 동시에 정말로 가장 작은 텍스트부분이 아닌 가장 작은 텍스트부분이 있다. 이러한 의시소통의 최소단위를 우리는 주목하고 있는 것이다. 그러면 각각 성립되어 이웃하게 되는 두 개의 텍스트부분에 여전히 항상 서술어가 '의사소통적으로 행위하기 위해서 사용될 수 있다'는 것이 타당하도록 텍스트를 분할해야만 할 것이다. 그러면 서술어가 여전히 타당한 가장 작은 텍스트 부분들은 이러한 텍스트에서 KOMA(토큰들)인 것이다.

다음과 같이 알고리즘적으로 이 절차를 설명할 수 있을 것이다.:
텍스트분할 알고리즘의 출발요소는 전체텍스트 A이다. 이 텍스트는 알고리즘에서 생산되어야 되는 [A] 집합의 출발요소이다. 이 집합은 '의사소통적으로 행위할 수 있기 위해서 사용될 수 있는'의 특성을 지니고 있는 요소를 포함하고 있다. 이웃한 하위사슬에서, 표시 $*^z$에서 A로 시작되는 분할의 유일한 정의의 특징은 '분할이 [A]에서 완결된다'는 것이다.

다시 말해서: $*^z$을 [A]로부터 이미 생산된 요소 α에 적용하면
$$\alpha *^z <\beta, \ \gamma>$$

그러면 β와 γ는 마찬가지로 [A] 안에 있게 된다.

이것으로 또한 중단-조건이 주어지게 된다.:
이미 생산된 모든 부분사슬의 경우 동일성 분할의 가치는 예외로 하고 다른 시험적인 수치가 모두
$$\alpha *^z \alpha$$
[A] 안에 있지 않으면 분할은 끝나게 된다.

이제 토큰-타입-계층에서 엄격하게 형식적으로 더 생각해 보면 KOMA-타입들은 모두 이러한 단위여서, 분류된 토큰들이 KOMA-토큰들로서 나타나는, 방금 언급한 의미에서의 텍스트분할이 있게 되는 것이다.

즉 이 정의를 완결되고, 정체적이고 확장적인 것으로서가 아니라 열려 있거나 절차적이거나 의도적인 것으로 이해한다면 이제 이러한 정의는 언제나 그런 것처럼 토큰-타입으로 생각하는 발단에서 다음

과 같은 조건에서만 의미가 주어지게 된다. 다시 말해서: 이 정의는 가능한 텍스트산출에 대한 진술이라고 말하는 것이고 텍스트분할에 대해 언어능력에 의지하는 판단 또는 텍스트를 분할하는 절차라는 뜻이다.

우리의 일반적인 KOMA-정의의 경우에는 우리가 최종결론으로서 규격화된 대구 개념에서 확정한다면 충분하다.:

> KOMA는, 각각의 맥락에서 (분할과 함께 토큰-맥락을 위한 종속적인 표시로서), 이미 기술된 KOMA를 위한 규정적인 특성을 지닌 가장 작은 언어 단위이다.

이렇게 맥락관계적인 경계를 짓는 특징을 첨가하는 것이 (위로의 경계) KOMA-정의의 마지막 파악으로 이끌게 된다.:

KOMA-정의 (마지막 파악)

> KOMA는 —KOMA를 실현시키는 원형을 근거로 해서— 그들의 각각의 맥락에서 명제적으로 (최소로) 세분화된, 탈맥화 가능한 언표수행적 잠재력을 지닌 가장 작은 언어 단위이다.

또는:

> KOMA는 —KOMA를 언어로 실현시키는 원형을 근거로 해서— 그것을 가지고 그들 각각의 맥락에서, 그렇시만 맥락과 언어적 환경(Ko-Text)에 직면하여 비교적 독립적으로, 의사소통 행위의 등가부류에서 완전한 의사소통 행위를 수행하기에 적합한 가장 작은 언어 단위이다.

이렇게 확장된 정의는 내가 보기에는 사례 A에서 (위를 참고하라) KOMA와 KOMA-부분을 서로 구분하기에 충분한 것이다. 나는 이것을, 정의 및 필연적 결론을 사례 A를 위해 만들어진 원형에 적용함으로써 보여 주겠다.

이 때 나는 의사소통의 성과와 관련해서 모호한 원형을 넘어서서 맥락요소들이 텍스트분할 규칙의 조건이 채워지는 방식으로 작용하는 것에서 출발해 보겠다.

다시 말해서: [원형]과 (위를 참고하라) 관련하여 이것은 다음을 의미한다.:

> (i) 모든 맥락에 타당해서, 문제가 되는 연속체 α와 '나머지' β로 이루어진 [A]에서의 적합한 텍스트 조각 A의 시험적인 분할은 다음으로 나타난다.:
>
> $$A *^z \langle \alpha, \beta \rangle \qquad \alpha \in [A] \quad \text{와 함께}$$
> $$\text{및} \quad \langle \beta, \alpha \rangle \qquad \beta \notin [A]$$
>
> 분할이 거부됨: α는 혼자서는 KOMA가 아니다

> (ii) 다음과 같은 맥락 모두에서(위처럼) 타당하다
>
> $$A *^z \langle \alpha, \beta \rangle \qquad \alpha \notin [A] \quad \text{와 함께}$$
> $$\text{및} \quad \langle \beta, \alpha \rangle \qquad \beta \in [A]$$
>
> 분할이 거부됨: α는 KOMA가 아니다

> (iii) 다음이 있는 모든 맥락에서 (위처럼) 타당하다
>
> $$A *^z \langle \alpha, \beta \rangle \qquad \alpha \in [A] \quad \text{와 함께}$$
> $$\text{및} \quad \langle \beta, \alpha \rangle \qquad \beta \in [A]$$
>
> 분할이 수용됨: α는 KOMA이다.

5. 4. 복합 KOMA 대 KOMA-복합체: 구체적 사례로 검증

KOMA를 정의하는 데 있어서 상위 경계로서 마지막으로 접근했는데, KOMA-결합체 즉 전통적인 복합 문장이, 문장 결합체를 *Ab ins Bett, wo es warm ist!(따뜻한 침대로!)*처럼 종속된 구조가 있는 다른 복합적인 KOMA-유형들을 포함해서 확정되는가? 이러한 정의는 '문장연결문'('Satzreihen')(에르벤 1980, 아드모니(Admoni) 1970에서), '복합문'('Satzperioden')(에르벤 1984에서) 또는 '중문' ('Satzverbindungen') (두덴(Duden) 문법에서)을 KOMA-기능에서 제외시키는가?

텍스트분할 규정은 이러한 결론에 근접하고 있다. 약관 (ⅲ)에 따르자면 우리는 예를 들어 사례 B에서 언급한 복합문을

B   *Er kam zur Tür herin, sie stand am Fenster, und sie sanken sich in die Arme. (그는 들어왔다, 그녀는 창가에 서 있다, 그리고 그들은 포용했다.)*

생각할 수 있는 모든 맥락에서 다음과 같이 분할할 수 있을 것이다.:

전체 복합문 B는 명백히 의사소통적으로 행위될 수 있는 텍스트 조각 B의 위에 있는 다수의 사슬들 [B]로 되어 있다.

$$B *^z < \alpha, \beta > \qquad \alpha \in [B] \text{ 와 함께}$$
$$\downarrow \quad | \qquad\qquad \beta \in [B]$$

Er kam zur Tür herin, sie stand am Feser,
(그는 들이왔다, 그녀는 창가에 서 있다.)
$$\downarrow$$
sie sanken sich in die Arme.[39]

---

39) 부분사슬 *und(그리고)*의 분류는 여기서는 다루지 않은 채로 있다. *und(그리고)*, *oder(또는)*, *deshalb(그것 때문에)* 같은 접속어는 단순히 무시하고 당연

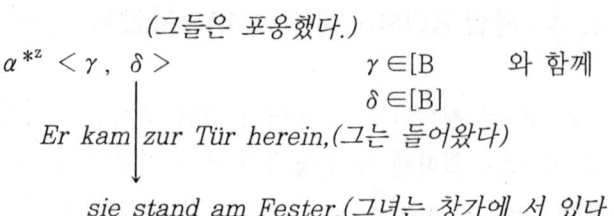

(그들은 포옹했다.)

$\alpha *^z < \gamma, \delta >$ $\gamma \in [B$ 와 함께
                                     $\delta \in [B]$

Er kam | *zur Tür herein,(그는 들어왔다)*

sie stand am Fester.(그녀는 창가에 서 있다.)

하지만 개별-KOMA에서 이러한 분할에 대해 다음과 같은 반박이 이제 가능할 것이다.:

> 전체로서의 복합문 B는 다른 방식의 기표에서는 KOMA α, γ 와 δ의 연속으로서의 의사소통의 행위도구로서, 정확히 말해서 의사소통 행위의 더 복합적인 형식의 도구로서 소용된다.

다시 말해서: 어쨌든 실질적으로 어떤 것도 잃지 않으면서 ―그것이 정확히 무엇이라고 불리든지간에 상관없이― 독립적인 부분행위에서 해체될 수 있는 복합적인 행위가 있을 수 있다고 주장될 수 있다는 것이다. 더욱이 이러한 종류의 복합성은 '통상적인' 텍스트 복합체와는 다른 것이고 그러므로 복합문의 KOMA-위상을 복합적으로 지시한다는 것을 받아들여야만 한다는 것을 내포할 것이리라. 반증은 ―아주 직관적으로 몇몇 가지를 그 자체가 지니고 있을― 의사소통 행위의 복합성을 위한 기준과 존망을 같이 한다. 이와 같은 복합성규범을 ―언어 형식에서 분리된― 나는 알지 못한다.

언어행위이론은 이러한 문제에 비교적 솔직하게 다가가고 있다. 이러한 분석으로 (예를 들어 약속분석, 요구분석) 언어행위이론가들은 각각 '단순한 형식들', 즉 최소의 복합적인 의사소통 행위의 종류를 주목했거나 또는 각각 단순성, 비통합성의 이러한 특성을 하지만 한번도 더욱 정확하게 규정하지 않고 이러한 행위들의 단순한 형식

히 이렇게 분석되어서도 안 된다.

들을 계열적으로 분석했다. 이제 하위로의 경계짓기, 즉 **여전히** 아직 완전하지 않은 의사소통 행위인 것에 반해서, 즉 충분히 복합적이 아닌 것의 경계는 비교적 분명한 것이고, 개념에 도달할 수도 있을 것이다.(완전한 행위가 되기 위해서는 언표수행 행위에서야 비로소 보충되는 비자립적인 부분행위들, 보고하기와 서술하기 따위로 구분하고 있는 썰 1969를 참고하라). 하지만 **더 이상 최소로** 복합적인 것이 아닌 것에 반해서 상위로의 경계는 무척 어렵다. 단순히 주장하기, 요구하기 또는 약속하기와 비교해서 이미 그들의 속성에서부터 더욱 복합적인(예를 들어 근거 대기, 비교하기, 조건 달기, 논증하기, 서로 대치시키기 등등) 의사소통의 행위원형이 있다. 그러나 여기서 그 자체가 복합적인 행위원형과 독립적인 행위의 연속으로서 이해되게 하는 상호행위의 도식 사이에 그 경계는 어디에 있는 것일까?

어떠한 경우에도 최소의 언어적 행위원형과(여기서 다음을 상기하자.: 원형이란 일정한 언어수단배열 + 의사소통의 성과를 말한다) 사전에 주어진 것이고 본질적으로 더 최소인 또는 최소로 더 복합적인 의사소통 행위 사이에 명백한 분류는 없다.

부사적 '부분장'이 있는 '문장 결합체'에서는 —적어도 전래의 파악에 의하자면— 단지 '주문장'만이 독립적으로 완전한 의사소통 행위를 수행하기에 적합하게 사용될 수 있다. 즉 주문장이 최소의 언어적 행위원형이다. 이에 반해서 부문장은 특별한 언어수단배열로 인해서 이렇게 하기에 적합하지 않다. 부문장은 주문장과 공동 출현하게 되어 있다.(이들 사이의 경계에 대해서는 분류학자들 예를 들어 알러톤 1969, 30쪽 이하를 참고하라). 다시 말하자면: 두 개 —주문장+부문장—가 함께 있어야지 비로소 언어적 행위원형보다 '더 작은' 모든 원형은 '가장 작은 언어행위원형'의 부분이어야만 한다는 원칙에 따라 여기서는 하나의 KOMA로 나타날 수가 있는 것이다.

그럼에도 불구하고 —그렇게 여겨진다— 다음과 같은 문장 결합체로

Als Jockel den Gipfel des Seekogels erreicht hatte,

　(죠켈이 제코겔의 정상에 도달했을 때,)

genoß der die phantastische Aussicht.

　(그는 환상적인 전망을 즐겼다.)

최소가 아닌 복합적 행위가 수행된다.:

　정상에 도달한 것에 대한 보고

　+ 전망을 즐겼다는 것에 대한 보고

　+ 두 사건을 시간적으로 연관시키는 것

　역으로 단순한 의사소통 행위도 —이렇게 나타날 수도 있을 것 같은데— 언어적으로 분할되고, 과도하게 연장할 수 있는 것이다.

　예: *Gestern war Freitag.(어제는 금요일이었다.)*

　　　Das behauptet Hans.(이것을 한스가 주장한다.)

　여기서 다음의 문장으로 수행할 수 있을 '단순한' 의사소통 행위가

　Hans behauptet, es sei gestern Fretiag gewesen.

　(한스는 어제가 금요일이었다고 주장한다.)

두 개의 KOMA로 구성되어 있는데, 이것은 물론 전체적인 성과에 있어서 논리적 귀결이 없는 것은 아니다.

　그러므로 나는 다른 곳에서(치포눈 1986, 45쪽) 다음의 결론을 끌어내게 되었다.:

　　그러므로 언어와 무관하게 주어진 최소의 의사소통 행위라는 사고로부터 거리를 두고, 하나의 혹은 여러 개의 행위가 제시되어 있는지의 여부를 각각 언어적 형성에 의존적으로 만드는 것이 일관성이 있는 것으로 여겨진다. 그러면 **하나의** 의사소통의 최소단위는 각각 **하나의** 의사소통 행위를 지지하게 되고, 무관하게 분리되어 제시될 수 있을 것 같은 여러 가지 타당성요구를 우세한

하나의 타당성요구에 통합시키는 것도 가능하게 되는 것이다.

하지만 이것으로는 복합문의 문제성에 대해서 여전히 아무것도 얻지 못했다는 프로그램만이 요약된 것이다. 왜냐하면 이것은 **하나의** KOMA를 의사소통 행위의 도구라고 미리 가정하는 것을 지지할 수 있는 확고한 언어 형식의 ―또는 내가 말하고자 하는 대로 말한다면, 언어적 원형의― 기준을 설명할 수 없기 때문에 그런 것이다.:

- 좁은 의미에서의 언어수단의 기준, 형태론과 유형학의 기준은 실패한다
- 결합수단 자체는(대등연결의 접속사를 다 합쳐서) 어떠한 통사론적 관계도 (부사적-관계가 종속 접속사에 의해서 만들어지게 되는 것과 같은 의미에서) 만들지 않는다. ―즉 통사론도 실패한다― 결합수단은 텍스트연결어로 마찬가지로 잘 해석될 수 있다.
- 결과적으로 또한 (위에서 암시한 것처럼) 텍스트 분할 기준도 실패한다.

복합문의 경우 그럼에도 불구하고 KOMA를 사전에 가정하는 것을 지탱할 수 있게 할 덜 명백한 기준들은 각각 구두의 그리고 서면의 의사소통에 관련된 억양과 구두법이라는 보충적인 수단이다. 이 둘은 ―**하나의** 의사소통 단위의 억양원형에 따라서 복합문을 억양적으로 형성하는 것 (즉 "진행중인" 소리원형을 통해서) 또는 구두법적으로 합치는 것(쉼표나 세미콜론을 통해서)― 하지만 복합문의 KOMA-위상에 대한 숙고를 비로소 납득하게 만드는 발단점에 불과할 뿐이다. 확정적인 논증을 지닌 조커(만능카드)로서는 너무 약하다. 이러한 위장하고 있는 조항-기능은 내가 보기에 여기서 단지 의사소통의 성과가 맡게 되는 것의 단면일 뿐이라고 보고 있다. 만약 하나의 복합문으로 밀집화시킨 것이 특별한 종류의 KOMA-성과로

서 나타날 수 있게 된다면, —텍스트의 밀집화 현상으로서가 아니라— 그러면 우리는 비교적 약하게 형성된 언어수단측면을 감수하는 것이리라. 그렇다, 우리는 도입되지 않은 부문장과의 관련 속에서 처리한 것과 유사하다. 거기서 의사소통의 전체 성과가 아주 분명하게 KOMA-종류여서 언어수단이 종속적으로 대표된다는 점을 언어적으로 실현되는 데 있어서 표현측면과 내용측면 사이의 (외견상의) '불일치'를 통상적 현상으로서 감수해야만 했다.

복합문에서 확실히 KOMA-위상을 시사하는 경우들이 있다.:

Iß Obst | *so bleibst du gesund.* (그래야 건강할 거야.)
(과일 먹어!) | *und du bleibst gesund.* (그러면 건강할 거야.)

이러한 구성은(에르벤 1984를 참고하라) 도입되지 않은 조건문+주문장의 연속체로서 분류된다. '부문장'이 독립적인 명령문의 형상을 띠지만 의사소통 기능은 따라오는 주문장과 결합하여 언급된 분류를 시사하고 있는 것이다. 어쨌든 이러한 분류는 '결정질문'의 형태로 도입되지 않은 조건문의 경우에서처럼 그렇게 강요되는 것은 아니다.:

Kommt er, so fangen wir gleich an. (그가 오면 곧 시작하자.)

여기서 '결정질문'의 연속체로서의 해석과 예측되는 진술의 연속체로 해석하는 것이 여전히 이해의 다리를 놓아 줄 수 있을 것이겠지만, 직접적인 문법적 해석은 조건적인 **의미**로부터(질문-의미에서가 아니라) 출발할 수 있을 것이다.

이에 반해서 다음과 같은 경우에는

Iß Obst, so bleibst du gesund/und du bleibst gesund.
(과일을 먹어라. 그러면 건강할 거야./그래야 건강할 거야)

명령적인 의미가 조전적 해석의 토대가 된다. 조건적 해석이, 더 더욱 기저에 놓여있는 명령적 의미에서, 견고해진 화용론적인 함의가 아닌지에 대해 숙고해야만 할 것이다. 게다가 나는 명령적 의미는 앞문장의 충족조건이 더 상세하게 형성되면 될수록 더 강력하게 전면에 서게 되리라고 추측한다.:

> *Komm heute nachmittag um drei, dann werden wir schon sehen.* (오늘 오후 정각 세 시에 와라. 그러면 보게 될 거야.)

말만 장황하고 의미는 별로 없다.: 명백히 복합문과 문장결합체 간에는, 우리의 용어로 하면 KOMA-복합체와 복합 KOMA 사이에는 "과도기현상"(에르벤 1984, 57쪽)이 있다. 그리고 이러한 과도기현상에서 언어수단의 다른 진술에도 불구하고 복합문 전체의 KOMA-위상을 시사하는 KOMA에 기여하는 형식에 바로 명백한 의사소통의 성과가 있는 것이다. 하지만 이러한 과도기현상의 다른 한편에서는 논증도 의미론적 해석으로부터 강요되지는 않는 것이다.

나는 다른 곳에서 잠재적으로 독립적인 여러 개의 KOMA로 이루어진 KOMA-성과를 생산하는 것이 상이한 타당성요구들을 하나의 우세한 타당성요구에 병합시키는 것이라고 지적했었다. 예로서 KOMA-연속체, KOMA-복합체 그리고 복합적인 KOMA로 이유 제시가 되는 언어적 형성을 참고로 인용하겠다.:

(1) *Hans kommt heute nicht. Er hat Seminar.*(한스는 오늘 오지 않는다. 그는 강의가 있다.)

(2) *Hans kommt heute nicht. Er hat nämlich Scminar.*(한스는 오늘 오지 않는다. 그가 강의가 있다는 것이다.)

(3) *Hans kommt heute nicht, denn er hat heute Seminar.* (한스는 오늘 오지 않는데 왜냐하면 오늘 강의가 있기 때문이다.)

(4) *Hans kommt heute nicht, weil er Seminar hat.(한스는*
오늘 강의가 있기 때문에 오지 않는다.)

(치포눈 1986a, 45쪽)

각각 언어행위를 밀집시키는 도구를 지닌 이러한 연속체에서 (1)과
(4)는 분명한 사례를 보여 주고 있다. 지시하는 것이 이유 제시 관계
의 의미에서 오로지 맥락적인 연속을 통해서만 유발되는 (1)에서는
명백히 두 개의 KOMA와 상대하게 된다. 이에 반해서, 여기서는 '타
당성요구들 중의 하나, 예를 들어 이유 제시가 우세하게 된다고' 말
할 수 있는 (4)에서는 분명히 하나의 KOMA와 상대하게 된다. 이 두
사례 사이를 (2)와 (3)이 연결하고 있다.

이들에서는 (1)에서와는 달리 언어 수단으로 이유 제시가 표현된
다. 이렇게 말할 수 있을 것이다.: 이유 제시가 각각 두 번째로 확정
하는 것에 겹쳐져서 이유 제시의 복합적인 원형이 확정을 통해서 실
현될 수 있는 것처럼 여겨진다. 하지만 (4)에서와는 달리 이미 이루어
진 단순한 확정에 반하여 이유가 제시된 확정은 그 자체가 행위인 것
이다. (2)에서 그리고 더욱 분명하게는 (3)에서 여전히 이것을 변호할
수 있다면 여기서 또한 타당성요구들 중의 하나가 (예를 들어 이유
제시) 전면에 서게 되고 그러면 불분명한 사태를 신뢰할 수 없는 방
식으로 분명하게 하는 것이리라. 확실히 하나의 타당성요구가 우세
하다는 이러한 결과가 여기에 나타날 수는 있을 것이다. 하지만 (4)에
서와 다르면 안 되는 것이다.

이유 제시의 문장연속체가 밀집되어 있는 곳에서 복합적인 KOMA
를 근거를 대는 것과 같이 추론제시의 문장연속체에서 논증될 수 있
을 것이다.

복합문의 다른 중요한 그룹에 대해 더 다루겠다.: *und(그리고)*,
*oder(또는)*와 이와 비슷한 것들의 병렬적인 결합에서는 밀집화-표시

가(온점과 상승하는 억양 대신에 세미콜론 또는 쉼표) 일반적으로 단지 동일한 언표수행적 잠재력을 지닌 KOMA-후보가 결합되는 곳에서만 나타난다는 점이 눈에 띤다. 이 점은 (가능한 모든 것을 유보해서) 동일한 서법이 있는 문장들만이 복합문에서 통합된다는 것에서 추론할 수 있다.:

I   1. *Kommst du oder gehst du?(오는 거니 가는 거니?)*

   2. *Nimm ein Aspirin oder geh ein bißchen spazieren!*
      (아스피린을 먹든지 산책을 조금 하세요!)

대

II 1. *Das habe ich gestern gesehen. Oder glaubst du mir*
      nicht? (그것을 어제 보았어요. 아니면 나를 안 믿어요?)

   2. *Mach das Feste zu! Oder frierst du nicht? (창문 좀 닫*
      아요! 아니면 안 추워요?)

이러한 처리방식은 그룹 I에서는 단지 하나의 의사소통 행위에 관한 것이라는 것을 추측할 수 있게 할 것이다. 기술적으로 말하자면:

그룹 I의 추정적 KOMA에서 우리는 그것의 의미 범주 내에 각각 두 개 또는 여러 개의 명제적 대응물이 있는 단 하나의 언표수행작용소를 재구성한다. 언표수행작용소를 끌어내는 것은 기술적으로 보자면, 동일한 언표수행작용소가 여러 개 나타날 경우에 언표수행작용소를 '뒤쪽 술어 뒤로 보내는 것'에서 진행된다. ―이 때 동일한 언표수행작용소는 동일한 언표수행적 잠재력이 고려의 대상이 되는 부분단위에 전달된다는 것 바로 그 때문에 존재하게 되는 것이다.

이러한 처리방식에 의하면 두 개의 지시, 이중 언표수행적 지시

(언표수행작용소를 '뒤쪽 술어 뒤로 보내지' 않으면서) 그리고 단일 언표수행적 지시(뒤쪽 술어 뒤로 보내면서)를 다음과 같이 메모하게 된다.:

이중 언표수행적: ? (*du komm*) ∨ ?(du geh) 네가 오는 경우

언표수행이 없는   혹은 네가 가는 경우[40)]
문장의 나머지

단일 언표수행적:?(*du komm- ∨ du geh-*) 네가 오거나 가는 경우

언표수행이 없는, 문장의 나머지

그러나 이제 언표수행적 작용소를 뒤쪽 술어 뒤로 보내는 술수는 (이는 단지 기술적으로 여겨진다) 아무런 결과도 없는 채로 남아있게

---

40) 다음의 현상으로 현혹되어서는 안 될 것이다. 이 이중-언표수행적 지시는 명백히 *Ich frage dich, ob du kommst*(나는 네가 오는지 묻는다) 또는 *ich frage dich, ob du gehst*(나는 네가 가는지 묻는다)라고 수행적으로 고쳐 쓰여질 수 없다. 이러한 바꿔쓰기가 실패하는 것은 단일-언표수행적 지시의 경우에는 상응하는 바꿔쓰기가 성공하게 된다는 간접 증거로서 평가할 수 있을 것이다.: *Ich frage dich ob du kommst oder gehst.*(나는 네가 오는지 가는지 묻는다.) 그러나 이제 II장 1절에서는(명백한 이중-언표수행적인 경우) 마찬가지로 명백하게 수행적으로 다음으로 고쳐 쓰여질 수 없는 것이다.: *Ich versichere dir, daß ich das gestern gesehen habe.*(나는 내가 그것을 어제 보았다는 것을 너에게 보증한다.) 또는 *ich frage dich ob du mir nicht glaubst.*(나는 네가 나를 믿지 않는지 너에게 묻는다.) 즉: 두 경우에 단지 명백히 수행적으로 고쳐 쓰는 것이 모든 경우에 그리고 임의적으로 가능하거나 의미를 얻게 되는 것은 아니라는 것을 확인하게 될 뿐이다. 하지만 단일-언표수행적 지시나 이중-언표수행적 지시를 결정하기 위한 그 어떤 논증도 부여하지는 않고 있는 것이다. 왜냐하면 분명히 이중-언표수행적인 *oder-*결합에서 *oder*(또는)가 각각의 의사소통 행위를 명백히 수행적인 두 개의 고쳐쓰기를 결합시키는 바꿔쓰는 것이 가능하지 않다면, 이런 종류의 바꿔쓰기 가능성은 이중-언표수행성의 간접 증거도 단일-언표수행성의 간접 증거도 아니기 때문이다. 즉 불분명한 경우에는 수행적 바꿔쓰기 가능성의 논거로서 그 어느 것도 강요될 수 없는 것이다.

된다.:

단일-언표수행적 지시는 예술의 모든 규칙을 따라서 비언표수행
적인 문장의 나머지가 oder-로 결합된 명제로서 2 가 논리의 의미
에서 평가되어야 한다는 사실로 이끈다. 즉 최소한 두 개의 명제들
중 하나가 참으로 평가되면 명제가 참으로 평가될 것이라는 것이다.
그러면 전체-KOMA의 경우에는 다음과 같은 해석이 맞을 것이다.:

이는 삽입된 두 개의 절로 된 명제의 진리에 대한 질문에 관한 것
이다. 삽입된 명제가 참이라고 평가되면 질문은 *그렇다*로 대답된다.
이것은 말했다시피 이들을 이루고 있는 두 명제 중의 하나가 참이라
고 평가되면 다시 참으로 평가된다. 이것은 *그렇다*가 질문에 대한 올
바른 대답이라고 간주되어야만 할 것이고, 더욱이 상대방이 그가 오
는지 또는 가는지 확정하지 않은 대답에서도 그래야만 한다는 것을
의미하는 것이다. 정확히 그런 것은 아니다.: 일반적으로 이접적인
질문에 *그렇다*로 대답할 수도 없는 것이고 서로 협동하는 태도를 보
이는 한, 이접적인 질문에 미정인 채로 대답할 수도 없는 것이다.

이에 반해서 이중 언표수행적 지시에서는 이접적인 명제를 명백하
게 진리조건적으로 해석하는 것이 내가 앞서 다룬 것처럼 처음부터
봉쇄되어 있다. 이러한 것이 오히려 사용에 맞는 것처럼 여겨진다.

이렇게 여기서 단지 *oder*(또는)를 가지고 보여 줄 분석만이 단일
언표수행적으로 해석하는 것이 병렬적인 복합문에서 문제가 없다는
것이 아니라는 것을 어쨌든 지적하고 있다. 무엇 때문에 이것을
KOMA-위상으로 배속시킴으로써 강요해야만 한단 말인가?

그렇기 때문에 최소한 문법기술의 목적을 위해서 나는 이미 설립
된 상위 경계가 맞는다는 것을 확신하고 있다.: A 유형의 KOMA-구
조물은 이 경계 안에 있는 것이고 KOMA-복합체(복합문)는 이 경계
의 다른 편에 있는 것이다. 이러한 진술을 KOMA-정의의 마지막 필
연적 결론으로서 평가할 수도 있을 것이다. 경계를 그음으로써 분리

된 그것이 다시금 맥락발화(위의 4. 1장을 보시오)의 사례에서처럼 텍스트문법의 대상이다. 맥락발화는 (언어수단의) 절약을 근거로 해서 텍스트성을 전달하고, KOMA-복합체는 (언어수단의: 억양, 쉼표의 역할을 보시오) 현존을 통해서 텍스트성을 전달하고, KOMA-복합체 전체는 KOMA와 텍스트 사이의 과도기현상을 묘사하고 있는 것이다. KOMA와 KOMA-복합체 사이의 과도기현상은 접합부성격을 지닌 KOMA-복합체이다.

6. 추가 수확: 문법에서 KOMA의 역할에 대한 그리고 KOMA 주변의 용어론적 부분망에 대한 도표

도 표

KOMA의 주요 특성을 도표로 요약하겠다. 다음과 같다.

- 두 개의 주된 유형 즉, 완전문과 대안적 KOMA로 분할되는 것
- KOMA를 위한 정의적인 특징들
- 개별특징들로부터 귀결되는 제외특성과 포함특성들: KOMA의 정의 영역으로 들어오지 않는 발화단위들에는 어떠한 것들이 있는가/이 영역으로 들어올 여지가 있는 것들에는 어떤 것들이 있는가?
- 제외특성으로부터 귀결되는 것으로서 텍스트문법(계획된 문법 내부에서)과 사회적 화용론(계획된 문법 외부에서)을 구분짓는 것: KOMA가 아닌 발화단위들의 구성요소는 어디에서 다루어지는가?

- 개별특징과 관련하여 이루어지게 되는 과도기 현상들: 어떠한 발화단위들이 이 특징과 관련하여 언급된, KOMA를 위한 최소 한계치 아래에 (직접적으로) 있는 것인가?

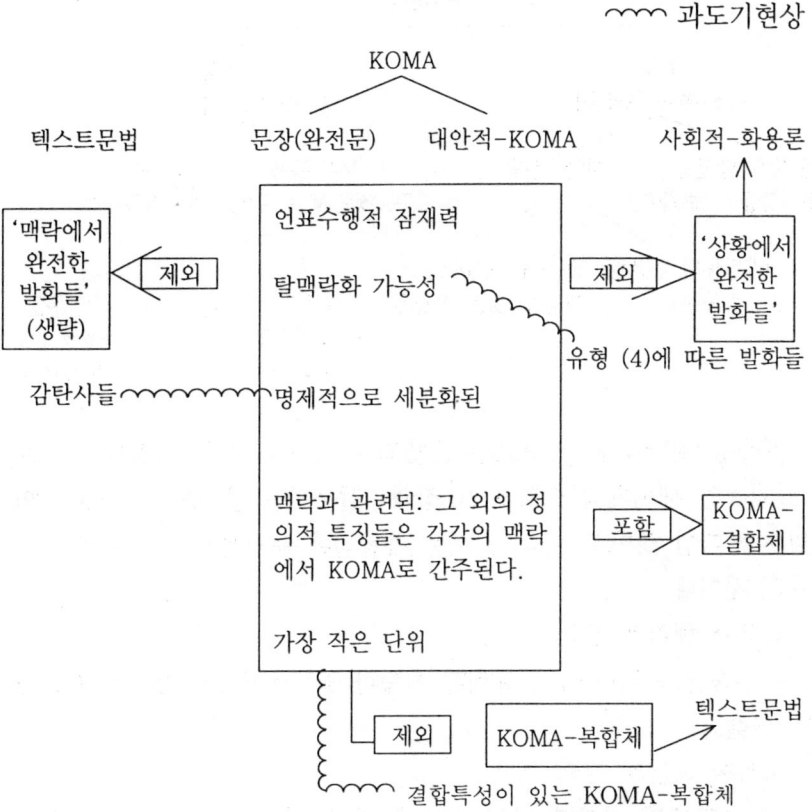

용어론적 부분망에서 각각 병존하는 근원적 교차점으로서의 *KOMA*, *KOMA-부분* 그리고 문장을 결합시키는 제안을 함으로써 마무리짓고 싶다. 하지만 우회하는 방식에서 이 목표에 도달하게 될 것이다. 즉 우선 두 가지 제안을 할 것인데 이것은 하지만 내가 근거를 제시하면서도 포기해야만 하는 일정한 장점들을 가지고 있는 것들이

다.

부분망-결합 I (받아들여지지 않음)

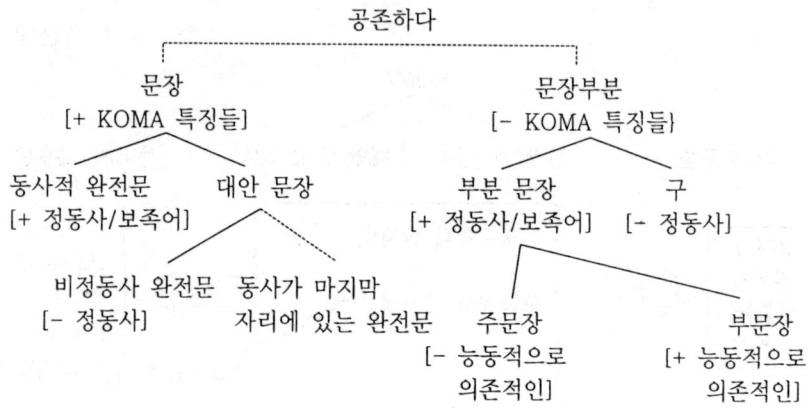

이러한 제안에서 KOMA는 문법적 용어가 아니다. 그렇다면 이는 '일시적인 대체개념'으로서 (0.장의 '들어가는 말'을 보시오) 그의 임무를 다한 것이고, 따라서 이는 재정의된 문장개념으로 완전히 대체될 것이다.

이러한 해결의 장점:

-이 중심 단위가 이미 채택된 친숙한 일상언어적인 명칭을 지녔다는 사실.

이러한 해결의 단점:

-경계짓기의 성과가 단지 하나의 정의어(determinatum), 바로 문장에만 적용되어야만 하기 때문에(두 종류 다 즉 '문장'과 'KOMA'에 적용되는 대신에) 정의(determinans)의 영역에서 규정짓는 것이 쌓아올려져야만 한다. 즉 '동사적 완전문'이라는 말처럼 단어들을 쌓아올려 흉물이 되어 버리게 한다.

-기능적인 (부분망 *문장*) 그리고 형식과 관련된 특징(부분망 *문장*

부분)은 서로 교차된다. 그 결과, 정의어 *문장*을 지닌 모든 용어들에 공통적인 특징은 전혀 없다.

　-그러므로 *문장*은 일차적으로 통사론적으로 정의된 단위에는 (정-동사적 서술어와 보족어의 일치현상, 특수경우에는 보족어가 없기도 하다) 사용할 수 없다.

부분망-결합 Ⅱ (받아들여지지 않음)
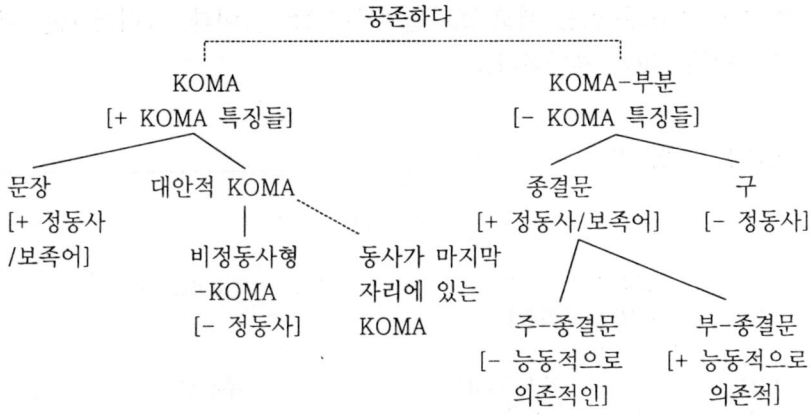

　이러한 제안에서 KOMA는 문법적 용어로서도(정의된 특징에 따라서) 사용된다.

　이러한 해결의 장점:

　-*문장*은 여기서 아마도 직관과 가장 근접한 의미에서, 특별한 방식으로 문법적으로 형성된 의사소통 단위로서 사용된다.

　-*문장*을 기능적으로 동기유발된 것으로 사용하는 것과 통사론적으로 동기유발된 것으로 사용하는 것 사이의 불일치를 피할 수 있다. 즉 *부문장/주문장* 대신에 여기서는 *주종결문/부종결문*이 사용되었다.

이러한 해결의 단점:

-두 번째로 언급한 장점으로부터 이의 단점이 직접적으로 비롯되고 이는 해결 I에서 마지막으로 언급한 단점에 상응한다.

-즉 *문장*을 통사론적 단위를 위한 용어로서 사용할 수 없다.

하지만 바로 이점이 나에게는 매우 중요하게 여겨진다.: 문법적 단위(예를 들어 범주문법적인)의 복합적 구성이 기술되어야만 하는 곳에서 범주 S(문장)는 결코 포기될 수는 없는 것이다. 그래서 나는 부분망-결합 Ⅲ을 제안한다.:

부분망-결합 Ⅲ
_____

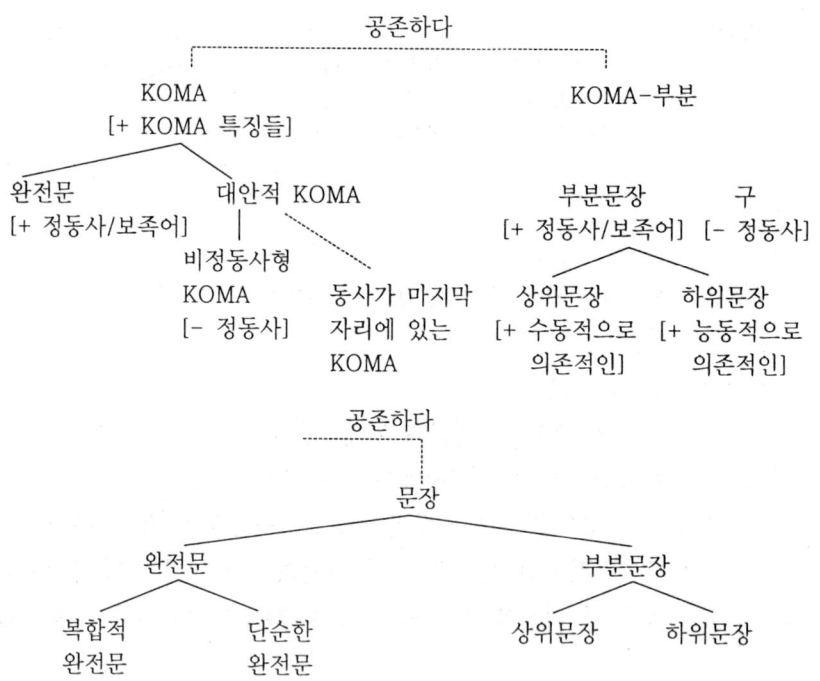

부분망-결합 Ⅲ은 통사론적-의미론적인(합성적인) 것과 기능적인 정의동기 및 명칭동기를 가장 쉽게 충족시킨다.:

> 정의어로서의 문장이라는 용어 하에 들어가게 되는 모든 단위들은 구조적이고 통사론적 의미에서 문장들이다. 그들의 각각의 기능적 역할은 정의로부터 나오게 된다.

*문장*에 이제 또한 기능적으로 근거되지 않은 다른 하위개념이 있을 수도 있는데 —대략 유형학적으로 근거된— 이것은 Ⅰ에서는 사용의 이질성에서 가능하지 않고, Ⅱ에서는 사용의 협소함 때문에 의미가 없고 가능하지도 않을 것이다.

그래서 우리는 제공된 용어 '주문장'과 '부문장'을 유형학적 규정 크기가 있는 다음의 부분망으로 만들 수 있는 것이다.:

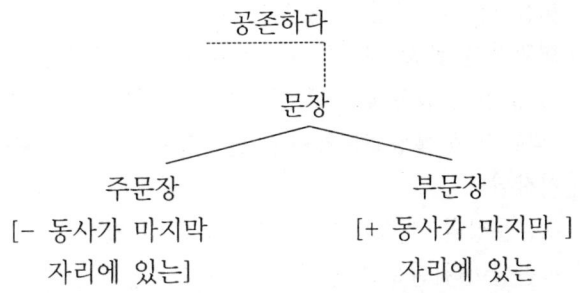

교차하여 분류해서 묶은 두 개의 문장-망의 공존은 다음의 구분을 가능하게 한다.:

(1) 복합적인 완전문은 최소한 각각 하나의 상위문장과 하위문장을 포함하고 있다.

(2) 스스로 능동적으로 의존적이지 않은 상위문장들은 [+ 수동적으로 의존적인, -능동적으로 의존적인] 일반적으로 주문장의 형태를 띤다. 이와 같은 상위문장들은 복합적인 완전문에서

언제나 주문장-형태를 띤다.

(3) 단순한 완전문들은 주문장들이다.

(4) 하위문장들은 부문장들이거나 의존적인 주문장들이다.

(5) 하위문장들이 아닌 부문장들은
동사가 마지막 자리에 있는 KOMA이거나 동사가 마지막 자리에 있는 KOMA에서의 상위문장이다.

예: *Wie schön es ist, daß du gekommen bist! (당신이 와서 얼마나 좋은지!)*

그러면 문장들은 모두 최소한 하나의 정동사를(그리고 상황에 따라 이 동사에 종속되는 보족어를) 포함하는 구조이다. 이러한 최소의 특징구조는 상이한 차원에서 강화할 수 있다.:

- 기능적 차원에서 문장은 KOMA-기능 또는 KOMA-부분-기능을 갖는다[완전문 대 부분문장].
- 회귀적인 복합성의 차원에서 문장은 간단하거나 또는 그쪽에서 보면 문장형태의 구조를 지니고 있다, 즉 복합적이다.
- '회귀적 복합성'의 차원은 필연적으로 우선 완전문 층위에서 시작된다.
- 부분문장들 자체가 다시 복합적일 수 있다는 사실은 단지 후속현상이다[단순한 완전문 대 복합적인 완전문].
- '복합성 내에서의 관계성'의 차원에서 문장들은 (복합적인 완전문들의 부분으로서) 하위문장의 상위문장이거나 상위문장의 하위문장이다. 하위문장의 상위문장인 문장은 동시에 다른 상위문장의 하위문장일 수가 있다[+ 수동적으로 의존적인, +능동적으로 의존적인].
- '유형학적 구조'의 차원에서 문장은 주문장[- 동사가 마지막 자리에 있는]이거나 부문장[+ 동사가 마지막 자리에 있는]이다.

이렇게 해서 *문장*은 언어수단측면과 관련된 용어인 것이다. 그러나 이렇게 정체가 확인된 언어수단배열은 각각 단지 원형의 일정 분량의 한 면일 뿐이기 때문에 언어수단배열의 의사소통적 성과의 잠재력은 분명하게 규정되는 것이다. 이것은 문장에 전통적인 방식으로 결부되어 있는 단 하나의 의사소통의 성과인 것이 아니라 ― KOMA로서의 그의 성과― 가능한 한, 명제적 기능(4장의 유형 (2)의 의미에서)의 의미론적인 개념으로 통합되는 일련의 성과들인 것이다.(이 개념은 언표수행적으로 확고하지도 않고 진리가도 확고하지 않다.) KOMA와 문장은 원형적 KOMA뿐만 아니라 원형적 문장이기도 한 완전문에서 서로 만난다.

여기서 형식과 성과는 "일치한다".(가드너 1932, pass.를 참고하라).

제 3 장의 차례

제 3 장 · 문법 규칙은 무엇인가 그리고 그것은 어떻게 문법에서 형성되는가?

1. 규칙, 체계, 규칙체계

*언어적인 규칙체계*라는 표현은 언어학자들이 쉽게 말하곤 하는 것이다. 그럼에도 불구하고 예나 지금이나 이 표현이 통일되어 사용되지는 않고 있다.[41] 왜냐하면 이 표현에 사용된 *규칙*과 *체계*라는 두말이 모두 이론이 분분한 것이기 때문이다.:

*규칙*은 한편으로 후기 비트겐스타인의 전통에서 중심적인 사회과학적 구상으로서 이해되었다.: 인간들이 따르고, 인간 집단에게 타당하고, 집단적인 실천을 규정하는 규칙들이 사회과학적인 규칙 작성에서 드러나져야만 하는 것이다. 거기서 규칙은 기술대상이지 기술의 산물이 아닌 것이다. 나는 *규칙*을 이렇게 사용하는 것을 '사용 1'이라고 하겠다.(이에 대해 무엇보다도 켈러 1974와 1979를 참고하라).

다른 한편으로 *규칙*은 예나 지금이나 모호한 관계성과 함께 사용된다. 이를 '사용 2'라고 했을 때 이러한 사용에서 *규칙*은 각각 맥락에 따라서 *공식으로 나타내어진 법칙성 및 규칙성* 또는 *규칙성의 공식화*를 의미하게 된다. 여기서 규칙은 공식으로 나타내어진 것이 타당한 것일 뿐만 아니라, 또한 종이 위에 나타나 있는 것 그리고 이렇게 타당한 것이 공식으로 나타내어진 것이다.

---

41) 나는 여기서 규칙을 설명한 것 중 두 가지 사용방식만 다루겠다. 하나는 비트겐스타인의 규칙개념에 의거하여 *규칙*을 언어학적으로 사용한 것이고(이에 대해 예를 들어 헤링어(1974a)의 논문들을 참고하라), 다른 하나는 덜 전문용어적인 사용으로서 특히 전통적인 문법에서 어디에서나 마주치게 되는 것으로서의 *규칙*이다. 예를 들어 형식 문법적 체계에서의, 예를 들어 생성 문법의 "다시 쓰기 규칙" 등과 같은 의미에서의 *규칙*의 이해는 제외된다.

이러한 모호한 사용은 무엇보다도 또한 문법 규칙의 맥락에서 발견된다. 그래서 대략 독어에서 부가적인 형용사와 명사 사이의 격 일치의 문법 규칙 또는 문법적 성을 확실히 하기 위한 형태론적 규칙에 관해서 언급하는 것이고, 여기서 동시에, 해당하는 규칙성 자체와 이러한 규칙성을 이해한 것으로서 내놓는 언어적 표현양식을 의미하는 것이다.

아이젠베르크 문법의 텍스트 부분에서 발췌한 것에서 예를 들어 보겠다.:

이러한 규칙은 대개 다음과 같다.:

$$(3) \text{ 명사가 } (k) \left\{ \begin{array}{c} f \\ c \\ x \end{array} \right\} \text{ t로 끝나면 여성이다.}$$

(아이젠베르크 1986, 161쪽)

그리고 과제부분으로부터

   a) 비음 +자음으로 발음되는 단음절의 명사가 남성이라는 규칙을 위한 예와 반대의 예를 드시오. 반대의 예를 설명하시오. 상이한 종류의 규칙성에서 우선권에 관한 것이 추측되는가?

(아이젠베르크 1986, 397쪽)

規則의 이와 같이 느슨한 '사용 2'에는 규칙의 내용 면과 관련된 어떠한 제한도 없다는 것이 명백하다.: 형태론적, 음운론적, 통사론적 규칙들이 공식으로 나타내어지는 것이다. 이러한 규칙의 대부분은 아이젠베르크(161쪽)가 공식으로 표현한 문법적 성의 음운론적 규칙에서처럼 통계적이고 예측하기에 유용한 개연성의 성격을 지닌다. 사용 2의 의미에서 이러한 규칙들은 사용 1의 의미에서는 전혀 규칙으로 해석될 수 없는 것이다. 이 점은 특히 아이젠베르크가 위의 인용에 이어서 공식화한 예에서 분명해진다.:

다른 규칙성 또는 일반적인 경향은 다음이다.

⑷ 단어의 시작이나 끝에 자음 수가 많으면 많을수록 명사가 남성이라는 개연성이 커지게 된다.

(아이젠베르크 1986, 162쪽)

이러한 규칙은 습득할 수 없는 것이다. 왜냐하면 이 규칙은 위반될 수 없기 때문이다.: '있음직 하지 않은' 새 단어의 형성, 즉 단어의 시작에 비교적 많은 수의 자음이 있는 여성명사(!)는 규칙 위반인 것이 아니라, 통계적인 예측의 허용영역에서의 실재 사실인 것이다.

사용 1의 의미에서 규칙성과 규칙 사이를 경계짓는 기준은 규칙이 행동규정으로서 공식화될 수 있는 것처럼, 그것들이 습득될 수 있고 정정상황에서 인용될 수 있는 것처럼 여겨진다.(이에 대해 바취 (Bartsch) 1985, 180쪽을 참고하라) 이러한 기준은 다음의 유형학적 규칙에서 (상이한 세 가지의 공식화에서) 확실히 이행되고 있다.:

"우리는 *der Apfel* 이라고 하지 *Apfel der*라고 하지 않는다!"

"*Der*는 명사 앞에 있지 그 뒤에 있지 않다!"

"관사는 명사 앞에 있지 그 뒤에 있지 않다!"

(바취 1985, 181쪽)

이것이 분명히 규칙을 공식으로 나타내기 즉, 행동규정에 관한 것임에도 불구하고, 세 가지 대안 모두에서 느슨한 공식화는 (사용 2의 의미에서) ―진정 예외 없이 타당하게 되는― 선행출현 규칙성으로의 지시를 또한 허용하는 것이다.

규칙의 모호한 사용 2는 그래서 많은 것을 스스로 지닌 것처럼 여겨진다.:

사용 2는 관찰 가능한 규칙성과 행동규정 사이에 많은 경우에 단지 (!) 해석상의 차이만 있는 것이고, 규칙은 단지 공식화를 통해서

나 접근할 수 있다는 것을 보여 주고 있다. 게다가 이는 문법학자들에게 사용 1이 필연적으로 따르게 되는 언어이론적인 확정으로부터 멀리하는 것도 허용하고 있다.

물론 이러한 모호한 사용이 동시에 아무런 걱정이 없는 것은 아니다.: 이것은 우리에게 한편으로 이러한 규칙을 공식으로 만드는 것의 본질에 관해 —이것은 관찰 가능한 규칙성, 통계학적인 법칙성, 사회적 행동의 습득할 수 있는 규범들이다— 그리고 다른 한편으로 공식화된 것으로서의 규칙과 공식으로 만드는 것으로서의 규칙 간의 관계의 본질에 관해서 불분명한 채로 놓아 두고 있는 것이다.

이에 반해 사용 1에 동조하는 사람들은 그런 문제들을 일소하고 있다.: 그들은 *규칙*을 사용함에 있어서 모든 다의성을 피하고, 게다가 *규칙공식화*의 사용에 있어서는 더욱이 두 가지의 해석양식을 발견해 내기까지 하는 것이다.: 규정적인 해석양식에서 규칙공식화는 집단적인 규범을 편찬한다.(이에 대해 켈러 1979, 30쪽을 참고하라).42) *편찬하다*라는 단어는 쉬운 말이 아니다. 이것은 —사전에서 이 단어를 설명하기 위해 사용한 부분동의어들인 *규범, 규칙을 확정하기, (또한 서적으로 요약하다)* 따위에서 추측할 수 있듯이— 제거되어야 할 모호성을 계속 전달하고 있는 것이다.: *규칙을 확정하기*란 말은 규칙을 정착시키기, 세우기, 도입하기 정도로 이해할 수 있지만 또한

---

42) 켈러와 마찬가지로 나는 이 논문의 목적을 위해 규칙과 규범을 구분하지 않고 있다. 이것은 사회적 행위지향의 일반적인 관점에서는 함께 보아질 수도 있는 것이다. 이것은 사회적 행위지향의 상이한 특질이 작용하자마자 구분되어야만 하는 것이다.: 그래서 빔머(1977, 45쪽)를 인용하자면 규범은 규칙으로 간주할 수 있는 것이다. "이것은 이미 규정되어 있는 것이다. 이것은 다음과 같은 특성을 지니고 있다.
   - 규정된 특성 (설명된 의미에서),
   - 그들의 타당성영역을 확장하려는 성향을 가지고 있고
   - 그리고 상이한 규칙들 사이에서 일치를 만들어 내는 것을 목표로 하고 있다."
   규칙과 규범을 바춰(1985)도 구분하고 있다.

기록하기, 단일화하기 그리고 체계화하기를 통해서 이미 존재하는 규칙을 비-증명 가능성 또는 비-반박 가능성의 불확실한 상태에서 자유롭게 할 수 있는 것이다.

켈러(1979, 32쪽)에 의하면 규정적인 해석양식은 규칙공식화의 기술적인 해석양식에 논리적으로 사전에 배열되어 있는 것이다. 여기서 규칙-규정의 기능이 최소로 왜곡될 것이다.: 이것은 언어학적 유토피아, 언어적인 교섭을 하여 타협안을 합의하는 곳, 즉, 화자가 서로서로 그들을 이해시키는 규칙을 일치시키고, 그러면서 그들의 말을 하는 그런 지역을 목표로 하고 있는 것처럼 보인다. 새로운 놀이규칙과 그래서 새로운 놀이를 일치시키는 것, 우리가 정말 언제나 자유로울 수 있는 놀이 실습과의 비교가 이러한 상상을 하도록 만드는 것이다.

실제로 규정적 해석양식의 논리적 우선권은 *규정적이라는 것*이 규칙을 부여하는 것의 의미에서 그리고 규칙을 정착시키는 것의 의미에서 이해된다면야 비로소 타당한 것이다. 그러나 언어생성 유토피아의 맥락 밖에서 *규정적이라는 것*은 언어 규칙과 관련하여 언제나 단지 다음만을 의미할 수 있는 것이다.:

> "특정하고 이미 정착된 실습에 가담하고 싶다면 말이 건네진 자, 당신은 달리 말고 그렇게 행위하라."

이러한 사용에 있어서 규칙의 존재는 전제되는 것이고, 규정은 규칙 습득하기, 규칙-전수에 도움이 되는 것이다. *규정적이라는 것*을 이렇게 해석하는 것에서는 기술의 규정이 논리적으로 사전에 배열되어 있는 것은 아니다.: 오히려 이것은 함께 공식화된 조건 또는 단지 함께 고려된 조건('당신이 독어, 불어 등을 올바르게 말하고자 한다면')에 대해서 규칙의 존재를, 그리고 따라서 기술적인 문장들에서 상응하는 규칙기술의 원칙적인 공식화 가능성을 전제하는 것이다.

이제 켈러가 주장한 것처럼 언어학자가 그의 기술적인 규칙공식화에서 각각 논리적으로 우선적인 규정적 해석양식에 의존되어 있다면, 그렇다면 단지 규칙을 확정하는 유토피아적 해석양식만이 고려의 대상이 될 것이다.:

> [⋯] 기술적인 진술의 입증단계는 규정적인 규칙공식화로서 해석되는 동일한 표현의 진술이 올바르다는 것이다. [⋯] 우리가 언어 사실에 대한 참된 진술에 접근하는 것도 또한 이 사실을 표출하는 규칙을 올바르게 공식화하는 것을 거쳐 진행되는 것이다.
>
> (켈러 1979, 32쪽)

이것은 유토피아로의 후퇴를 오히려 기피하는 사람들에게는 불쾌한 일일 것이다. 하지만 나는 지금 기술적인 규칙공식화의 진리가 실제로 규정적 해석양식의 정당성을 증명한다는 사실을 뜻하는 것은 아니다. 나는 켈러식의 명제에 동의할 수 있지만,

> 기술적인 진술인 ≫단어 ≫*Junggeselle(총각)*≪가 독어에서 미혼남자를 지시하는 데에 사용된다는 것≪이 참인지의 여부는 바로 단어 ≪≪*Junggeselle(총각)*≫≫가 미혼남자를 지시하기 위해서 사용된다는 규칙이 타당하냐에 달려 있는 것이다.

위의 인용에 뒤따라오는 보충내용에는 동의할 수 없다.:

> 즉 기술적인 진술의 입증단계는 규정적인 규칙공식화로서 해석된 동일한 표현의 진술이 올바르다는 것이다.
>
> (켈러, 위와 동일한 곳)

규정적으로 이해된 규칙공식화가 올바르냐 하는 문제로 소급하는 것은 불필요하게 여겨진다. 켈러는 규칙의 관련 즉, 규칙공식화의 규정적 그리고 기술적 해석양식과 각각의 타당성양식 간의 관련을 다

음과 같이 재구성하고 있다.:

기술적으로 이해된 규칙공식화는 그들의 규정적 해석양식이 올바르다면 참이다.
규정적 해석양식은 공식으로 만들어진 것이 타당하다면 올바른 것이다.

(켈러 1979, 30쪽을 참고하라)

이러한 분석을 할 때에 두 가지 해석양식을 다음과 같이 상세하게 파악하는 것도 생각해 볼 수 있을 것이다. 이 때 나는 규칙특성을 —여전히 모호한— '독어에는 제공되어 있다'는 공식을 통해서 상세히 설명하고,(이에 대해 하버마스 1981 Ⅱ장 108쪽을 참고하라) 두 가지 해석양식의 모호함을 제거하기 위해서 '다음과 같은 경우이다' 그리고 '다음과 같은 사실은 올바르다'는 공식을 사용하게 된다. 그러면 켈러의 *Junggeselle(총각)* 예를 입증하기 위한 명제는 다음과 같이 된다.:

*Junggeselle(총각)*로 미혼남자를 지시하는 것이 독어에 제공되어 있다는 것이 올바르다면, *Junggeselle(총각)*로 미혼남자를 지시하는 것이 독어에 제공되어 있는 경우이다.

이러한 상세한 파악은 두 가지로 해석할 수 있다. —그 어느 것도 켈러식의 의도에 상응하지는 않는다.:

a) 이 문장은 동어반복적이다.: *이것이 그런 경우이다*와 *그것이 올바르다*는 서로서로 바꿔쓰기에 의한 표현일 뿐이다.
b) *올바르다*라는 판단으로 대략 다음과 같은 의미에서 독어의 하나의 규칙 즉 규범이 평가되고 있다. 총각이 적절한 단어, 미혼상태의 실재사태를 위한 '올바른 단어'라는 것이 표현되고 있다는 의미에서.

나에게는 켈러가 규칙공식화에 *올바르다는 것*을 적용하는 것에서 범주실수를 범하고 있다고 여겨진다.: *올바르다*는 행위와 규범을 평가할 수 있는 서술어인 것이다. 행위나 행위의 산물은 일정한 규범을 충족시킨다면 올바른 것이다. 규범은 더 일반적이고 규범적인 기본원칙을 충족시키면 올바른 것이다. *올바르다*는 그렇지만, 언어적 형성물이 언어행위의 산물로서 언어 규칙이나 규범을(이미 이루어져 있는 규칙/규범) 충족시킨다는 관점에서가 아니라면, 언어적 형상물에 적용될 수 있는 서술어가 아닌 것이다. 규칙공식화가 언어행위의 산물이기 때문에, 그러니까 이는 단지 그것들이 규범과 규칙을 충족시킨다는 의미에서만 올바를 수 있는 것이다. 그러니까 규칙공식화의 규정적 해석양식이 올바르다면 그들은 그들 자신으로부터 공식화된 규칙을 충족시켜야만 할 것이다. 즉 그들은 원래 처음에 정착시키거나 구성해야 하는 것의 존재를 전제로 한다는 것이다. 그러므로 나는 올바르다라는 판단을 모든 해석양식의 규칙공식화에 적용하는 것이 금지된다고 보고 있다. 독어에서 *올바르다는 것*은 단지 독어에서 *(규칙으로서) 타당하다는 것*을 위한 또는 독어에서 *규칙을 충족시킨다는 것*을 위한 바꿔쓰기로서 이해될 수 있을 뿐이다. 즉 *올바르다*라는 서술어는 총각의 예를 입증하기 위한 다음의 명제에는 유의미적으로 사용될 수 있으나, 켈러식의 상세한 파악에서는 그렇지가 않다.:

> *Junggeselle(총각)*로 미혼남자를 지시하는 것이 독어에 제공되어 있다는 것이 올바르다면, 독어에 *Junggeselle(총각)*로 미혼남자를 지시하는 것이 그 경우이다.

여기서 *올바르다는 것*은 이러한 판단을 통해서 특정하게 이루어져 있는 규범으로 측정되는 언어행위와 관련된 것이다. 규칙에 합당한 실습인가(*올바르다*)에 대한 판단은 동시에 규칙의 존재를 입증해 준다. 규칙의 존재는 규칙공식화의 기술적인 해석양식(*이것이 그런 경우이다*)을 위한 입증단계인 것이다.

이러한 생각으로부터 다음과 같은 결과를 요약해 보겠다.:

언어학자에 의한, 여기서는 문법학자에 의한 규칙공식화는 기술적인 해석방식과 규정적으로 준비시키는 해석방식을 지닌다. 규정적으로 정착되는 해석방식은 (언어적 창조성, 언어 규칙화 또는 언어놀이 외에) 실질적이지 않다. 기술적이고 규칙을 준비시키는 해석방식은 그들의 입증단계 또는 타당성단계를 규칙의, 즉 익숙해진 집단적 실습의, 타당성 안에 지니고 있는 것이다.

이러한 설명으로 나는 다음에서는 *규칙*의 사용 1에 동조하겠다. 사용 1의 의미에서의 문법 규칙과 문법적 규칙성의 관계는 무엇보다도 이 두 개념 사이의 위에 암시한 경계영역에 관한 것인데, 이에 대해서는 4장에서 다시 한번 다룰 것이다.

이제는 ***체계***의 사용에 대해서 알아보자.: 논문 I에서 설명했던 것처럼 나는 이렇게 이론이 분분한 이 표현이 적절한 방식으로 '등급화되어' 사용될 것을 염두에 두고 있다. 이것이 여기에 전제된 것이다. 두 용어의 결합 즉 '규칙체계(Regelsystem)'에서 내지는 X가 임의의 개별언어를 위해 있는 곳에서의 진술인 '*X ist ein Regelsystem (X는 규칙체계이다)*'에서 두 가지를 더 해명해야만 한다.:

하나는 *ist*(이다)에 대한 이해에 관한 것이고, 다른 하나는 이 단어의 조어 *Regelsystem*(규칙체계)의 이해에 관한 것이다. 즉 *규칙*과 *체계* 사이의 통합적인 연결의 해석에 관한 것이다. 이러한 설명은 다시 한번 바로 전에 토론된 것의 영역으로 되돌아가게 한다. 켈러 (1979, 31쪽)는 다음과 같이 설명하고 있다.:

이제 어떻게 >>단어 >>Junggeselle(총각)<<가 독어에서 미혼남

자를 지시하기 위해서 사용되는지《《와 같은 규칙공식화의 기술적인 해석양식을 고찰해 보자. 이것은 원칙적으로 규정적인 것과는 다른 논리적 특성을 가지고 있다. 놀이의 규칙을 작성하는 사람은 놀이에 *대해* 말하지 않는다. 내가 소개하면서 내 이름을 말할 때, 나에 *대해* 말하지 않는 것처럼 말이다. 규칙은 놀이이다. (이렇게 말할 수 있다면). 규칙을 작성하는 사람은 놀이를 *묘사한다.* 단어의 의미를 말하는 자는 의미에 *대해서* 말하지 않고 다만 그것을 묘사한다.

바로 이러한 의미에서 독어의 규칙들은 독일적인 것, 최소한 *독일적인 것*에 관한 이해에 있어서 독일적인 것이다. 이제 독일적인 것이 무엇인가를 묘사하는 것이 중요하다면 나는 이러한 과제에 단계별로 일련의 규정적으로 발의된 규칙공식화를 행동규정의 형식으로 보여주는 것을 통하여 접근하고 싶다. 그러면 나는 규칙공식화 자체에서 기술과 규정 사이의 이중성으로부터 벗어나게 될 것이다.

4장에서 그렇게 처리하게 될 것이다. 하지만 공식화된 것, 공식화된 규칙이 독일적인 것의 한 부분을 이룬다는 것을, 그러니까 여러 다른 규칙들과 함께 독일적인 것이라는 것을 언급하면서, 그리고 이러한 판단을 공식화하거나 독자에게 전제함으로써 동시에 기술하기 위한 단계를 수행했고, 그리고 이것으로 학문적 진술의 진리를 요구하기 위한 단계를 수행했다. 왜냐하면 내가 이것이 독어의 규칙이라는 것이 타당하다고 말하는 것이 아니기 때문이다. 이것이 독일적이다라는 것이 타당한 것이다.

아직 하지 않은 두 번째 해명은 *규칙체계*라는 표현에 관한 것이다. *규칙체계*와 같은 조어는 다음의 두 가지 해석에서 사용된다.:

규칙들을 또한 포함하고 있는, 그의 요소를 규칙들을 통해 구성하는 규칙과 함께 있는 체계.

그들의 요소가 규칙들인 전적으로 규칙들로 이루어진, 규칙들로 **부터의** 또는 규칙들**에서의** 체계

첫 번째 해석은 더욱 약하고 신뢰할 수 없는 것이다. 이것은 대상 영역에 관한 덜 강력한 가정들에 책임이 있는 것이다. 다르게 말하자면: *규칙체계*의 첫 번째 해석 하에서는 두 번째 해석보다 더욱 많은 대상들이 소속된다. 그렇기 때문에 나는 첫 번째 해석이 규칙의 사용 2와는 타협적이나 사용 1에서는 그렇지 않다고 보고 있다. 이 첫 번째 해석에서 좀 더 정확하게 규정하고자 할 때 대수학적 구조주의적 구조개념으로 되돌아가게 된다. 여기서 요소의 담당 양(소리, 형태소 같은 실체적인 요소들)에서 다수의 작용들, 관계들 또는 규칙들도 사용 2의 의미에서 정의되게 된다. 규칙체계에 대한 이러한 이해는 예를 들어 『독어문법원론』에서 의미한 것과 같다(이에 대해 논문 I을 참고하라). 이러한 *규칙체계*의 해석은 *규칙*의 사용 1과 합치되지는 않는다.: 그들의 규칙이 언어를 이룬다면, 그들이 언어라면, 첫 번째 해석에서 'mit(함께)'-관계에 있는 부차적인 것이 충분하지가 않다. 오히려 이러한 이해는 ―이것을 근본적인 집합이론적 관계를 더욱 상세히 규정하는 맥락에 환치하면― 규칙이 요소들에서 구조의 위상을 지니는 것이 아니라 체계의 요소라는 위상을 지닌다고 가정하게끔 할 것이다. 그러나 규칙이 요소라 한다면 아주 다른 존재론적 위상의 어떠한 요소도 병립할 수가 없는 것이다. '본질적인 요소'는 규칙 안에서 접합되어야만 한다.

이러한 일이 어떻게 일어나게 되는지 문법적인 규칙의 예에서 보여 주겠다. 문법 규칙은 규칙개념 (사용1)의 맥락에서 전혀 토론되지 않았다. 선호하는 예는 단어의미론이고, 특히 *쓰다듬다*(streichen), *세례를 주다*(taufen) 그리고 *약속하다*(versprechen)(Burkhardt/Henne 1984와 이에 동조하는 토론을 참고하라)와 같은 행위동사들이다. 또

는 언표수행의미론인데, 여기서는 다시 특히 언어행위동사의 의미론이다.

그래서 규칙개념과 언어행위이론은 끊임없이 강력한 관련성 속에 있는 것으로 보게 되었다. 이것은 규칙에 의해서 규칙화된 것이 바로 화자의 집단적인 행위실습이기 때문에 정당한 것으로 여겨진다. (언어적) 행위를 행위로 만드는 것에 관하여 다음의 표제어 '의도성', '의미내포성', '목표지향성', '책임성' 하에서 토론되었다.(이에 대해 또한 위에 언급한 토론의 맥락에서 홀리(Holly)/퀸(Kühn)/퓌쉘(Püschel) 1985을 참고하라). 언표수행적 한계 아래에, 또는 보고하기, 더욱 상세히 규정하기와 같은 '행위'의 층위 아래에 있는 모든 언어적 실습 또한 이러한 징후 하에서 제쳐놓은 채로 있었다. 이것은 말없이 넘어갔던 것이다.

2. 문법 규칙과 원형

다음의 문법적 언어체계의 규칙의 일반적인 형식에서 출발한다.:

A-en하기 위해, (구성양식 Y에 따라서) X를 사용하시오 .

'A'가 의사소통의 성과 또는 과제를 나타내고, 또는 의사소통의 성과에 협력하는 언어 기능을 나타내는 동사어간을 대표하는 곳에서,

여기서 의사소통의 성과(이에 대해 논문 II를 참고하라), 의사소통 과제(이에 대해 슈트레커 1986 pass.를 참고하라) 또는 언어 기능과 같은 모호한 표현을 선택한 것은 문법 규칙의 종류(다음 장을 보시오)를 세분해서 고찰해야 비로소 이러한 규칙에 의해

형성되는 의사소통적인 총체적 성과에 대한 표현을 더욱 예리하
게 파악할 수 있도록 하기 때문이다.

'X'는 언어 표현 내지는 언어 표현의 범주(언어측면에서 고찰하
여)를 대표하는 것이고, 'Y'는 'X'의 통사론적 구조와 의미론적 합
성을 대표하는 것이다.

규칙은 최종적이거나 조건적인 행위제시의 최종적인 (대안적이고
또한 조건적인) 구조를 지닌다. 이것은 명령형에서, 상호 이해하고자
한다면 규칙을 따르는, 내지는 따라야만 하는 '규칙주체'에게 말을
건넨다. 규칙들은 해당하는 규칙을 따르게 되면 화자가 생산해 내게
되는 언어적 산물의 구조와 성과를 위한 *원형*을 규칙핵으로서 병합
시킨다.

여기서 *원형*은 그의 통상적 사용과의 관련성 속에서 이해될 수
있다.: 예를 들어 불어권의 독어를 배우는 자가 시청각 언어습득
상황에서 열심인 한 주부가 지금 막 만지고 있는 장비가
Waschmaschiene(세탁기)라는 것을 알게 된다 ―지금까지
*Waschmaschiene(세탁기)*는 그에게는 모르는 단어였다. 선생이
*세탁기*에 관해 한 언어 사용은 그에게는 장차 이 단어를 가지고
자신이 사용하게 될 원형으로 이용될 것이다. 만약 그가 *세탁기*
라는 말을 사용하는 첫 번째 시도에서 소위 말해서 최대한 성공
적으로 배운다면 다음부터 이 원형은 그에게 있어서 여러 각도
로 사용되게 된다.: 예를 들어 형태론적인 환경과 함께 장치에
관한 것인데 *세탁기*는 그에게 이미 알려진 단어 *Maschine*(기계)
처럼 사용되고, 그리고 의미와 관련하여서라면 그의 모국이인 불
어 *machine à laver*처럼 사용된다는 것을 그에게 보여 준다. 그
는 표현의 형식과 기능을 위한 원형을 갖게 되는 것이다. 이러한
원형으로 방향을 잡게 되면 그는 *세탁기*를 규칙에 맞게 사용하
게 된다. 원형적 상황, 원형 사용은 잊혀지기도 한다. 그러나 그

것에 상관없이 그의 *세탁기*의 사용은 원형을 지시하게 되는데, 이는 본이 있는 뜨개질 무늬를 이에 따라 완성하는 스웨터와 비슷하게, 바로 그 원형을 갖는 것이다. 그래서 행위모범으로서의 원형으로부터 처음으로 사용하게 되는 산물의 속성으로서의 원형으로 이행되는, 우리가 또한 일상언어적으로도 실행하는 단계는 내가 보는 견해에서는 해체되는 것이다.[43]

여기서 *규칙*과 *원형*은 인접 개념이기도 한데 이들은 물론 그들의 대상을 상이하게 조명하고 있다.: 규칙은 행위와 화자에 집중하고 있으며, 최종적이고 조건적인 또는 존재론적인 구조를 지니는 반면, 원형은 생산에 집중해 있다. 그럼에도 불구하고 원형개념에서는 어떠한 실체화도 감행할 수 없는 것이다. 왜냐하면 규칙과 관련해야지만 비로소 유용하게 되는 원형에 이러한 규칙과의 관련이 포함되어 있기 때문이다. 규칙과 원형이 어떻게 서로 관련되어 있는지는 다음의 예에서 분명해질 것이다. 다음의 규칙에서 출발해 보겠다.:

> 하나의 개별 대상을 상술하고자 한다면 예를 들어 확정된 단수의 NP를 사용하시오.

이것으로부터 우리는 **규칙-핵**을 분리해 낼 수 있을 것이다.

---

43) 원형의 개념은 종종 규칙개념과 관련하여 자주 파악되었다(이에 대해 헤링어 1974를 참고하라). 부크하르트(Burkhardt)/헨네(Henne)(1984, 338쪽)는 소급된 것, 익숙해진 것, 고정된 것을 염두에 두는 적합하지 않은 순간이 언어행위이론에서 *원형*으로 보상되었다고 비판하고 있다. 나는 이러한 반박이 일반적으로 정당한 것인가에 대해서는 미해결로 놓아두겠다(이에 대해서 홀리/퀸/뮈셸(Püschel) 1985, 79쪽을 참고하라). 이러한 반박이 정당하다 해도 문법적인 것의 영역에서는 아무런 작용도 하지 않는다.: 의사소통 행위의 다른 영역에서보다 규칙의 활동 여지는 문법에서 훨씬 분명하게 표시되어 있다.: 확실히 그들은 변하고, 계속 발전하거나 계속되는 '규칙위반'을 통해서 변형된다. — 전치사의 여격/소유격-지배의 영역에서 규칙의 변화에 대해 생각해 보라. 그러나 변화는 늘 인식될 수 있는 원형의 토대에서 일어나는 것이다.

개별 대상을 상술하다
└─────────────┘

확정된 단수의 NP
└──────────┘

즉, 이러한 규칙핵은 규칙공식화의 서로 연관된 두 부분을 통해서 구성된다.: 언어수단(이에 대해 또한 논문 I 도 참고하라) 내지는 더욱 일반적으로는 언어수단의 배열이 언급되어 있는 부분, 그리고 **언어수단배열의 의사소통적 성과**에 대해 언급되어 있는 부분.44)

이 때 언어수단배열이라는 말을 나는 언어 표현에서 함께 나타나는 언어수단의 특정한 조화로 이해하고, 또는 이러한 언어수단배열이 실현되고 이 언어수단배열의 관점에서 범주화되는 언어 표현 자체로도 이해하고 있다. 그래서 대략 범주 NP는 일련의 언어수단이 함께 만나는 관점에서 파악되는 범주인 것이다. ―핵으로서의 명사의 출현, 잠재적으로 앞서는 형용사적 수식어, 앞서는 정관사, 문장을 이루는 부분들 간의 격·수·성의 일치/지배―.

나는 이제, 각각의 언어수단배열과 거기에 속하는 의사소통의 성과를 다음의 방식으로 쌍으로 통합하면서, 규칙핵을 **원형**으로 추상

---

44) 내가 *규칙핵*이라는 단어를 사용하는 것과 비슷하게 바취(1985)도 Wright에 기대어 *규범핵*이라는 말을 사용하고 있다. 다음과 같다.:

> 규범은 규칙성을 구상하는 *규범내용*과 *규범특성*으로 규범적 힘에 가능한 등급을 매기면서 "필수적으로" 또는 "선택적으로" 이루어져 있다. 규범내용과 규범특성이 함께 규범핵을 형성한다(Wright에 의해, 1963). 이러한 *규범핵*은 규범의 권위와 규범의 관철과 손질 정돈을 위탁한 다른 중개인을 통하여 규범주체에 행사되는 규범적 힘과 제휴하게 된다(바취 1985, 174/175쪽).

바취가 기술한 것에서 규칙 또는 규범의 핵은 규칙의 규범적 힘과 언표수행적 명제적 내용이 행위의 언표수행적 힘과 비슷한 관계에 있다는 것이 분명해진다. 이것은 규칙핵을 사례에서 다음과 같이 구성하면 더욱 분명해질 것이다.: *확정된 단수 NP와 함께 개별 대상이 상술된다는 사실이.* 규범적 힘을 상세히 설명하기 위해서 다음을 계속할 수 있을 것이다.: *제공되어 있다.*

화해 보겠다.:

　　　원형: 《《언어수단배열: 형상 X의 표현 (구조방식 Y에 따라서)》
　　　　　　〈의사소통의 성과: A에 적합한〉》
　　　원형-예: 《《언어수단의 배열: 확정된 단수의 NP》
　　　　　　　〈개별 대상을 상술하기에 적합한 의사소통의 성과〉》.

　즉, 문법은 원한다면 원형에 집중해도 좋은 것이다. 이 때 문법은 규칙이 요구하는 그 어떤 것도 잃지 않는다. 또한 문법은 원형이 규칙의 핵으로서 보여지면서 일상언어적으로 결합된 규칙공식화의 형식으로부터 벗어날 수 있는 것이다. 그리고 원형을 학문적으로 달리 표현하는 것에도 집중할 수 있는 것이다. 규칙(공식화)에 추후로 결합하는 것이 보존되어 있는 상태인 한, 아무 일도 일어날 수가 없는 것이다.

3. 문법 규칙의 종류들

　문법적 언어체계의 모든 규칙들이 동일한 것은 아니다. 담화체와 '문장들' 및 KOMA-복합체와 KOMA의 가장 상위의 층위에서만 의사소통 행위를 실행하기에 적합한 근본적인 행위 규칙, 행위원형들 및 원형들에 대해서 언급될 수 있는 것이다. 하버마스식 이론의 의미에서 행위를 위해서 "배우가 최소한 세 가지 세계(객관적, 사회적, 주관적 세계) 중 하나의 세계와 관계를 맺는다"는 것은 본질적인 것이다(하버마스 1981 I, 144쪽). 즉, 이는 언어적으로 전달된 의사소통 행위의 영역에서, 객관적이거나 사회적이거나 주관적인 세계에 대해 진리와 규범적 정당성과 주관적 진실성에 타당성요구를 제기하는 의사소통 행위에 관한 것이다. 이러한 행위를 우리는 의사소통 단위로 비로소 실행할 수 있는 것이다. 다시 말해서 KOMA 또는 KOMA-복합체로. —비교적 맥락과 무관한 방식으로(이에 대해 논문 Ⅱ를 참고하라). 이러한 단위는 완전한 행위가 명시되어 있는 원형에 따라 비로소 형성되는 것이다. 즉 KOMA는 각각의 일정한 종류의 의사소통 행위를 실현하기에 적합한 것이다. 물론 이러한 원형들이 허공에 매달려 있는 것은 아니다. 이것들은 부분원형에서부터 아래로는 사전적 단위와 형태론적인 형식들로 이루어진다. 이제 내가 가정한 것처럼, 또한 의사소통 단위를 생산하고, 사용하고 마지막으로 이해하는 것이 규칙에 의해 유도된 태도이고, 또한 KOMA의 부분표현에서부터 형태론적 형식들의 언어실현에까지 이르는 생산이 규칙에 의해 유도된 태도의 원형에 따른 태도로 이해되어야만 한다면, 근본적인 언어행위 규칙과 행위원형 외에도 행위층위의 밑에는 규칙-범주와 원형-범주가 또한 있어야만 하는 것이다. 하버마스는 이러한 보조-'동작들'을 **규격화**로서 표시하고 있다. 이것의 경우는 다음이 타당하다.: 이것들은 단지 "다른 행위의 하부구조로서만 세계와의 관련을 얻을 수 있는 것이다. 규격화는 세계와 접촉하지 않는다."(하버마스 1981 Ⅰ장 147쪽)

배우가 자신의 행위를 실행하는 일련의 연결된 신체동작과 그에게 행위를 하도록 하는 규격화는 여러 관점에서 서로에게 속해 있다.:

신체동작의 예로서 하버마스는(1975, 274쪽 이하) 무엇보다도 다음을 언급하고 있다.:

총을 쏘기 위해서 총을 누르는 손가락을 구부리는 것; 인사하려고 모자를 벗는 팔의 움직임; 작별하고자 하는 것을 S가 알아볼 수 있도록 몸을 일으키는 것. 말하기 위해서 S가 문장을 발화하는 소리를 내는 것 등등.

규격화의 예로서 다음을 언급하고 있다.:

구별하기, 무엇인가를 하나의 개념에 묶기, 수를 세기, 미분 방정식을 풀기, 결론짓기, 무엇인가를 감지하기, 무엇인가를 동일시하기, 표시하기, 등급을 메기기, 지시된 배열 안에 요소들을 정돈하기 등과 같은 생각하는 사고의 조작. 더 나아가 문장부분을 구별하기, 변형을 시도하기, 단어배열을 유의하기, 사전적 표현을 선택하기, 규칙을 위반한 문장들로부터 문법적으로 잘 형성된 문장을 구별하기 등과 같은 문법적 규격화.

규격화처럼 신체동작도 자기 스스로를 위하여 실행되는 것이 아니라 ─연습 또는 과시 목적으로 독립되는 것을 제외하고는(체조연습, 문법연습, 계산연습), 단지 행동의 특징 안에서 실행되는 것이다. 즉 배우들은 그것을 의도적으로가 아니라 부차적으로 실행하는 것이다. 배우는 행위계획의 실행을 의도하기는 하나 행위계획을 실현시키는 신체동작이나 규격화는 그렇지 않은 것이다.:

창문을 열고자 한다면 나는 바로 이 행위를 의도하지, 창문으로 가서, 손잡이를 잡고, 경우에 따라서 돌리는 따위의 일련의 연결된 신체동작을 의도하지 않는 것이다.

당신에게 충고하고 싶다거나, 당신에게 무엇인가를 경고하고 싶다거나, 주장하고 싶다면, 나는 바로 이러한 행위를 의도하지, 문장을 구성한다든지, 나의 기억 속에서 사전적 어휘 요소들을 발췌한다든지 따위를 의도하지는 않는 것이다.

이것은 신체동작 또는 언어규격화가 완전히 자동화되어야만 한다는 것을 의미하는 것이 아니다. 또는 내가 나의 행위를 이렇게 또는 저렇게 수행하거나, 또는 나를 이렇게 또는 저렇게 표현할 선택의 자유나 결정의 여지를 가지고 있다는 것을 의미하는 것은 아니다. 오히려 바로 언어규격화의 영역에 더 높은 등급의 행위의 더 넓은 활동

여지가 있는 것이다. 이것은 비자율적인 부분행위로 표시할 수 있는 것이고(지시하기, 장소화하기), 그리고 의도성이 배제되고 어떠한 선택 가능성도 주어지지 않은 자동화되거나 기계화된 규격화에 이르기까지, 전체적인 의사소통 행위의 의도에 가담할 수 있는 행위인 것이다(이에 대해 4장을 참고하라).

구체적 행위를 기술하는 것은 행위를 실행하게 되는 신체동작을 기술하는 것과 종종 *indem(하면서)*-관계를 통해서 결합된다.:

> Ich öffne das Fester, indem ich den Griff nach links drehe.(손잡이를 왼쪽으로 돌리면서 나는 창문은 연다.)

이와 같은 것은 언어행위를 기술하는 것에서도 타당하다.: 이것은 또한 그것을 통하여 언어행위를 실행하게 되는 규격화를 기술하는 것과 *indem(하면서)*-관계를 통해서 결합될 수 있다.:

> Er versprach mir, morgen zu kommen, indem er äußerte "Also bis morgen".("그럼 내일보자" 하고 말하면서 그는 나에게 내일 올 것을 약속했다.)

이러한 *indem(하면서)*-관계는 언어행위를 위한 규칙공식화에도 적용될 수 있다.:

> Jemand stellt eine Behauptung auf, indem er z.B. einen Deklarativsatz äußert.(누군가가 예를 들어 평서문을 말하면서 주장을 한다.)

물론 *indem(...하면서)* 관계가 행위와 규격화 사이를 구분하기에 적합한 것은 아니다. 즉 행위기술 또는 규칙공식화에서 *indem*-표시의 바로 오른쪽에(즉 그의 타당성영역 안에) 있는 것이 모두 규격화를 기술하는 것은 아니다. 오히려 두 개의 (또는 더 많은) 진짜 행위

가 *indem(하면서)*-관계로 결합될 수 있는 것이다. 예를 들어

> Er ermordete ihn, indem er ihn durch zwei Pistolenschüsse in den Kopf tötete.(그는 그에게 머리에 총 두 발을 쏘아 죽임으로써 그를 살해했다.)

> Indem er ankündigte, morgen zu der Konferenz zu kommen, verpflichtete er sich, künftig Termine und Vereinbarungen einzuhalten.(내일 회의에 갈 것이라고 알리면서 그는 앞으로 약속과 협약한 것을 지킬 의무감을 느꼈다.

하버마스는(1975, 290쪽) 여러 가지의 행위(기술)의 *indem(하면서)*-결합을 위한 예를 들고 있다.:

> Indem S das Fester öffnet, rettet er einer vom ausströmenden Gas betäubten Frau das Leben. Indem er dieser Frau, einer bekannten Schauspielerin, das Leben rettet, zerstört er die Hoffnungen der Kollegin auf die Hauptrolle in einem neuen Stück.(S가 창문을 열어서 새어나온 가스에 마취된 여자의 생명을 구한다. 유명한 여배우인 이 여자의 생명을 구하면서 그는 새 작품의 주인공이 되고 싶은 동료의 희망을 짓밟는다.)

이러한 연속체는 하버마스에 의하면 '행위단계의 계층'을 구성하고 있는 것이다.(291쪽)

> 우리가 이 예에서 보여 준 행위단계의 계층은 기초행위의, 여기서는 도구적인 행위(*S öffnet ein Fenster*(S가 창문을 연다))의 지시의 계층으로 이루어져 있다. S가 계획에 따라 행위하게 되는데 이 계획은 S가 스스로에게 위임한 행위를 구성한다. 행위 연속의 관점에서 S가 의도할 수 있을 행위를 가져오는 계속되는 모든 기술은 다른 S에게 위임하는 각각 새로운 행위를 구성하는

것이다.

유사한 방식으로 의사소통 행위도 고유지시 또는 이질적인 해석의 계층으로 삽입될 수 있다.

> 내일 회의에 갈 것이라고 알리면서 그는 앞으로 약속과 협약한 것을 지킬 의무감을 느꼈다. 앞으로 약속과 협약한 것을 지킬 의무감을 느끼면서 그는 그의 경쟁자에게 우선 그를 밀어낼 기회를 잡았다…

이러한 계층에서 이제 기초행위에 관해서 아주 잘 말할 수 있을 것이다. 기초행위는 각각 배우가 기본적인 행위계획을 실행하는 그러한 행위이다. 즉 기본적인 행위계획으로 소급하게 만들지 않는 행위계획인 것이다. 왜냐하면 행위계획의 복합성을 위해 지시 독립적이고 맥락 독립적인 절대적인 양이 존재할 수 없기 때문에, 다양한 지시 국면 아래에서 동등한 행위는 한편 원초적이고(기초행위), 그렇지만 한편 이미 복잡한 행위계획 내에서 더 높은 단계의 행위이다. 이에 대해 하버마스는:

> 도구적인 행위로서 고찰하면 S가 창문을 여는 행위는 원초적이다. 규범에 따르는 행위로서 고찰하면 S가, 마취되어 바닥에 누워 있는 여자의 생명을 구해 주는 행위는 원초적인 것이다(그러면 창문을 여는 것은 규범적으로 제공된 행위를 실행하는 과제의 측면에 속한다). 전략적인 행위로 고찰해 보면 S가 동료배우가 X의 역할에 야심을 갖는 것을 좌절시키기 위해 X의 자살시도를 막는 행위는 아마도 원초적일 것이다.
>
> (하버마스 1975, 292쪽)

즉 다음을 확정할 수 있다.:

⑴ 진짜 행위도 *indem(하면서)*-관계 안으로 넣어질 수 있다. 즉 *indem(하면서)*은 일반적으로 한편으로 행위와, 다른 한편으로 신체동작이나 규격화와 구분되지 않는다.

⑵ 행위는 기초행위로서의 특성과 더 높은 등급의 행위로서의 특성 사이의 상이한 지시맥락에서 다양할 수 있다. 하지만 이러한 두 사실이 신체동작과 규격화를 기초행위로서 파악하게 하도록 강요하는 것은 아니다. 즉 *indem(하면서)*-관계의 연속체에서는 그 어떠한 특질적인 측면도 수용할 수 없어서, 결국에는 기초행위로서 신경생리학적 반응으로 소급시키는 것이 미해결인 채로 있게 되는 것이다. 여기에 대한 반박은 이미 설명한 바 있다. 이것을 하버마스의 말을 빌어 다시 한번 요약해 보겠다.:

신체동작의 도움으로 S가 〉〉창문 열기〈〈와 같은 도구적 행위를, 또는 〈〈교통신호 주기〉〉와 같은 사회적 행위를 수행하는데, 이러한 움직임에는, 그것 없이는 그것들이 우리의 제안에 따라 행위단계의 기초로서 기능할 수 없을 것이라는 특성이 없다.: 신체동작은 자율적인 것이 아니다. 행위는 어떤 의미에서는 신체동작을 통해서 실현되지만, 단지 S가 기술적인 규칙이나 사회적 규칙에 따를 때는 이러한 움직임을 함께 실행하는 것이다.

(하버마스 1975, 293쪽)

각각 함께 실행되는 의사소통 행위와 언어규격화에서, 단면 또는 특질적인 도약은 *indem(하면서)*-관계의 연속체 내에서 —하버마스에 따르자면— 아주 분명하게 표시될 수 있다.:

이것은 기본적인 언어행위의(언표수행 행위로서 이해된) 층위에 놓여 있다. 이러한 언어행위와 함께 비로소 —의사소통적으로— 세계로의, 내지는 세 가지 세계 중의 하나의 세계로의, '개입'이 가능하게 된다.

  문법이론의 경우 언어행위의 위치는 두 가지 노선에서 결정적인 모멘트를 나타낸다.: 기본적인 언어행위 안에서야 비로소 규격화된 특성이 행위특성으로 전환되는 것이다.: 문법 기술이 이 층위에 도달하지 못하면 바로 전에 기술한 언어 규격화는 의미가 없게 되는 것이다. 이것이 이 층위를 넘어서면, 앞에서 기술된 규격화를 근거로 해서 정말로 기술할 수 있는 것보다 훨씬 **더 많이** 기술할 수 있는 것이다. 왜냐하면 더 높은 등급의 행위의 기초행위로서 언어행위가 문법이론의 대상영역에서 벗어나게 되기 때문이다. 이것은 일정한 언어행위의 언표성취 또는 언표성취적 효과로서 볼 수 있는 더 높은 등급의 행위의 경우에도 타당하고, 또한 화용론적 함의, 더 나아가 맥락의존적인 지시절차를 통하여 더욱 강력하게 유발되는 더 높은 등급의 행위의 경우도 타당한 것이다. 이들은 화용론적인, 예를 들어 대화분석적인 연구의 전문분야이다. 이들이 문법적으로 숙고하는 틀에서 벗어난다는 사실은 이미 더 높은 등급의 행위가, 기저에 놓인 복합적인 행위계획이, 각각 포괄적이기는 하지만, 즉 또한 더욱 강력하게 개인화되고 전문화된 맥락관계를 전제한다는 것에서 설명된다. 그러므로 언어행위는 문법이론의 경우 단지 경계점의 역할에서 문법 기술의 목표원형으로서 중요한 것이다.

  행위와 규격화 사이의 절단면의 이와 같은 역할에서 물론 기본적인 언어행위에 결정적인 역할이 수반되는 것이고, 그러면 이것으로부터 유도되어서 언어행위를 실행하기 위한 원형에 그리고 그렇게 되면 다시 KOMA에 이러한 역할이 수반되게 되는 것이다.

  이러한 상상에 따르면 언어 규격화와 언어적/의사소통적 행위의 전문영역 전체는 분명한 중간휴지가 있는 ―언어행위를 통해서 표시된 절단면이 있는― 빛을 통하여 묘사된다.:

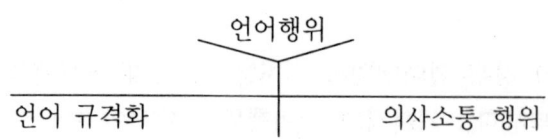

언어행위
언어 규격화 | 의사소통 행위

물론 이러한 중간휴지의 이전 영역은 '언어 규격화' 개념으로 증명함으로써 불충분하게 —최소한 너무 덜 세분화되었다— 파악되었다. 원래의 행위충위의(하버마스의 의미에서) 아래에는 의사소통 행위에 이미 매우 근접해 있는 영역이 있다.

그것은 다음과 같은 행위에 관한 것들이다.: 동일화하기, 전문화하기, 보고하기, 장소화하기, 특성을 부여하기, 평가하기, 입장을 밝히기, 과정과 결과 간의 내용적(예 인과, 목적)인 관계를 세우기.

이러한 행위는 하버마스의 의미에서 물론 "세계에 개입하지" 않으면서 이미 세계와의 관계를 세우고 있는 것이다.

나는 이러한 행위를 **부분행위**라고 말하고 싶다.:

이들은 타당성요구가 관계하는 개별 측면을 이미 준비하고 있고, 그러한 측면으로서 성찰하면서 접근할 수 있다. 예를 들어 질문으로 제기될 수 있다.

이러한 질문에 대한 예에는 다음이 있다.:

> "Von wem hast du behauptet, er kommt?"(누구 때문에 그가 온다고 주장했습니까?)
>
> "Wo soll nach deiner Meinung der Parteitag stattfinden?" (전당 대회가 어디서 개최되어야 한다고 생각하십니까?)
>
> "Warum hast du durch *leider* dein Bedauern zu der Tatsache ausgedrückt, daß ...?"(...라는 사실에 무엇 때문에 *안타깝군요* 하고 유감을 표현했습니까?)

완전한 의사소통 행위와는 달리 이러한 질문은 일반적으로 비판되지 않고 있다. 또한 동일시되고, 장소화되고 함께 평가되는 따위의 의사소통 행위에 대한 동의와 비판은 (예를 들어 *그렇다*와 *아니다*의 발화를 통하여) 일반적으로 동일시하기, 장소화하기 따위에 관련되는 것이 아니라, 타당성요구 전반에 걸쳐 관련되는 것이다.

하지만 비-규칙-사례에서는 부분행위도 비판될 수 있을 것이다. 가장 잘 알려진 예는 (소위 말하는) 전제위반에 대한 비판이다. 이에 대한 예는 다음이다.:

"Das Mädchen mit der grünen Schleife im Haar hat dir zugewinkt."("머리에 초록색 리본을 단 소녀가 당신에게 손짓을 했어요".)

"Aber die Schleife ist doch rot."("하지만 리본은 붉은 색이었어요.")

"Kohl, unser Bundespräsident, liebt dieses unser Land." —("우리들의 연방대통령 콜은 이러한 우리 나라를 사랑해요.")

"Aber Kohl ist doch gar nicht Bundespräsident sondern Bundeskanzler."("하지만 콜은 연방대통령이 아니라 연방수상이에요.")

"Du hast gestern in deiner Erregung den Blumentopf fallen lassen."("당신은 어제 흥분해서 화분을 떨어뜨렸어요.")

"Aber das war doch vorgestern." /"Aber ich war doch gar nicht erregt."("하지만 그것은 그제였어요"/ "하지만 저는 전혀 흥분하지 않았어요.")

부분행위에 대한 —정규적이 아닌— 비판은 부분행위의 층위 아래에서 언어 규격화에 대한 반박이나 정정 제안이나 주석과 기본적으로 구분되는 것이다.

다음은 언어 규격화가 비판되는 짧은 대화의 예이다.:

"Hans oder Fritz oder seine Schwester Eva arbeiten in Frankfurt."("한스 또는 후리쯔 또는 그의 여동생 에바는 프랑크후르트에서 일을 하고 있다.") —"여기서 이들 중의 두 명 또는 세 명 모두가 아니라 이들 중의 한 명이 그의 직장이 프랑크후르트라는 것을 말하고자 한다면 *arbeitet*라고 말하는 것이 좋지 않겠는가?"

"Er hat mir gestern angerufen."(그가 나에게 어제 전화를 했다.) —"그러니까 이 때 나는 이렇게 말할 것이다: 그가 *mir(나에게)*가 아니라 *mich(나를)* 전화했다."

언어 규격화에 대한 반박은 표현이나 언어적 처리의 정확성, 효력성 또는 이해성에 집중되고 있다. 부분행위에 대한 비판은 —위의 예에 대한 반응의 분석이 보여 주는 것처럼— 함축적인 타당성요구를 기각하는 것으로 이루어져 있다.: 반응에서 부분행위의 타당성의 잠재력은 각각 추출되고 비판되어야 하는 것이다. 이것은 세계들 중 하나의 세계에 있는 무엇인가가 그 경우가 된다는 사실이 무엇보다도 비판이 형성되어 있는 KOMA와 함께 등장한다는 것에서 나타나게 된다. 이러한 '그런 경우 임'은 화자가 접근하게 되는 타당성요구가 아니라 단지 그의 전제들 중의 하나일 뿐이지만, 타당성요구로서 논의될 수 있는 것이다. 이에 반해 언어 규격화에 대한 비판이 형성되어 있는 KOMA에서는 세 가지 세계 중의 하나의 세계와 관련하여 그 어떠한 숨겨진 타당성요구라 할지라도 표면으로 끌어올려 비판되는 것이 아니라, 규격화의 이해성, 정형성 또는 적합성이 논의되고 있는 것이다.

바로 함축적이거나 숨겨진 타당성요구를 추론적으로 표면에 끌어울릴 수 있는 가능성은 여기서 부분행위에 대해서 말하게 한다. 이것은 계획된 문법에서(이에 대해 치포눈 1986을 참고하라.) 슈트레커를(1986, 88쪽 이하) 이어받아서 조심스럽게 "의사소통 과제"로서 표시되었다. 이 때 기본적인(대상에 대해서 주장하기, 분명히 하기) 과제와 구축된 과제 사이가 구분될 수 있는 것이다. 그러나 또한 이러한 파악에서 언어 규격화의 의사소통적 과제/부분행위가 상이하다는 것이 분명해진다.

규격화 규칙과 행위 규칙 간의 구분은 종종 구성적인 규칙과 규정적 규칙(썰 1969, 33 ff.쪽)을 구분하는 것과 결부된다. 규격화 규칙은 이들과 독립되어서는 존재하지 못하는, 태도의 일정한 형식을 가능하게 한다 —구성한다—. 이러한 의미에서 예를 들어 어떤 장기말로 어떻게 말을 움직이게 될 수 있는지를 말하는, 장기에서 어떤 수가 중요한 것으로서, 또는 주어진 경우에는 어느 정도 중요한 것으로서의 장기의 장기규칙은, 해당 놀이를 위해 구성적인 것이다. 놀이를 어떻게 '만드는지'를 말하는 것이다.

동일한 방법으로 언어의 규칙도 구성적인 것이다.: 형태론적 규칙은 예를 들어 독어에서 소유격 단수 남성에 해당하는 것, 잘 형성된 독어 '문장'으로 간주되는 통사론적 규칙 따위를 구성하는 것이다. 이러한 의미에서 KOMA-층위의 규칙도 구성적인 것이다. 이들은 언어행위에서 어떤 표현이 어떤 원형에 의해서 사용될 수 있는지의 규칙을 세운다. 이 때 언어적 태도 자체는 일정한 규칙에 따른 태도를 통해서 비로소 구성되는 것이다. 이렇게 해서 이것은 —의사소통의 초기의 발달형식과 아주 특별한 맥락조건이 필요한 성공적인 초구두적 의사소통의 경우를 일단 제외하면— 일정한 내용을 약속하기, 일정한 내용을 주장하기 등등이 어떠한 언어의 규칙에 의존하지 않고서는 결코 가능하지 않은 것이다.

하지만 KOMA-층위의 규칙은 규격화 규칙의 구성적 특성뿐만 아니라 또한 ―그리고 이것이 그것의 원래적인 의미이다― 행위 규칙의 잠재력을 준비해 주는 특성을 지니는데, 이것은 규칙과 독립적으로 스스로 존재하는 사실에 행위하면서 관련을 맺는 그리고 규정적으로 작용하게 되는 행위를 위한 것이다. ―즉 이해시키는 행위를 거쳐 전달되는 것이다.

KOMA-층위의 규칙과 원형의 이러한 이중성은 언어규칙을 놀이규칙의 모범에 따라서 이해한다면 사라지게 된다. 놀이의 경우 놀이를 벗어나서는 어떠한 실습도 없는 것이다. 실습을 '위하여' 놀이가 구성적인 것일 것이다.

4. 행위 규칙-부분행위 규칙-규격화 규칙: 예들의 조화

이제는 문법 규칙에 관한 문장을 들어 보겠다. 이 때는 다음과 같은 점들이 중요하다고 본다.:
- (최소한) 세 가지 층위를 부각시키기
  행위 규칙('기초행위'를 위해)
  부분행위 규칙
  규격화 규칙
- 의도적으로 조정하는 관점에 따른 세 가지 유형을 표시하는 것 및 ―이와 상반되게― 관습적인 자동화의 관점에서 세 가지 유형을 표시하는 것. 의도적으로 조정하는 것에서 나는 상이한 두 가지 등급으로 구분한다.

규칙은 화자를 위해서는 규정으로서, 즉 언어생산의 규칙으로서 규칙화된다. 즉 1장의 의미에서, 규정적으로-발의되는 규칙공식화에 대한 것이다. 나는 그와 같이 요소구별하기가 있는 규칙은 언어이해의 규칙으로서도 작성될 수 있다는 것에 근거를 두고 있다.

규칙은 계층에 따라 정리된다. 규칙은 모든 상위의 규칙이 직접적으로 종속된 규칙을 통해서 실현되는, 행위목표 또는 규격화목표를 묘사하면서, '목적론적으로' 서로 밀접한 관계를 맺고 있다.

규칙 종류	의도적 조정/ 관습적인 자동화	규칙
행위 규칙	의도적인 조정	1. 타당성요구를 제기하기 위해서 KOMA-원형에 따라 행위하라. 2. 객관적 세계에 직면하여 두 개의 대상 사이에 일정한 관계가 있다는 사실에 명제적 진리의 요구를 제기한다고 가정하라. 더 정확히 말해서: 이러한 관계가 성립되어 있다고 주장하고 싶은 것이다. 주장하기에 **적합한** KOMA-원형에 따라 행위하라. 3. 주장하는 것을 실행하는 데에 적합한 KOMA-원형은 무엇보다도 선언적 서법의 정형-KOMA 이다. 4. 당신의 의사소통 상대방을 위해 대상을 상술하고 해당하는 대상을 분명히 하라. 5. 대상을 상술하기 위해서 지시할 수 있는 언어표현을 사용하라.(지시적인 표현).
부분 행위 규칙	조건이 있는 의도적 조정	6. 지시적 표현에 다양한 종류가 있다. 예를 들어 대명사와 명사구(NP). 대상을 일정한 특성이 부여되어 있는 것을 통하여 상술하고자 한다면 예를 들어 호소적인 핵이 있는 NP를 사용하라. 7. 각각 대상만을 상술하려고 가정하면 NP를 단수로 구성하라. 8. 청자와 함께 대상과 관련하여 공통적인 사전지식을 계속해서 공유하는 것(언급된 것, 공통적인 배경지식)을 가정하면 정관사를 사용하라.

규칙 종류	의도적 조정/ 관습적인 자동화	규칙
규격화 규칙	관습적인 자동화	9. (공통적인 사전 지식과 관련하여) 대상을 분명하게 상술하기에 NP의 호소적인 핵이 충분하지 않을 가능성이 있다면 다음의 처리들 중의 하나를 사용하라.: a) 형용사적인 수식어를 통하여 더욱 상세히 특징짓기. b) 제한적인 관계문을 통하여 더욱 상세히 특징짓기. ...... 10. 형용사를 수식어로서 NP에 연결시키기 위해서 그것을 수/성/격과 관련하여 호소적인 핵 (관계어) 안에 넣으라. 11. 조작이, 형용사적 수식어와 정관사가 있는 NP를 주격 단수에서 실현시키려는 과제로 이끈다고 가정하면 다음의 형태론적 언어 실현 규칙에 따라서 처리하라.: 형용사의 어형변화접사는 형용사가 수식어인 명사의 성과 상관없이 -e가 되고, 관사는 명사의 성에 의존해서 *der*(남성), *die*(여성) 또는 *das*(중성)가 된다.

이러한 규칙들을 규칙핵에서 추출해 내고자 한다면 언어행위와 부분행위의 층위에서 각각 다음의 쌍을 함께 세우는 것이 성공한다는 것을 확인할 수 있다.

〈언어수단의 배열, 의사소통의 성과〉

그래서 규칙 2를 위한 쌍은 다음과 같을 것이다.:

〈〈서술적 서법의 정형-KOMA〉 〈주장하기에 적합한〉〉

규칙 6의 경우:

〈〈호소적인 핵이 있는 NP〉 〈대상의 특성에 관하여 상술하기에 적합한〉〉

등등. 규격화 규칙에서 원형의 이중구조는 완전하게 형성되지는 않는다. 의사소통의 성과는 최소한 언급된 형태론적 실현 규칙에서 명명할 수 없는 것이다. 왜냐하면 이 규칙 자체가 의사소통의 성과가 아니기 때문이다. 이것으로 형태론적 규칙이 아무런 기능도 지니지 않았을 것이라고 주장될 수는 없는 것이다.

오히려 이들의 기능은 행위 또는 부분행위가 실행될 수 있는 표현들을 구성하는 것에 있는 것이다. 즉, 예를 들어 함께 소속된 단위들을 표시하는 것에 있다는 것이다. 그래서 부분행위가 실행될 수 있는 명사구의 부분들 간의 형태론적 결합망을 통해서 비로소 견고한 단위로서 세워지는 것이고, 인지적으로도 단위로서 인식할 수 있는 것이다.(이에 대해 또한 아이젠베르크 1986, 166쪽을 참고하라)

형태론적인 언어실현 규칙 자체가 의사소통의 성과를 지니지 않는다면 예들의 조화가 보여 주다시피, 완전히 상술된 규칙핵, 즉 완전하게 형성된 원형을 마음대로 사용할 수 있는 부분행위 규칙과 행위 규칙에의 결합사슬에 결합되어 있는 것이다.

도식적으로 행위 규칙과 규격화 규칙 사이의 결합은 이렇게 공식화될 수 있다.:

　　　　A-en하기 위해서 x를 사용하라.　　　　　행위 규칙

　　　x를 형성하기 위해 y에 따라 처리하라.　　　규격화 규칙

형태론적인 언어 실현 규칙처럼 규격화 규칙은 이렇게 해서 규칙 특성을 지니게 된다.: 이것은 습득할 수 있고 정정할 수 있고 규정으로 공식화할 수 있는 것이다. 이것은 순수한 규칙성과 마찬가지로 행위 규칙으로부터 구분된다.

참고문헌

Admoni, W. (1982) : Der deutsche Satzbau. München [4]1982.

Allerton, D. J. (1969) : The sentence as a linguistics unit. In: Lingua 22, 1969, 27-46.

Altmann, H. (1984) : Linguistische Aspekte der Intention am Beispiel Satzmodus. In: Forschungsberichte des Instituts für Phonetik und sprachliche Kommunkation der Universität München (FIPKM) 19, 1984 130-152.

Bach, K./Harnish, R. M. (1979) : Lingustic communication and speech acts. Cambridge (Mass.).

Ballmer, Th.T/Posner, R. (Hrsg.) (1985) : Nach-Chomskysche Linguistik. Neuere Arbeiten von Berliner Linguisten. Berlin/New York.

Bartsch, R. (1985) : Zur Unterscheidung von sprachlichen Normen und Regeln. In: Ballmer/Posner (1985), 173-175.

de Beaugrande, R. (1979) : Text and sentence in discourse planning. In: Petöfi (1979) II, 467-494.

Bloomfield, L. (1933) : Language. New York.

Bolinger, D. (1979) : Pronouns in Discourse. In: Givón 1979, 289-309.

Brinker, Klaus (1972) : Konstituentenstrukturgrammatik und operationale Satzgliedanalyse. Frankfurt.

Bühler, K. (1934) : Sprachtheorie. Stuttgart.

Burkhardt, A./Henne, H. (1984) : Wie man einen Handlungsbegriff "sinnvoll" konstituiert. In: ZGL 12. 1984, 322-351.

Chafe, W. L. (1979) : The Flow of Thought and the Flow of Language. In: Givón 1979, 159-181.

Chomsky, N. (1981) : Lectures on government and binding. Dordrecht.

Cole, P./Morgan, J. H. (eds.) (1975) : Speech Acts (= Syntax and Semantics: Vol. 3). New York 1975.

Creider, Ch. A. (1979) : On the Explanation of Transformations. In: Givón 1979, 3-21.

Dijk, T. A. van (1972) : Some aspects of textgrammars. The Hague.

Dijk, T. A. van/Kintsch, W. (1983) : Strategies of Discourse Comprehension. New York.

Duden (1984) : Grammatik der deutschen Gegenwartssprache. Mannheim ^{4}1984.

Eisenberg, P. (1986) : Grundriß der deutschen Grammatik. Stuttgart.

Engel, U. (1987) : Deutsche Grammatik. (Manuskript). München. Erscheint 1987.

Erben, J. (1980) : Deutsche Grammatik. Ein Abriß. München ^{12}1980.

Erben, J. (1984) : Deutsche Syntax. Eine Einführung. Bern. Frankfurt. New York.

Fodor, J. (1983) : Modularity of Mind. Cambridge (Mass.).

Fries, C. C. (1952) : The Structure of Englisch. New York.

García, E. C. (1979) : Discourse without Syntax. In : Givón 1979, 23-49.

Gardiner, A. H. (1932) : The theory of speech and language. Oxford.

Givón, T. (ed.)(1979) : Discourse and Syntax (= Syntax and Semantics Vol. 12). New York 1979.

Givón, T. (1984) : Syntax. A Functional-Typological Introduction Vol. I. Amsterdam/ Philadelphia 1984.

Grewendorf, G. (1984) : Besitzt die deutsche Sprache ein Präsens? In: Stickel 1984, 224-242.

Grice, H. P. (1975) : Logic and Conversation. In: Cole/Morgan 1975, 41-58.

『Gründzüge : 독어문법원론』 : Grundzüge einer deutschen Grammatik, von einem Autorenkollektiv unter der Leitung von K. E. Heidolph/W. Flämig u. W. Motsch. Berlin 1981.

Habermas, J. (1975) : Handlungen, Operationen, körperliche Bewegungen. (zit. nach dem Abdruck in Habermas 1984, 273-306).

Habermas, J. (1976) : Was heißt Universalgrammtik? (zit. nach dem Abdruck in Habermas 1984, 353-440).

Habermas, J. (1981) : Theorie des kommunkativen Handelns. 2 Bde. Frankfurt 1981.

Habermas, J. (1984) : Vorstudien und Ergänzungen zur Theorie des kommunikativen Handelns. Frankfurt.

Harnish, R. M./Farmer, A. K. (1984) : Pragmatics and the modularity of the linquistic system. Lingua 63 (1984), 255-277.

Hawkins, J. A. (1978) : Definteness and Indefiniteness. London.

Heger, K. (1976) : Monem, Wort, Satz, Text. Tübingen.

Heim, I. (1982) : The Semantics of Definite and Indefinite Pronouns. Arbeitspapier

73 des SFB 99. Konstanz.

Heringer, H. J. (1974) : Praktische Semantik. Stuttgart.

Heringer, H. J. (Hers.) (1974a) : Seminar: Der Regelbegriff in der praktischen Semantik. Frankfurt 1974.

Heringer, H. J./Ölschläger, G./Strecker, B./Wimmer, R. (1977) : Einführung in die praktische Semantik. Heidelberg.

Heringer, H. J./Ölschläger, G./Strecker, B./Wimmer, R. (1980) : Syntax. Fragen-Lösungen-Alternativen. München.

Hockett, Ch. F. (1966) : A Course in Modern Linguistics. New York [10]1966.

Hoffmann, L. (1984): Kategorienbildung in der Grammatik. Die Darstellung des 'Pronomens' in den 'Grundzüge einer deutschen Grammatik'. In: OBST 1984, 79-100.

Holly, W./Kühn, P./Püschel, U. (1985) : Blitzstrahl im Handlungschaos. ZGL 13. 1985, 74-83.

Jacobs, J. (1982) : Syntax, Satzsemantik, Pragmatik. In: Vennemann/Jacobs 1982, 71-145.

Jacobs, J. (1982a) : Syntax und Semantik der Negation im Deutschen. München 1982.

Jäger, L. (Hrsg.) (1979) : Erkenntnistheoretische Grundfragen der Linguistik. Stuttgart/Berlin/Köln/Mainz.

Keller, R. (1974) : Zum Begriff der Regel. In: Heringer 1974a, 10-24.

Keller, R. (1979) : Zur Epistemologie der Semantik. In: Jäger 1979, 22-44.

Keller, R. (1982) : Zur Theorie des sprachlichen Wandels. In: ZGL 10, 1982, 1-27.

Klein, W. (1981) : Some Rules of Regular Ellipsis in German. In: Klein/Levelt (1981), 51-78.

Klein, W./Levelt, W. (Hers.) (1981) : Crossing the Boundaries in Linguistics. Studies presented to Manfred Bierwisch. Dordrecht.

Lang, E. (1983) : Einstellungsausdrücke und ausgedrückte Einstellungen. In: Růžička-Motsch 1983, 305-341.

Latzel, S. (1986) : Grammatik-Boom. Eine Glosse. Spracharbeit 2/1986, 30.

Lerch, E. (1983) : Vom Wesen des Satzes und von der Bedeutung der Stimmführung für die Satzdefinition. In: Archiv für die gesamte Psychologie 100, 133-194.

Levy, D. M. (1979) : Communicative Goals and Strategies: Between Discourse and Syntax. In: Givón 1979, 183-210.

Leuniger, H. (1979) : Reflexionen über die Universalgrammatik. Frankfurt 1979.

Longacre, R. E. (1983) : The Grammar of Discourse. New York.

Lyons, J. (1977) : Semantics. Vol. II. Cambridge.

Müller, B. L. (1985) : Geschichte der Satzdefintion. Ein kritischer Abriß. ZGL 13. 1985, 18-42.

Müller, B. L. (1985a) : Der Satz. Defintion und sprachtheoretischer Status. Tübingen, 1985.

Näf, A. (1984) : Satzarten und Äußerungsarten im Deutschen. Vorschläge zur Begriffauffassung und Terminologie. ZGL 12. 1984, 21-44.

OBST (1984) : Osnabrücker Beiträge zur Sprachtheorie 27, Juli 1984.

Ossner, J. (1985) : Konvention und Strategie. Die Interpretation von Äußerungen im Rahmen einer Sprechakttheorie. Tübingen.

Partee, B. (1984) : Nominal and Temporal Anaphora. Ling. and Phil. 7.3, 1984, 243-286.

Paul, H. (1920) : Prinzipien der Sprachgeschichte. Tübingen ^{5}1920.

Paul, L. (1984) : Grammatik und System. Zur Tragweite theoretischer Prämissen. In: OBST 1984, 37-60.

Petöfi, J. S. (Hrsg.) (1979) : Text vs. Sentence. Basis Questions of Textlinguistics. 2 Bde. Hamburg.

Polenz, P. von (1985) : Deutsche Satzsemantik. Grundbegriffe des Zwischen-den-Zeilen-Lesens. Berlin/New York.

Redder, A. (1984) : Zur kommunkativ-pragmatischen Komponente in den 『독어문법원론』. In: OBST 1984, 61-78.

Ries, J. (1931) : Was ist ein Satz? Beiträge zur Grundlegung der Syntax. Heft III. Prag.

Ries, J. (1967) : Was ist Syntax. Prag, ^{2}1927. Nachdruck Darmstadt.

Rosengren, I. (1986) : Syntaktisch-semantische Struktur - illokutive Frunktion: zwei interdependente Seiten einer Äußerung. In: Schöne (1986), Bde. 3.

Růžička, R. (1983): Autonomie und Interaktion von Syntax und Semantik. In: Růžička-Motsch, 15-59.

Růžička, R./Motsch, W. (Hrsg.) (1983) : Untersuchungen zur Semantik (= Stdudia Grammatica XXII), Berlin.

Schegloff, E. (1979) : The Relevance of Repair to Syntax-for Conversation. In:

Givón 1979, 261-286.

Schöne, A. (Hers.) (1986) : Kontroversen, alte und neue Akten des VII. Internationalen Germanisten-Kongresses Göttingen 1986. Tübingen.

Schröder, P. (O. J.) : Wortstellung in der deutschen Standardsprache. Versuch einer empirischen Analyse zu topologischen Aspekten von Texten gesprochener Sprache. Unveröff. Ms. Freiburg.

Searle, J. (1969) : Speech acts. An essay in the philosophy of language. Cambridge.

Searle, J. (1975) : Indirect speech acts. In: Cole/Morgan 1975, 59-82.

Seidel, E. (1935) : Geschichte und Kritik der wichtigsten Satzdefinition. Jena.

Serebrennikow, B. A. et. al. (1975) : Allgemeine Sprachwissenschaft. 2 Bde. berlin 21975.

Soames, S. (1984) : Linguistics and Psychology. Ling. and Phi. 7.2, 1984, 155-179.

Strecker, B. (1986) : Sprachliches Handeln und sprachlicher Ausdruck. Ein Plädoyer für eine kommunikative Ausrichtung der Grammatik. In: Zifonun (1986), 76-127.

Stickel, G. (Hrsg.) (1984) : Pragmatik in der Grammatik (= Jahrbuch 1983 des Instituts für deutsche Sprache). Düsseldorf.

Strauß, G./Zifonun, G. (1985) : Die Semantik schwerer Wörter im Deutschen. 2 Bde. Tübingen.

Tugendhat, E. (1976) : Vorlesungen zur Einführung in die sprachanalytische Philosophie. Frankfurt.

Vennemann, Th,/Jacobs, J. (1982) : Sprache und Grammatik. Grundprobleme der linguistischen Sprachbeschreibung. Darmstadt.

Weigand, E. (1984) : Lassen sich Sprechakte grammatisch definieren? In: Stickel 1984, 65-91.

Werth, P. (1984) : Fokus, Coherence and Emphasis. London.

Wimmer, R. (1977) : Sprachliche Normen. In: Heringer et. al. (1977), 40-59.

Wunderlich, P. (1979) : Satz, Paragraph, Text - und die Intonation. In: Petöfi (Hrsg.) (1979), 319-341.

Wunderlich, P. (1984) : Was sind Aufforderungssätze? In: Stickel 1984, 92-117.

Zawadowski, L. (1975) : Inductive Semantics and Syntax. Foundations for Empirical Linguistics. The Hague/Paris. (Janua Linguarum, Series Major

58).

Zifonun, G. (Hrsg.) (1986) : Vor-Sätze zu einer neuen deutschen Grammatik. Tübingen.

Zifonun, G. (1986a) : Eine neue Grammatik des Deutschen. Konzept zu Inhalt und Struktur. In: Zifonun (1986), 11-75.

인명색인

독한 용어 대조

※ (/__): 대칭되는 용어 설명

Abtönungspartikel …… '심태'(마음의 태도를 나타내는) 불변화사

Ansatz …… (생각의) 발단

Äußerungseinheit …… 발화단위

Dekontexturalisierbarkeit …… 탈맥락화 가능성(/Nicht-Dekon texturalisierbarkeit:탈맥락화 불가능성)

Expressive Sprechhandlung …… 표명적 언어행위(/Konstative: 진술적, Regulative:규정적)

Finite Verbform …… 정동사(/Infinite Verbform 부정형 동사, *옮 긴이 주 13 참고할 것, 59쪽)

Geltungsanspruch …… 타당성요구(*옮긴이 주 3 참고할 것, 20쪽)

gesprochener Sprache …… 구어(/sriftliche Sprache:문어)

Grammatikographie …… 문법기술학

Grundzüge …… 1981에 간행된 독어 문법책 제목(*옮긴이 주:『독 어문법원론』으로 번역했음, *옮긴이 주 1 참고할 것, 6쪽)

Handlungsmuster …… 행위 원형

Hörer …… 청자(/Sprecher:화자)

illokutive …… 언표수행적(/lokutive:언어표현적, perlokutive:언 표성취적)

kommunikative Minimaleinheit ······ 의사소통의 최소단위(KOMA)

kommunikative Einheit ······ 의사소통 단위

Konstative Sprechhandlung ······ 진술적 언어행위(/expressive: 표명적, regulative:규정적)

Kontext ······ 맥락

Kotext ······ 언어적 상황(/Ko-Situation:비언어적 상황, *옮긴이 주 7 참고할 것, 39쪽)

lokutive ······ 언어표현적(/illokutive 언표수행적, perlokutive 언표성취적)

Muster ······ 원형

Nicht-Dekontexturalisierbarkeit ······ 탈맥락화 불가능성(/Dekon texturalisierbarkeit:탈맥락화 가능성)

paradigmatisch ······ 계열적(/syntagmatisch:통합적)

Paraphrase ······ 의역

perlokutive ······ 언표성취적(/lokutive:언어표현적, illokutive:언표수행적)

Rangierpartikel ······ 등급 불변화사

Regulativ Sprechhandlung ······ 규정적 언어행위(/Expressive:표명적, Konstative:진술적)

situationsentbunden ······ 상황과 유리된

situationsgebunden ······ 상황과 결부된

Sprecher ······ 화자(/Hörer:청자)

sriftliche Sprache ······ 문어(/gesprochener Sprache:구어)

syntagmatisch ······ 통합적(/paradigmatisch:계열적)

Thema-Rhema ······ 주제부-설명부

token ······ 토큰(/type:타입)